Ale[illegible]

para dummies®

Alemán para dummies

Paulina Christensen y Anne Fox

para dummies

Edición publicada mediante acuerdo con Wiley Publishing Inc. ...For Dummies y los logos de Wiley Publishing Inc. son marcas registradas utilizadas bajo licencia exclusiva de Wiley Publishing Inc.

Traducción: Parramon Ediciones, S.A. (sello Granica)

Grupo Planeta Avda. Diagonal, 662-664 08034 - Barcelona

www.planetadelibros.com

ISBN: 978-84-329-0303-8
Depósito legal: B. 15.035-2016

Primera edición: marzo de 2011
Primera edición en esta presentación: julio de 2016

Preimpresión: Victor Igual, S. L.
Impresión: Blackprint
www.paradummies.es

¡La fórmula del éxito!

- Un tema de actualidad
- Un autor de prestigio
- Contenido útil
- Lenguaje sencillo
- Un diseño agradable, ágil y práctico
- Un toque de informalidad
- Una pizca de humor cuando viene al caso
- Respuestas que satisfacen la curiosidad del lector

¡Este es un libro *...para Dummies!*

Los libros de la colección *...para Dummies* están dirigidos a lectores de todas las edades y niveles de conocimiento interesados en encontrar una manera profesional, directa y a la vez entretenida de aproximarse a la información que necesitan.

Millones de lectores satisfechos en todo el mundo coinciden en afirmar que la colección *...para Dummies* ha revolucionado la forma de aproximarse al conocimiento mediante libros que ofrecen contenido serio y profundo con un toque de informalidad y en lenguaje sencillo.

www.dummies.es

¡Entra a formar parte de la comunidad Dummies!

El sitio web de la colección *...para Dummies* es un recurso divertido, diseñado para que tengas a mano toda la información que necesitas sobre los libros publicados en esta colección. Desde este sitio web podrás comunicarte directamente con Wiley Publishing, Inc., la editorial que publica en Estados Unidos los libros que nuestra editorial traduce y adapta al español y publica en España.

En **www.dummies.es** podrás intercambiar ideas con otros lectores de la serie en todo el mundo, conversar con los autores, ¡y divertirte! En **www.dummies.es** podrás ver qué Dummies han sido traducidos al español y qué Dummies de autores españoles hemos publicado, ¡y comprarlos!

10 cosas divertidas que puedes hacer en www.dummies.es:

1. Descubrir la lista completa de libros *...para Dummies* y leer información detallada sobre cada uno de ellos.
2. Leer artículos relacionados con los temas que tratan los libros.
3. Solicitar eTips con información útil sobre muchos temas de interés.
4. Conocer otros productos que llevan la marca *...para Dummies*.
5. Descubrir Dummies en otros idiomas, publicados con los editores de la colección en todo el mundo.
6. Participar en concursos y ganar premios.
7. Intercambiar información con otros lectores de la colección *...para Dummies*.
8. Hablar con Wiley Publishing. Hacer comentarios y preguntas y recibir respuestas.
9. Conocer a tus autores favoritos en los chats que organiza Wiley Publishing.
10. Descargar software gratuito.

Visítanos y entra a formar parte de la comunidad Dummies en **www.dummies.es**

Sumario

Las autoras

Paulina Christensen trabaja como escritora, editora y traductora desde hace casi diez años. Estudió literatura inglesa y alemana y ha escrito y editado numerosos libros de texto y manuales de profesores para Berlitz Internacional. Su trabajo como traductora abarca también temas de arte y de ciencia ficción (la revista *Starlog*). Trabaja ocasionalmente como intérprete de tribunales y como consultora e intérprete en conferencias educativas, y hace doblajes para vídeos y CD educativos. Ha sido docente en las escuelas Berlitz, la Universidad de Nueva York y la Universidad de Fordham.

Anne Fox trabaja como traductora, editora y escritora desde hace doce años. Estudió en la Escuela de Interpretación de Zúrich, Suiza, y tiene el título de traductora. Sus diversos trabajos la han catapultado al espacio sideral y al mundo entero. Ha sido docente de las escuelas Berlitz y correctora de textos legales y técnicos en los departamentos editoriales de varias firmas de abogados. En la actualidad se dedica a desarrollar, escribir y editar textos para estudiantes y manuales de profesores para Berlitz.

El nombre **Berlitz** ha sido sinónimo de excelencia en servicios relacionados con los idiomas en todo el mundo desde hace más de ciento veinte años. El famoso método Berlitz es la base de la enseñanza de idiomas en todos los productos Berlitz. Si deseas mayor información sobre este método de enseñanza, consulta `www.berlitz.com`.

Agradecimientos

De Paulina Christensen: Muchas gracias a Juergen Lorenz y a Sheryl Olinsky Borg, del equipo editorial de Berlitz, por su ayuda en la coordinación y supervisión de este libro. Un agradecimiento especial para mi socia Anne Fox, por la grata colaboración y por sus numerosas ideas, aportaciones, consejos y opiniones (en todo momento y a las horas más extrañas). Por último, pero no por ello menos importante, gracias a todo el personal de Wiley Publishing, Inc. por hacer posible este libro.

De Anne Fox: Debo dar las gracias a muchas personas increíblemente atentas. Ante todo a mi compañera, Paulina Christensen, por ser mi otra mitad y mi caja de resonancia. Gracias al equipo de Berlitz, a Juergen Lorenz y a Sheryl Olinsky Borg, por sus valiosos consejos y conocimientos. Gracias también a Mary Goodwin, de Wiley Publishing, Inc., por sus incansables esfuerzos. Un agradecimiento especial para mis amigos David y Kirk por su oportuna ayuda, así como a Phoebe, Trotsky, Frida, Dubseline y Bonnie por mantenerme alejada del teclado.

De Berlitz: La editorial da las gracias a Paulina Christensen y Anne Fox, un excelente equipo de escritoras. Al productor de audio Paul Ruben, por insuflarle vida al alemán escrito. Al equipo de posproducción por las incontables horas que pasó escuchando, cortando y pegando. A los editores de la edición en inglés de esta obra, Juergen Lorenz y Sheryl Olinsky Bork, por su profesionalidad y empeño en organizar este complejo y emocionante proyecto. Y al equipo de Wiley Publishing, Inc., que guió el proceso editorial de *Alemán para Dummies* de principio a fin.

Alemán (Guía rápida)

Frases útiles

¿Habla español? **Sprechen Sie Spanisch?** (***shpre***-jen sii ***shpa***-nish)

¿Cómo está? **Wie geht es Ihnen?** (vii gueet es ***ii***-nen)

¿Me podría ayudar, por favor? **Würden Sie mir bitte helfen?** (***viur***-den sii mia ***bit***-te ***jel***-fen)

¿Cómo se llama? **Wie heißen Sie?** (vii ***jai***-sen sii)

¿Qué hora es? **Wie viel Uhr ist es?** (vii fiil uua ist es)

¿Qué tiempo hace? **Wie ist das Wetter?** (vii ist das ***vet***-tea)

¿Cuánto cuesta...? **Wie viel kostet...?** (vii fiil ***cos***-tet)

¿Dónde puedo conseguir...? **Wo finde ich...?** (vo ***fin***-de ij)

¿Dónde quedan los baños? **Wo sind die Toiletten?** (vo sind dii toi-***let***-ten)

¿Cuándo abren? **Wann öffnen Sie?** (van ***oef***-nen sii)

¿Cuándo cierran? **Wan schließen Sie?** (van ***shlii-sen*** sii*)*

¿Podría hablar más despacio, por favor? **Können Sie bitte langsamer sprechen?** (***coen***-nen sii ***bit***-te ***lang***-sa-mea ***shpre***-jen)

¿Podría repetir eso, por favor? **Können Sie das bitte wiederholen?** (***coen***-nen sii das ***bit***-te vii-dea-***jo***-len)

Expresiones útiles

¡Hola! **Hallo!** (***jal***-lo)

¡Buenos días! **Guten Tag!** (***gu***-ten taac)

¡Buenas tardes! **Guten Abend!** (***gu***-ten ***a***-bend)

¡Adiós! **Auf Wiedersehen!** (***auf vii***-dea-se-jen)

Por favor. **Bitte.** (***bit***-te)

Gracias. **Danke.** (***dan***-que)

Disculpe. **Entschuldigung.** (ent-***shul***-di-gunc)

Me llamo... **Ich heiße...** (ij ***jai***-se)

Mucho gusto. **Freut mich.** (froit mij)

Frases para emergencias

¡Auxilio! **Hilfe!** (***jil***-fe)

¡Policía! **Polizei!** (po-li-***tsai***)

¡Fuego! **Feuer!** (***foi***-ea)

¡Consigan un médico! **Holen Sie einen Arzt!** (***jo***-len sii ***ai***-nen artst)

Estoy enfermo. **Ich bin krank.** (ij bin cranc)

Alguien me robó... **Man hat... gestohlen.** (man jat gue-***shtoo***-len)

No soy de por aquí. **Ich kenne mich hier nicht aus.** (***ij quen***-ne mij jia nijt aus)

El calendario alemán

Días (die Tage)

Lunes: **Montag** (***mon***-tac)

Martes: **Dienstag** (***diins***-tac)

Miércoles: **Mittwoch** (***mit***-voj)

Jueves: **Donnerstag** (***don***-ners-tac)

Viernes: **Freitag** (***frai***-tac)

Sábado: **Samstag/Sonnabend** (***sams***-tac/***son***-a-bend)

Domingo: **Sonntag** (***son***-tac)

Meses (die Monate)

Enero: **Januar** (***ia***-nu-ar)

Febrero: **Februar** (***fe***-bru-ar)

Marzo: **März** (***maerts***)

Abril: **April** (ap-***ril***)

Mayo: **Mai** (***mai***)

Junio: **Juni** (***iu***-ni)

Julio: **Juli** (***iu***-li)

Agosto: **August** (au-***gust***)

Septiembre: **September** (sep-***tem***-bea)

Octubre: **Oktober** (oc-***to***-bea)

Noviembre: **November** (no-***vem***-bea)

Diciembre: **Dezember** (de-***tsem***-bea)

Números

0 **null** (nul)

1 **eins** (ains)

2 **zwei** (tsvai)

3 **drei** (drai)

4 **vier** (fiia)

5 **fünf** (fiunf)

6 **sechs** (secs)

7 **sieben** (***sii***-ben)

8 **acht** (ajt)

9 **neun** (noin)

10 **zehn** (tseen)

11 **elf** (elf)

12 **zwölf** (tsvoelf)

13 **dreizehn** (***drai***-tseen)

14 **vierzehn** (***fiia***-tseen)

15 **fünfzehn** (***fiunf***-tseen)

16 **sechzehn** (***sej***-tseen)

17 **siebzehn** (***siib***-tseen)

18 **achtzehn** (***aj***-tseen)

19 **neunzehn** (***noin***-tseen)

20 **zwanzig** (***tsvan***-tsic)

21 **einundzwanzig** (***ain***-und-tsvan-tsic)

22 **zweiundzwanzig** (***tsvai***-und-tsvan-tsic)

23 **dreiundzwanzig** (***drai***-und-tsvan-tsic)

24 **vierundzwanzig** (***fiia***-und-tsvan-tsic)

25 **fünfundzwanzig** (***fiunf***-und-tsvan-tsic)

30 **dreißig** (***drai***-sic)

40 **vierzig** (***fiia***-tsic)

50 **fünfzig** (***fiunf***-tsic)

60 **sechzig** (***sej***-tsic)

70 **siebzig** (***siib***-tsic)

80 **achtzig** (a***j***-tsic)

90 **neunzig** (***noin***-tsic)

100 **hundert** (***jun***-deat)

200 **zweihundert** (***zvai***-jun-deat)

300 **dreihundert** (***drai***-jun-deat)

400 **vierhundert** (***fiia***-jun-deat)

500 **fünfhundert** (***fiunf***-jun-deat)

1.000 **tausend** (***tau***-send)

Introducción

En la medida en que la sociedad se internacionaliza cada vez más, es muy útil saber cómo decir por lo menos unas cuantas palabras en otros idiomas. Los billetes de avión a buen precio amplían las opciones para viajar al extranjero. Los entornos empresariales globales exigen desplazamientos a otros países. O quizá simplemente tengas amigos y vecinos que hablan otras lenguas, o quieras ponerte a tono con tus raíces aprendiendo un poco del idioma que hablaban tus antepasados.

Sea cual sea la razón por la que quieres aprender algo de alemán, *Alemán para Dummies* te va a ayudar. Dos expertos en ayudar a los lectores a adquirir nuevos conocimientos (Berlitz, especialistas en la enseñanza de idiomas, y Wiley Publishing, Inc., editores de la exitosa serie *...para Dummies*) se han unido para crear un libro que te dará las herramientas que necesitas para comunicarte a un nivel básico en alemán. No te prometemos fluidez, pero si quieres saludar a alguien, comprar un billete o leer un menú y pedir un plato en este idioma, *Alemán para Dummies* te sacará de apuros.

Acerca de este libro

Esta no es una clase a la que tengas que ir a regañadientes dos veces por semana durante un tiempo específico. Puedes usar *Alemán para Dummies* como quieras, ya sea tu meta aprender algunas palabras y frases que te ayuden a desenvolverte en tu viaje a Alemania o simplemente decirle a tu vecino alemán "hola, ¿cómo estás?". Consulta el libro a tu ritmo, leyendo solo las partes que te interesen. Tampoco tienes que leer los capítulos en orden; simplemente lee las secciones que te resulten útiles.

Nota: Si nunca antes has tomado una clase de alemán, conviene que leas los capítulos de la parte I antes de acometer los demás. La parte I enseña algunos de los fundamentos que necesitas conocer acerca del idioma, como la pronunciación de los diversos sonidos.

Convenciones utilizadas en este libro

Para que puedas moverte fácilmente por el libro, hemos establecido algunas convenciones:

- Las palabras en alemán se resaltan en **negrita**.
- Después de cada palabra en alemán se indica la pronunciación en paréntesis (la sílaba acentuada se indica en *cursiva*).
- Las conjugaciones verbales (listas que indican las formas de un verbo) aparecen en tablas en este orden: la forma "yo", la forma "tú" (informal), la forma "usted" (formal), la forma "él/ella/neutro", la forma "nosotros", la forma "vosotros" (informal), la forma "ustedes" (formal) y la forma "ellos/ellas". En la segunda columna figura la pronunciación. He aquí un ejemplo:

Conjugación	***Pronunciación***
ich werde	(ij *vea*-de)
du wirst	(du virst)
Sie werden	(sii *vea*-den)
er/sie/es wird	(ea/sii/es vird)
wir werden	(via *vea*-den)
ihr werdet	(iia *vea*-det)
Sie werden	(sii *vea*-den)
sie werden	(sii *vea*-den)

El aprendizaje de un idioma es algo peculiar, razón por la cual este libro incluye algunos elementos que no se encuentran en otros libros de la serie *...para Dummies.* A continuación presentamos los nuevos elementos que encontrarás:

- **Diálogos en las secciones "Hablando se entiende la gente":** La mejor manera de aprender un idioma es ver y oír cómo se utiliza en la conversación, de modo que incluimos diálogos a lo largo de todo el libro. Los diálogos aparecen bajo el título "Hablando se entiende la gente" y muestran las frases en alemán, su pronunciación y la traducción en español.

- **Una pizarra con "Palabras para recordar":** Cuando se aprende un idioma, también es importante memorizar palabras y frases clave; por lo tanto, recogemos las palabras importantes del capítulo (o de una sección del capítulo) en una pizarra, bajo el título "Palabras para recordar".
- **Actividades con "Juegos y ejercicios divertidos":** Si no tienes amigos que hablen alemán para que practiques tus nuevos conocimientos, puedes utilizar la sección "Juegos y ejercicios divertidos" para reforzar lo que has aprendido. Estos juegos con palabras son una manera entretenida de calibrar tu progreso.

Así mismo, como en cada idioma hay formas particulares para expresar las ideas, las traducciones en español que damos para los términos en alemán pueden no ser literales. Queremos que entiendas la esencia de lo que se está diciendo, no solo las palabras. Por ejemplo, la frase **Es geht** (es gueet) se puede traducir literalmente como "va", pero en realidad significa "más o menos". Por consiguiente, en este libro se traduce esta frase como "más o menos".

Suposiciones básicas

Para escribir este libro tuvimos que suponer ciertas cosas sobre quién eres tú y qué te interesa en un libro titulado *Alemán para Dummies.* Estas son nuestras suposiciones al respecto:

- No sabes nada de alemán, o si estudiaste un poco en el colegio no recuerdas ni una palabra.
- No buscas un libro que te enseñe a hablar con fluidez en alemán; simplemente quieres aprender algunas palabras, oraciones y construcciones verbales para poder comunicar información básica en alemán.
- No quieres tener que memorizar largas listas de vocabulario ni una serie de reglas gramaticales tediosas.
- Quieres divertirte y al mismo tiempo aprender un poco de alemán.

Si te identificas con estas afirmaciones, ¡has encontrado el libro adecuado!

Cómo está organizado este libro

Este libro se divide en partes temáticas, y cada parte se divide en capítulos. Las siguientes secciones indican qué tipo de información puedes encontrar en cada parte.

Parte 1: Primeros pasos

Esta parte contiene los fundamentos del alemán: cómo se pronuncian las palabras, cómo se forman las oraciones y frases, etc. Incluso reforzamos tu confianza mostrándote algunas palabras en alemán que probablemente ya conoces. Finalmente, esbozamos las nociones básicas de gramática que posiblemente necesites para entender los demás capítulos del libro.

Parte 2: El alemán en acción

En esta parte empiezas a aprender y a usar el alemán. En vez de presentar aspectos gramaticales, como se hace en muchos textos de idiomas, en esta parte encontrarás situaciones cotidianas, como ir de compras, salir a cenar y mantener conversaciones triviales.

Parte 3: El alemán en marcha

Esta parte te da las herramientas que necesitas para practicar tu alemán, ya sea en un restaurante germano de tu ciudad o en un museo en Alemania. Trata todos los aspectos relacionados con un viaje a Alemania, e incluso tiene un capítulo sobre cómo afrontar una emergencia.

Parte 4: Los decálogos

Si buscas fragmentos de información pequeños y fácilmente digeribles sobre el alemán, esta parte es ideal para ti. Aquí encontrarás diez maneras de aprender alemán rápidamente, diez expresiones alemanas muy útiles, diez cosas que nunca se deben decir en alemán y mucho más.

Parte 5: Apéndices

Esta parte incluye información importante que puedes utilizar como referencia. Incluimos tablas de verbos, que muestran cómo conjugar un verbo regular y también cómo conjugar esos verbos que se niegan a ajustarse al patrón. También encontrarás una lista de las pistas de los archivos de audio que puedes descargarte de `www.dummies.es` y que acompañan el libro; puedes buscar estos diálogos en el libro e irlos leyendo mientras escuchas el audio en tu reproductor de sonido. Así mismo, incluimos las respuestas de algunos de los acertijos de la sección "Juegos y ejercicios divertidos". Finalmente, te damos un minidiccionario tanto de alemán-español como de español-alemán. Si encuentras una palabra en alemán que no entiendes o si necesitas saber una palabra específica en alemán, puedes consultar esta sección.

Iconos utilizados en este libro

Es posible que al leer el libro estés buscando una información en particular. Para facilitar la búsqueda de cierto tipo de información, hemos incluido los siguientes iconos en el margen izquierdo a lo largo del libro:

CONSEJO

Este icono significa que encontrarás un consejo que te facilitará el aprendizaje del alemán.

RECUERDA

Este icono subraya una información interesante que no debes olvidar.

GRAMÁTICA

Los idiomas están llenos de peculiaridades con las que te puedes tropezar si no estás preparado. Este icono indica información sobre estas extrañas reglas gramaticales.

CULTURA GENERAL

Si buscas información y consejos sobre cultura y viajes, ten presentes estos iconos. Llaman la atención sobre aspectos interesantes en los países donde se habla alemán.

ESCUCHA

Las pistas de audio que puedes descargarte de `www.dummies.es` te dan la oportunidad de escuchar a alemanes de verdad, para que te hagas una mejor idea de cómo se escucha el idioma. Este icono marca algunos de los diálogos de las secciones "Hablando se entiende la gente". Hay más información al respecto en la parte V del libro.

Y ahora, ¿qué sigue?

Para aprender un idioma es preciso sumergirse en él e intentar hablar (no importa si al comienzo no pronuncias bien las palabras). Así pues, ¡prepárate para dar el salto! Empieza por el principio, escoge un capítulo que te interese o escucha en tu equipo o en el ordenador algunos diálogos. Muy pronto, cuando alguien te pregunte **“Sprechen Sie Deutsch?”**, podrás contestar **“Ja!”**.

1 Primeros pasos

EN ESTA PARTE . . .

Por algún lugar tienes que empezar, pero es muy probable que sepas mucho más alemán del que crees. ¿No estás muy convencido? Entonces lee el capítulo 1. Los capítulos 2 y 3 te dan alguna información esencial sobre gramática que tienes que retener. Pero no te preocupes..., procuraremos que sean entretenidos.

EN ESTE CAPÍTULO

- Reconocer el alemán que ya sabes
- Utilizar expresiones populares
- Ejercitar la boca: pronunciación básica

Capítulo 1

Ya sabes un poco de alemán

La mejor manera de aprender un idioma es sumergirse totalmente en él. Por eso en este capítulo te meterás de lleno en el alemán. Este capítulo te recuerda el alemán que ya sabes, te familiariza con algunas expresiones populares y te explica cómo se pronuncian distintos sonidos.

El alemán que ya sabes

El alemán y el inglés pertenecen al grupo de lenguas germánicas, de modo que hay varias palabras que son idénticas o similares en ambos idiomas y que también son utilizadas en el español. Estas palabras se denominan *palabras afines.*

Palabras cien por cien afines

Las siguientes palabras se escriben de la misma manera y tienen el mismo significado en alemán y en español. Lo único que varía es la pronunciación, a veces algunas tildes y el hecho de que en alemán los sustantivos siempre empiezan con mayúscula.

- **die Garage** (dii ga-*raa*-she)
- **genial** (gue-*nial*)
- **das Hotel** (das jo-*tel*)
- **der Kindergarten** (dea *quin*-dea-gar-ten)
- **der Kitsch** (dea *quitsh*)
- **das Foto** (das *fo*-to)
- **die Religion** (dii re-li-gui-*on*)
- **das Taxi** (das *ta*-csi)

Palabras un poquito menos afines

También están todas esas palabras, como las que figuran en la tabla 1-1, que se escriben casi de la misma forma en alemán y en español y tienen el mismo significado.

TABLA 1-1 Palabras con significado similar y ortografía ligeramente diferente

Alemán	Español
aktuell (ac-*tuel*)	actual
der Aspekt (dea as-*pect*)	aspecto
die Banane (dii ba-*na*-ne)	banana
die Bluse (dii *blu*-se)	blusa
die Demokratie (dii de-mo-cra-*tii*)	democracia
direkt (di-*rect*)	directo
der Doktor (dea *doc*-toa)	doctor; médico
exzellent (ecs-tse-*lent*)	excelente
fantastisch (fan-*tas*-tish)	fantástico
der Kaffee (dea *caf*-fe)	café
die Komödie (dii co-*moe*-die)	comedia
die Kondition (dii con-di-*tsi*-on)	condición
das Konzert (das con-*tseat*)	concierto

(continúa)

(continuación)

Alemán	Español
die Kultur (dii cul-*tua*)	cultura
der Mais (dea mais)	maíz
die Methode (dii me-*too*-de)	método
die Musik (dii mu-*sic*)	música
die Nuss (dii nus)	nuez
der Ozean (dea *o*-tse-an)	océano
das Papier (das pa-*piia*)	papel
perfekt (pea-*fect*)	perfecto
potentiell (po-ten-*tsiel*)	potencial (adjetivo)
das Programm (das pro-*gram*)	programa
das Restaurant (das res-to-*ran*)	restaurante
das Salz (das salts)	sal
der Scheck (dea shec)	cheque
der Service (dea *sea*-vis)	servicio
der Supermarkt (dea *su*-pea-marct)	supermercado
sympathisch (sim-*pa*-tish)	simpático
das Telefon (das *te*-le-fon)	teléfono
die Theorie (dii te-o-*rii*)	teoría
die Tragödie (dii tra-*goe*-die)	tragedia

Falsos amigos

Al igual que cualquier otro idioma, el alemán tiene algunos *falsos amigos*: palabras muy similares al español pero que a menudo tienen significados completamente distintos:

- **Abonnieren** (a-bo-*nii*-ren): No significa "abonar" o "pagar" sino estar abonado (mensual/anualmente) a una revista o periódico.
- **Absolvieren** (ab-sol-*vii*-ren): En alemán significa "terminar la escuela" o también "aprobar un examen". Nada tiene en común con el verbo "absolver".

- **Affekt** (af-*fect*): Significa "arrebato", que no tiene nada que ver con el "afecto" en español.
- **Chef** (shef): Este es el tipo de quien recibes órdenes, tu jefe o superior, y no la persona a cargo de la cocina. La palabra alemana para "chef" es **Küchenchef** (*kiu*-jen-shef) o **Koch** (coj).
- **Demonstration** (de-mons-tra-ti-*on*): Aquí no se desea "demostrar" nada, sino que se refiere a una manifestación (política, etc.).
- **Dirigent** (di-ri-*guent*): Director de orquesta. No tiene nada que ver con un dirigente político, por ejemplo.
- **Kurios** (cu-ri-*oos*): Significa "extraño", no "curioso". En alemán, "curioso" es **neugierig** (*noi*-gui-ric).
- **Prima!** (*pri*-ma): Expresión que significa "genial" y no tiene nada que ver con la hija de tus tíos.
- **Provision** (pro-vi-si-*on*): El significado de esta palabra es "comisión" y no "provisión", que en español es la "acción de adquirir un conjunto de cosas". La palabra alemana para "provisión" es **Vorsorge** (*foa*-soa-gue) o **Versorgung** (fea-*soa*-gunc).

CULTURA GENERAL

Como es obvio imaginar, también hay falsos amigos entre el inglés y el alemán. Si quieres evitar una situación embarazosa, conviene que recuerdes que el significado de **After** (*af*-tea) en alemán es "ano" y no "después" (*after* en inglés). En alemán "después" se dice **nach** (naj) o **nachdem** (naj-*dem*).

Prestar y tomar prestado

El español ha adoptado unas cuantas palabras alemanas y ha mantenido su significado con una pronunciación diferente, como **Gestalt** (gue-*shtalt*; corriente psicológica), **Kindergarten** (*quin*-dea-garten), **Kitsch** (quitsh) y **Leitmotiv** (*lait*-mo-tif).

Sin embargo, la cantidad de palabras alemanas que se han infiltrado en el español es mínima en comparación con la cantidad de palabras inglesas que se han infiltrado en el alemán. De hecho, los puristas de la lengua se quejan constantemente por el número creciente de "anglicismos". A veces, la combinación de inglés y alemán produce curiosidades lingüísticas extraordinarias. Por ejemplo, podrías escuchar **das ist gerade in/out** (das ist gue-*ra*-de in/out; eso está *in/out* ahora) o **check das mal ab** (chec das maal ab; verifica eso).

Aquí tienes una lista de palabras del inglés que se suelen usar en alemán:

- **der Boss** (jefe)
- **das Business** (negocios)
- **die City** (ciudad)
- **cool** (en la onda)
- **das Design** (diseño)
- **das Dress Code** (código de vestuario)
- **das Event** (evento)
- **Fashion** (moda; se usa sin artículo)
- **das Feeling** (sensación)
- **das Fast Food** (comida rápida)
- **Hi** (hola)
- **hip** (moderno; a la moda)
- **das Jet Set**
- **der Job** (empleo)
- **das Jogging**
- **der Manager** (gerente)
- **das Marketing** (mercadeo)
- **Okay** (está bien)
- **die Party** (fiesta)
- **das Ranking** (clasificación; sobre todo en deportes)
- **das Shopping** (compras)
- **die Show/Talkshow** (programa de entrevistas)
- **das Steak** (bistec)
- **der Thriller** (suspenso)
- **Wow** (caramba; vaya)

El alemán también ha adoptado palabras del francés. Algunos ejemplos son **Baguette** (ba-*guet*), **Boutique** (bu-*tic*), **Cousin/Cousine** (cu-*seng* cu-*si*-ne; primo/prima), **Croissant** (croa-san; cruasán), **Métier** (me-tie; área/entorno), **Maître** (*me*-tre; camarero), **Portier** (poa-*tie*;

portero), **Portemonnaie** (port-mo-*nee*; billetera), **Restaurant** (resto-*ran*), etc.

Hablando se entiende la gente

No creas que la siguiente conversación es un reflejo de cómo habla normalmente un alemán. Sin embargo, no es raro escuchar este tipo de diálogo con mezcla de idiomas entre jóvenes "a la moda"; sin duda molestaría profundamente a los puristas del idioma. En este escenario, dos amigas (a quienes llamaremos Claudia y Heike) se encuentran en la calle.

Claudia: **Hi, wie geht's? Wie ist der neue Job?**
(jai vii gueets vii ist dea *noi*-e iob)
Hola, ¿cómo va? ¿Qué tal tu nuevo empleo?

Heike: **Super! Ich mache Marketing und mein Boss ist total nett.**
(*su*-per ij *ma*-je *mar*-que-ting und main bos ist to-*tal* net)
¡Fabuloso! Estoy trabajando en marketing y mi jefe es muy agradable.

Claudia: **Warst Du in der City?**
(varst du in dea *ci*-ti)
¿Has ido a la ciudad?

Heike: **Ja, Shopping. Heute ist eine Party bei meiner Firma.**
(ia *shop*-ping *joi*-te ist *ai*-ne *par*-ti bai *mai*-nea *fia*-ma)
Sí, de compras. Hoy hay una fiesta en mi empresa.

Claudia: **Zeig mal... wow, cool!**
(tsaic mal uau cuul)
A ver..., vaya, ¡qué guay!

Expresiones populares

A semejanza de cualquier idioma, el alemán tiene muchas expresiones idiomáticas, típicas de la lengua y la cultura. Si traduces estas expresiones palabra por palabra lo más probable es que nadie te entienda. Es preciso memorizarlas y saber qué significan para usarlas de modo apropiado. Por ejemplo, la expresión alemana **ein Fisch auf dem Trockenen** (ain fish auf dem *tro*-que-nen) se traduciría literalmente como "un pez en seco", cuando en realidad sería mejor hablar de "un pez fuera del agua". Seguramente te preguntarías qué trata de decir un alemán cuando declara que "está lloviendo cordel". Es la traducción literal de **es regnet Bindfäden** (es *re*-gnet *bind*-fae-den), el equivalente alemán de "llueve a cántaros".

Otras expresiones idiomáticas alemanas típicas son:

- **Das macht den Kohl nicht fett** (das majt den cool nijt fet; eso no engorda el repollo), que significa "eso no cambia nada" o "eso no ayuda".
- **den Braten riechen** (den *bra*-ten *rii*-jen; oler el asado), que significa "oler algo" o "enterarse de algo".

Además de estas expresiones idiomáticas, hay bastantes expresiones prácticas de uso frecuente que se aprenden fácilmente:

- **Toll!** (tol; ¡genial!)
- **Einverstanden.** (*ain*-fea-shtan-den; de acuerdo/está bien)
- **Geht in Ordnung.** (gueet in *ord*-nunc; lo haré)
- **Wird gemacht.** (vird gue-*majt*; se hará)
- **Keine Frage.** (*kai*-ne *fra*-gue; de ninguna manera)
- **Macht nichts.** (majt nijts; no importa/está bien)
- **Nicht der Rede wert.** *(nijt dea re*-de veat; de nada/no tiene importancia)
- **Schade!** (*shaa*-de; ¡qué lástima!)
- **So ein Pech!** (so ain pej; ¡mala suerte!)
- **Viel Glück!** (fiil gliuc; ¡buena suerte!)
- **Prost!** (proost; ¡salud!)

Ejercitar los labios: pronunciación básica

La clave para aprender a pronunciar un idioma extranjero es dejar de lado el temor de sonar ridículo y no poder hacerlo bien. Si escuchas un idioma extranjero hablado a una velocidad normal, es posible que ni siquiera identifiques palabras o sonidos reproducibles. Para dominar un idioma tienes que aprender las reglas básicas de su pronunciación y concentrarte en pequeñas unidades que luego vas expandiendo gradualmente: de sonidos a palabras, y de palabras a frases. El resto es práctica, práctica y práctica.

La acentuación en alemán

En la pronunciación que se indica a lo largo del libro, las sílabas que se deben acentuar en cada palabra aparecen escritas en *cursiva.*

El alfabeto alemán

El alfabeto alemán tiene 26 letras. Las palabras en alemán se pronuncian exactamente como se escriben. No hay dudas al respecto. En alemán una "u" siempre es una "u".

ESCUCHA

La pista 1 contiene los sonidos del alfabeto alemán.

Pronunciación de las vocales

En alemán, las vocales (*a*, *e*, *i*, *o* y *u*) pueden tener sonidos largos, como arrastrados, o sonidos cortos. A lo largo de este libro duplicaremos las vocales largas en la pronunciación para identificarlas como tales. Por fortuna, existen algunas reglas generales a este respecto:

- Una vocal es larga cuando viene seguida de una "h", como en **Stahl** (shtaal; acero).
- Una vocal es larga cuando viene seguida de una sola consonante, como en **Tag** (taac; día).
- Una vocal es larga cuando es doble, como en **Teer** (teea; alquitrán) o **Aal** (aal; anguila).
- En general, una vocal es corta cuando viene seguida de dos o más consonantes, como en **Tanne** (*tan*-ne; abeto). La excepción

de la regla es la consonante "h": en esos casos la vocal que le antecede es larga (ver el ejemplo de **Stahl** en la página anterior).

La tabla 1-2 te da una idea de la pronunciación de las vocales alemanas, con ejemplos y su escritura fonética (las combinaciones de letras que sirven de equivalente español de la pronunciación de la letra alemana).

TABLA 1-2 Pronunciación de las vocales en alemán

Letra alemana	Símbolo	Como en español	Palabra alemana
a (larga)	aa	---	**Laden** (*laa*-den; tienda)
a (corta)	a	gato	**Platz** (plats; plaza)
e (larga)	ee	---	**Leben** (*lee*-ben; vida)
e (corta)	e	queso	**Bett** (bett; cama)
i (larga)	ii	---	**Ritus** (*rii*-tus; rito)
i (corta)	i	vino	**Milch** (milj; leche)
o (larga)	oo	---	**Lob** (loob; elogio)
o (corta)	o	lotería	**Motte** (*mot*-te; polilla)
u (larga)	uu	---	**Tube** (*tuu*-be; tubo)
u (corta)	u	música	**Rum** (rum; ron)

RECUERDA

Cabe mencionar que no hay casos de vocales largas en español.

Pronunciación de la diéresis

Quizá hayas reparado en esos fastidiosos puntitos que a veces aparecen sobre las vocales en las palabras en alemán. Se denominan **Umlaute** (*um*-lau-te; diéresis). Alteran ligeramente el sonido de la vocal, como se indica en la tabla 1-3.

TABLA 1-3 Pronunciación de vocales con diéresis

Letra alemana	Símbolo	Como en español	Palabra alemana
ä	ae	caer	**nächste** (*naejs*-te; próximo)
ö	oe	bohemio	**hören** (*joe*-ren; oír)
ü	iu	diurno	**Tür** (tiur; puerta)

GRAMÁTICA

Los sustantivos a veces adquieren diéresis en su forma plural.

Pronunciación de los diptongos

Los diptongos son combinaciones de dos vocales (como en el español c**ai**mán) en una sílaba; el alemán tiene varios, como se indica en la tabla 1-4.

TABLA 1-4 Pronunciación de los diptongos en alemán

Diptongos alemanes	Símbolo	Como en español	Palabra alemana
ai	ai	maíz	**Mais** (mais; maíz)
au	au	auto	**laut** (laut; ruidoso)
au	o	restaurante	**Restaurant** (res-to-*ran*; restaurante)
äu/eu	oi		**Häuser** (*joi*-sea; casas)/ **Leute** (*loi*-te; gente)
ei	ai		**ein** (ain; un)/**mein** (main; mi)
ie	ii		**Liebe** (*lii*-be; amor)

Si bien hemos dicho que las vocales individuales se pronuncian igual que en español, hay que tener en cuenta que al formar diptongos adquieren sonidos diferentes.

Pronunciación de consonantes

Al igual que las vocales alemanas, las consonantes también se parecen mucho a las del español. Hay alguna que otra excepción, que te indicaremos más adelante.

Las letras **b, d, f, k, l, m, n, p, r, s, t, x, y** se pronuncian igual que en español.

RECUERDA

Aunque la "r" alemana se representa como "r" en la escritura fonética de este libro, su pronunciación es diferente. En alemán no se hace vibrar la "r": pon la lengua como si quisieras pronunciar el sonido "r", pero en vez de hacer vibrar la punta de la lengua en el paladar, ¡deja la lengua quieta y trata de producir el sonido en el fondo de la garganta!

En las palabras terminadas en "er" y "ur", como por ejemplo **Mutter** (*mut*-tea; madre) o **Tastatur** (tas-ta-*tua*; teclado), esta combinación de letras se pronuncia "ea" y "ua" respectivamente.

La tabla 1-5 te indica cómo se pronuncian algunas consonantes en alemán, con ejemplos y escritura fonética.

TABLA 1-5 **Pronunciación de algunas consonantes**

Letra alemana	Símbolo	Como en español	Palabra alemana
c	ts		**Celsius** (*tsel*-sius; Celsio)
c	tsh	cello	**Cello** (*chel*-lo; violonchelo)
g	c		**Tag** (taac; día)
ge/gi	gue/gui	guerra/guitarra	**geben** (*gue*-ben; dar) **gierig** (*guii*-ric; voraz)
gt (al final de	ct	acto	sagt (sact; dice) la palabra)
h	j	jarra	**Haus** (jaus; casa)
j	i		**ja** (ia; sí)
k	c		**Kuss** (cus; beso)
ke/ki	que/qui	quena/quimera	**Kern** (quern; carozo) **Kirsche** (*quir*-she; cereza)
kn	kn		**Knie** (knii; rodilla)
qu	cv		**Quatsch** (cvatsh; tonterías)
v	f	fuego	**Vogel** (*fo*-guel; pájaro)
v	v	vaca	**Vase** (*vaa*-se; jarrón)
w	v		**Wald** (vald; bosque)
y	y	playa	**Yoga** (*io*-ga; yoga)
y	i		**Symbol** (sim-*bol*; símbolo)
z	ts		**Zahl** (tsaal; número)

Palabras con q

En alemán, al igual que en español, la letra "q" siempre va acompañada de una "u". En alemán se pronuncia "cv". Las combinaciones posibles son "qua", "que", "qui" y "quo". A continuación mencionamos algunas palabras con "q":

- **das Quadrat** (das cva-*drat*; cuadrado)
- **das Quartal** (das cvar-*tal*; trimestre)
- **die Qualifikation** (dii cva-li-fi-ca-tsi-*on*; calificación)
- **die Quantität** (dii cvan-ti-*taet*; cantidad)
- **die Qualität** (dii cva-li-*taet*; calidad)
- **die Quarantäne** (dii cva-ran-*tae*-ne; cuarentena)
- **die Quelle** (dii *cvel*-le; fuente)
- **bequem** (be-*cvem*; cómodo)
- **quer** (cvea; atravesado)
- **die Quitte** (dii *cvit*-te; higo)
- **die Quittung** (dii *cvit*-tunc; recibo)
- **die Quote** (dii *cvoo*-te; cuota)
- **der Quotient** (dea cvo-*tsient*; cociente)

Aprender una nueva letra: la ß

En el alemán escrito se utiliza una letra, la **ß** (es-*tset*), que es una combinación de las letras **s** (es) y **z** (tset) y se pronuncia como una "s" marcada. Se considera una consonante sencilla pero no es una letra del alfabeto.

Solía haber bastantes palabras alemanas que se escribían con "ss" o con "ß" (el sonido es idéntico) y era difícil acertar con la ortografía. Hace poco hubo una reforma ortográfica del alemán que solucionó este problema. El asunto quedó así:

- Después de una vocal larga, la "s" marcada se escribe "ß"; por ejemplo, **Fuß** (fuus; pie).
- Después de una vocal corta, la "s" marcada se escribe "ss"; por ejemplo, **Fass** (fas; barril).

Ten en cuenta que en Suiza no se utiliza nunca la ß. En ese país siempre escriben las palabras con "ss".

Pronunciación de combinaciones de consonantes

El alemán tiene varias combinaciones de consonantes. Casi todas son fáciles de pronunciar, salvo la "sch".

Pronunciar la "sch"

La combinación de letras **sch** no tiene equivalente en español. En este libro se representa mediante la combinación "sh" tomada del inglés. El sonido es parecido a cuando intentamos hacer callar a alguien haciendo "shhhh" con el dedo índice puesto delante de la nariz. Sin embargo, en el idioma catalán sí existe este sonido, cuya pronunciación podría representarse con una "x".

Pronunciar la "ch"

En general la combinación **ch** se pronuncia "j" como en **Reichtum** (*raij*-tum; riqueza). Sin embargo, hay un par de palabras en las que la "ch" se pronuncia simplemente como una "c", como **Wachs** (wacs; cera), **Cholera** (*co*-le-ra; cólera) o **Lachs** (lacs; salmón).

Pronunciar las combinaciones ck, sp, st, tsch y tz

La tabla 1-6 muestra cómo pronunciar las combinaciones más frecuentes de consonantes.

TABLA 1-6 Pronunciación de las combinaciones ck, sch, sp, st, tsch y tz

Letra alemana	Símbolo	Como en español	Palabra alemana
ck	c		**Dreck** (drec; mugre)
sch	sh		**Tisch** (tish; mesa)
sp	shp		**spät** (shpaet; tarde)
st (al comienzo	sht		**Stadt** (shtat; ciudad) de una palabra)
tsch	ch		**Deutsch** (doich; alemán)
tz	ts		**Katze** (kat-se; gato)

RECUERDA

En alemán, en la combinación "th" la "h" es muda, y por tanto solo se pronuncia la "t", como en las palabras **Theorie** (te-o-*rii*; teoría) o **Theologie** (te-o-lo-*guii*; teología); también puede ser que las letras "t" y "h" se pronuncien por separado porque pertenecen a diferentes componentes de un sustantivo compuesto, como en las palabras **Rasthaus** (*rast*-jaus; posada) o **Basthut** (*bast*-jut; sombrero de paja), donde la "h" adquiere el sonido de la "j".

EN ESTE CAPÍTULO

Construir oraciones sencillas

Hacer preguntas

Examinar los verbos regulares e irregulares

Aprender los tiempos: pasado, presente y futuro

Explicar los casos

Contar en alemán

Capítulo 2

Directo al grano: gramática alemana esencial

Cuando pienses en la gramática, imagina un gran armario con muchos cajones. Sin embargo, en vez de estar llenos de ropa, los cajones del armario contienen las diferentes partes de la oración (sustantivos, verbos, adjetivos, adverbios...), con un cajón independiente para cada parte. Ahora imagina que es temprano por la mañana y estás a punto de pronunciar tu primera frase alemana del día. Para comenzar, abres el cajón de los sustantivos y sacas la palabra Socken (*so*-quen; calcetines). Luego tienes que describir tus calcetines, de modo que abres el cajón de los adjetivos y sacas la palabra grün (griun; verde). ¿Qué haces con tus calcetines verdes? Te los pones, desde luego. De modo que abres el cajón de los verbos y sacas el verbo anziehen (*an*-tsii-en; ponerse/vestirse). Vas muy bien, pero entonces miras el reloj y te das cuenta de que llegas tarde. ¿Qué hacer? Abres el cajón de los adverbios y sacas la palabra schnell (shnel; rápido). Antes de darte cuenta, has sacado una oración completa del armario: Ich ziehe schnell die grünen Socken an (ij *tsii*-e shnel dii griu-nen so-quen an; me pongo rápidamente los calcetines verdes).

A lo largo de este libro encontrarás diálogos que utilizan gramática esencial en oraciones que también podrás oír en las pistas de audio que lo acompañan. Las reglas gramaticales importantes se explican en secciones breves señaladas con el icono "Gramática". Y entonces, cuando menos te lo esperes, estarás hablando alemán.

Tipos de palabras

Para construir una oración sencilla necesitas varios elementos; los tipos de palabras más importantes son los sustantivos, los adjetivos, los verbos y los adverbios.

Sustantivos

Los sustantivos por lo general aparecen en compañía de artículos como "el", "la", "un" o "una". La mejor manera de familiarizarte con el género de un sustantivo alemán es recordar la palabra junto con su artículo definido, que indica su género. Los artículos definidos "el" y "la" del español se transforman en **der** (dea) (masculino), **die** (dii) (femenino) o **das** (das) (neutro), dependiendo del género del sustantivo.

RECUERDA

Cuando aprendas nuevos sustantivos, recuerda la palabra junto con su artículo definido. Por ejemplo, memoriza **der Garten** (dea *gar*-ten; el jardín) en vez de simplemente **Garten** (*gar*-ten; jardín), **die Tür** (dii tiua; la puerta) en vez de **Tür** (tiua; puerta) y **das Haus** (das jaus; la casa) en vez de **Haus** (jaus; casa).

En el plural, las cosas son comparativamente mucho más fáciles. El artículo definido de todas las palabras en plural es **die** (dii). El artículo indefinido "un" o "una" simplemente desaparece en el plural: "un jardín" se convierte en "jardines".

Por el contrario, en los diversos casos los tres artículos definidos **der**, **die** y **das** experimentan todo tipo de permutaciones. Lee la sección "Darle al lenguaje el caso adecuado", más adelante en este capítulo, para ver sus diferentes encarnaciones.

Adjetivos

Los adjetivos describen sustantivos. En alemán, los adjetivos tienen terminaciones distintas dependiendo del género, el caso (encontrarás mayor información acerca de este tema más adelante en este capítulo) y el número (singular o plural) del sustantivo que acompañan, y dependiendo de si el adjetivo viene con un artículo definido, un artículo indefinido o ningún artículo.

He aquí las terminaciones de adjetivos acompañados por un artículo definido: utilizamos los adjetivos **schön** (shoen; bello), **weiß** (vais; blanco), **groß** (groos; grande) y **klein** (klain; pequeño) como ejemplos. Las terminaciones de los adjetivos figuran en cursiva:

» **der schön*e* Garten** (dea *shoe*-ne *gar*-ten; el jardín hermoso)

» **die weiß*e* Tür** (dii *vai*-se tiua; la puerta blanca)

» **das klein*e* Haus** (das *clai*-ne jaus; la casa pequeña)

» **die groß*en* Häuser** (dii *groo*-sen *joi*-sea; las casas grandes)

Estas son las terminaciones de los adjetivos acompañados por un artículo indefinido:

» **ein schön*er* Garten** (ain *shoe*-nea *gar*-ten; un jardín hermoso)

» **eine weiß*e* Tür** (*ai*-ne *vai*-se tiua; una puerta blanca)

» **ein klein*es* Haus** (ain *clai*-nes jaus; una casa pequeña)

» **groß*e* Häuser** (*groo*-se *joi*-sea; casas grandes)

Estas son las terminaciones de los adjetivos cuando se utilizan solos:

» **schön*er* Garten** (*shoe*-nea *gar*-ten; jardín hermoso)

» **weiß*e* Tür** (*vai*-se tiua; puerta blanca)

» **klein*es* Haus** (*clai*-nes jaus; casa pequeña)

» **groß*e* Häuser** (*groo*-se *joi*-sea; casas grandes)

Estas son las terminaciones de los adjetivos en el caso nominativo (que nombra al sujeto). Las terminaciones correspondientes a los otros casos se presentan más adelante.

RECUERDA

Si el adjetivo no viene precedido por un artículo definido, el adjetivo toma la terminación del artículo definido.

Verbos

Los verbos expresan acciones o estados. La persona que realiza la acción es el sujeto, y el verbo siempre ajusta su terminación al sujeto. Por ejemplo, "la puerta se abre", pero "las puertas se abren", etc.

La forma verbal que no indica su sujeto o un tiempo (pasado, presente o futuro) se llama *infinitivo*. Los infinitivos en alemán por lo general tienen la terminación **-en,** como en **lachen** (*la*-jen; reír). Aunque algunos verbos terminan en **-n**, **-rn** o **-In**.

Los verbos regulares no cambian su raíz, y sus terminaciones siempre son iguales.

He aquí las terminaciones del verbo **sagen** (*sa*-guen; decir), añadidas a la raíz **sag-**:

ich sag-e (yo digo)

du sag-st (tú dices)

Sie sag-en (usted dice)

er/sie/es sag-t (él/ella/[neutro] dice)

wir sag-en (nosotros decimos)

ihr sag-t (vosotros decís)

Sie sag-en (ustedes dicen)

sie sag-en (ellos dicen)

GRAMÁTICA

Como ya mencionamos con anterioridad, el alemán dispone de tres géneros: masculino, femenino y neutro. Así como existe un artículo neutro **das**, también existe un pronombre personal neutro llamado **es**. Este punto se tratará con mayor profundidad en el capítulo 4.

Parece fácil, ¿no? Pero, como de costumbre, esta regla tiene algunas excepciones: cuando la raíz del verbo termina en **-m**, **-n**, **-d** o **-t**, tienes que insertar una **-e** antes de la terminación en las construcciones **du**, **er/sie/es** e **ihr**:

du atm-e-st (tú respiras)

er arbeit-e-t (él trabaja)

ihr bad-e-t (vosotros os bañáis)

¿Por qué hacen eso? Intenta pronunciar "atmst" y entenderás la razón.

Adverbios

Los adverbios acompañan a los verbos o a los adjetivos y los describen. En español, muchos adverbios terminan en -mente (como en "me puse *rápidamente* los calcetines verdes"). En alemán, los adverbios tienden a ser adjetivos con terminaciones no modificadas.

Construcción de oraciones sencillas

Los sustantivos, los verbos, los adjetivos y los adverbios por lo general no se agrupan al azar; las palabras se organizan para formar oraciones de acuerdo con ciertas reglas.

Organizar las palabras en la secuencia correcta

El orden "normal" de las palabras en alemán se parece al del español. Primero viene el sujeto, enseguida el verbo y luego el resto de la oración. A menos que exista una razón para no utilizarla, esta es la secuencia de palabras que se debe seguir.

Sujeto	Verbo	Objeto
Meine Freundin	**hat**	**einen VW-Bus**
(*mai*-ne *froin*-din)	(jat)	(*ai*-nen fau*ve*-bus)
mi amiga	tiene	una camioneta VW

Colocar el verbo en segundo lugar

Una de las cosas más importantes para recordar es el lugar que ocupa el verbo en una oración en alemán. En las oraciones independientes, como la que se presenta en la sección anterior, y en la siguiente frase, el verbo siempre va en segundo lugar, pase lo que pase.

> **Meine Freundin reist nach Dänemark.** (*mai*-ne *froin*-din raist naj *dae*-ne-marc; mi amiga viaja a Dinamarca)

¿Y si le añadimos más información?

Meine Freundin reist morgen nach Dänemark. (*mai*-ne *froin*-din raist *moa*-guen naj *dae*-ne-marc; literalmente: mi amiga viaja mañana a Dinamarca)

De nuevo, el verbo viene en segundo lugar.

¿Qué sucede si la oración empieza con **morgen** (*moa*-guen; mañana)?

Morgen reist meine Freundin nach Dänemark.

Como **morgen** viene en primera posición y el verbo tiene que ir en segunda, el sujeto se coloca después del verbo. Técnicamente, esto se llama *inversión del verbo.* Significa que el verbo y el sujeto intercambian el lugar. Esto sucede cuando algo distinto del sujeto se coloca en la primera posición de una oración.

Dicho esto, ¿qué pasa con la primera afirmación en esta sección? ¿En ese ejemplo se puede hacer un giro y cambiar el orden de las palabras? Desde luego, siempre y cuando el verbo esté en segundo lugar. **Meine Freundin hat einen VW-Bus** se convierte en **Einen VW-Bus hat meine Freundin.** No hay ningún problema. Pero ¿para qué querrías hacer eso? Por lo general, para cambiar el énfasis. Por ejemplo, quizá quieras decir:

Hat deine Schwester einen VW-Bus? Nein, meine Schwester hat einen BMW. Einen VW-Bus hat meine Freundin Heike. (jat *dai*-ne *shves*-tea *ai*-nen fau*ve*-bus nain *mai*-ne *shves*-tea jat *ai*-nen be-em-*ve* *ai*-nen fau*ve*-bus jat *mai*-ne *froin*-din *jai*-que; ¿tu hermana tiene una camioneta VW? No, mi hermana tiene un BMW. Mi amiga Heike es quien tiene una camioneta VW)

Reist deine Freundin heute nach Dänemark? Nein, morgen reist sie nach Dänemark. (raist *dai*-ne *froin*-din *joi*-te naj *dae*-ne-marc nain *moa*-guen raist sii naj *dae*-ne-marc; ¿tu amiga va a viajar hoy a Dinamarca? No, mañana viajará a Dinamarca)

¿Acaso no se confunden los alemanes cambiando el orden de las palabras de esa manera? Aquí es donde interviene el famoso sistema alemán de casos. Los adjetivos y los artículos que acompañan los sustantivos, y a veces los sustantivos mismos, adoptan terminaciones diferentes dependiendo de su función en la oración. Así pues, sin importar el lugar donde se ubique un sustantivo en una oración, sabrás qué función desempeña si revisas la terminación del artículo (y/o el adjetivo) que lo acompaña. Para más detalles a este respecto, consulta "Darle al lenguaje el caso adecuado", más adelante en este capítulo.

Empujar el verbo hasta el final

Los ejemplos que hemos utilizado hasta el momento en esta sección han sido todos de oraciones independientes y aisladas. Sin embargo, a veces varias afirmaciones se combinan para formar una estructura más compleja:

> **Meine Freundin sagt, dass sie nach Dänemark reist.** (*mai*-ne *froin*-din sact das sii naj *dae*-ne-marc raist; mi amiga dice que viaja a Dinamarca)

El verbo principal **sagt** (sact; dice) viene en segunda posición, donde se supone que debe ir, pero el verbo en la segunda cláusula, introducido por **dass** (das; que) se desplaza hasta el final de la oración. Eso sucede en todas las cláusulas dependientes (o subordinadas).

RECUERDA

Las cláusulas subordinadas por lo general empiezan con conjunciones (subordinadas), es decir, palabras que unen frases, como **dass**, **weil**, **damit** (das vail da-*mit*; que, porque, para que), y siempre terminan con el verbo.

Me pregunto cómo preguntar

En alemán, el orden de las palabras para hacer preguntas empieza con un verbo seguido del sujeto.

> **Reist deine Freundin nach Dänemark?** (raist *dai*-ne *froin*-din naj *dae*-ne-marc; ¿va a viajar tu amiga a Dinamarca?)

> **Hat deine Freundin einen VW-Bus?** (jat *dai*-ne *froin*-din *ai*-nen fau-*ve*-bus; ¿tiene tu amiga una camioneta VW?)

Otra manera de pedir información es construir una pregunta utilizando una palabra como **wer?** (vea; ¿quién?), **was?** (vas; ¿qué?), **wo?** (*vo*; ¿dónde?), **wann?** (van; ¿cuándo?), **wie?** (vii; ¿cómo?) o **warum?** (varum; ¿por qué?). También puedes formular una pregunta con palabras y frases como **was für ein/e/en...?** (vas fiua *aine*/en; ¿qué tipo de...?) o **welche/r/s...?** (*vel*-je/r/s; ¿cuál?). Cuando se construyen preguntas con estas palabras, el verbo va en el lugar habitual: en segunda posición:

- **Wer fährt nach Dänemark?** (vea faert naj *dae*-ne-marc; ¿quién viaja a Dinamarca?)
- **Was für ein Auto hat deine Freundin?** (vas fiur ain *au*-to jat *dai*-ne *froin*-din; ¿qué tipo de coche tiene tu amiga?)

- **Wann fährt sie nach Dänemark?** (van faert sii naj *dae*-ne-marc; ¿cuándo va a viajar [ella] a Dinamarca?)
- **Wie kommt deine Freundin nach Dänemark?** (vii comt *dai*-ne *froin*-din naj *dae*-ne-marc; ¿cómo va a ir tu amiga a Dinamarca?)

Los tiempos: pasado, presente y futuro

Dependiendo del momento en que se realice la acción a la que te estás refiriendo, debes elegir un tiempo verbal u otro. La manera de percibir el concepto de tiempo difiere ligeramente según cada cultura e idioma, de modo que el uso de los tiempos a veces también difiere.

Una ojeada al presente

El tiempo presente es muy útil en alemán. Puedes hacerte entender bastante bien empleando únicamente este tiempo. El tiempo presente alemán corresponde a varias formas. Por ejemplo, **ich denke** (ij *den*-que) equivale a "yo pienso", "yo sí pienso" o "estoy pensando". Y, dependiendo del contexto, el tiempo presente alemán puede corresponder a otro tiempo, futuro o pasado, en español.

El tiempo presente se utiliza para describir lo que está sucediendo ahora:

- **Was machst du gerade?** (vas majst du gue-*ra*-de; ¿qué estás haciendo en este momento?)
- **Ich lese die Zeitung.** (ij le-se dii *tsai*-tunc; estoy leyendo el periódico)

El tiempo presente también puede describir algo que sucede a veces, por lo general o siempre:

Freitags gehe ich oft ins Kino. (*frai*-tacs *gue*-je ij oft ins *qui*-no; los viernes normalmente voy al cine)

El tiempo presente también puede describir lo que va a suceder:

- **Morgen reist meine Freundin nach Dänemark.** (*moa*-guen raist *mai*-ne *froin*-din naj *dae*-ne-marc; mañana mi amiga viaja a Dinamarca)

» **Nächste Woche fahre ich nach Bremen.** (*naejs*-te *vo*-je *faa*-re ij naj *bre*-men; la próxima semana viajo a Bremen)

RECUERDA

Esta es una manera muy común de hablar sobre sucesos futuros en alemán, sobre todo si en la oración hay una expresión de tiempo que ubica la acción claramente en el futuro; por ejemplo, **nächste Woche** (*naejs*-te *vo*-je; la próxima semana) o **morgen** (*moa*-guen; mañana).

Finalmente, el tiempo presente también puede describir lo que ha estado sucediendo hasta ahora:

Ich bin seit drei Tagen in Hamburg. (ij bin sait drai *ta*-guen in *jam*-burc; estoy en Hamburgo desde hace tres días)

Hablar sobre el pasado: el uso del tiempo perfecto

El tiempo perfecto es el tiempo principal que se usa para hablar del pasado en el alemán cotidiano. Es muy versátil. Puedes utilizarlo para hablar sobre la mayoría de las acciones y situaciones transcurridas en el pasado. Por tanto, es un poco diferente del pretérito perfecto en español (he ido, he leído, etc.), que solo se puede usar en algunas situaciones concretas. Por ejemplo, "he visto a Ana la semana pasada" no es del todo correcto en español, pero sí lo es en alemán: **Ich habe Anna letzte Woche gesehen** (ij *ja*-be ana *lets*-te *vo*-je gue-*se*-jen).

Casi todos los verbos forman el tiempo perfecto con el verbo **haben** (*ja*-ben; haber):

» **David hat mir geholfen.** (*da*-vid jat mia gue-*jol*-fen; David me ha ayudado/me ha estado ayudando/me ayudó)

» **Gestern haben wir ein Auto gekauft.** (*gues*-tean *ja*-ben via ain *au*-to gue-*cauft*; ayer nos hemos comprado un coche)

» **Anna hat die Zeitung gelesen.** (ana jat dii *tsai*-tunc gue-*le*-sen; Anna ha leído el periódico/leyó el periódico)

» **Ich habe den Film gesehen.** (ij *ja*-be den film gue-*se*-jen; he visto la película/vi la película)

Ciertos verbos requieren **sein** (sain; estar) en vez de **haben** (*ja*-ben; haber) para formar el tiempo perfecto. Estos verbos a menudo describen alguna forma de movimiento o estado. He aquí algunos ejemplos:

» **Ich bin ins Kino gegangen.** (ij bin ins *qui*-no gue-*gan*-guen; he ido al cine/fui al cine)

- **Meine Freundin ist nach Dänemark gefahren.** (*mai*-ne *froin*-din ist naj *dae*-ne-marc gue-*faa*-ren; mi amiga se ha ido a Dinamarca/se fue a Dinamarca)
- **Ich bin in Hamburg gewesen.** (ij bin in *jam*-burc gue-*ve*-sen; he estado en Hamburgo/fui a Hamburgo)
- **Du bist mit dem Auto gekommen.** (du bist mit dem *au*-to gue-*com*-men; viniste en coche/has venido en coche)
- **Sie ist mit dem Zug weggefahren.** (sii ist mit dem tsuc *vec*-gue-faa-ren; ella se ha ido en tren/ella se fue en tren)
- **Wir sind letzte Woche ins Kino gegangen.** (via sind *lets*-te *vo*-je ins *qui*-no gue-*gan*-guen; fuimos al cine la semana pasada)
- **Seid ihr durch den Park gelaufen?** (said iia durj den parc gue-*lau*-fen; ¿han corrido por el parque?/¿corrieron por el parque?)
- **Sie sind gestern im Theater gewesen.** (sii sind *gues*-tean im te-*a*-tea gue-*ve*-sen; fueron al teatro ayer)

Los verbos en alemán se dividen en dos categorías: verbos débiles y verbos fuertes. Los verbos regulares, conocidos como verbos débiles, constituyen el grupo más grande.

Formar el participio pasado de un verbo débil

Esta es la fórmula para formar el participio pasado de un verbo débil:

ge + raíz del verbo (el infinitivo menos -en) + (e)t = participio pasado

Por ejemplo, para el verbo **fragen** (*fra*-guen; preguntar), la fórmula funcionaría así:

ge + frag + t = gefragt

Formar el participio pasado de un verbo fuerte

Esta es la fórmula para formar el participio pasado de un verbo fuerte:

ge + raíz del verbo (el infinitivo menos -en) + en = participio pasado

Para el verbo **kommen** (*com*-men; venir), el participio pasado sería:

ge + komm + en = gekommen

Para más información sobre el tiempo perfecto, consulta el capítulo 7.

Escribir sobre el pasado: utilizar el pasado simple

El pasado simple (o pretérito indefinido) se suele utilizar en los periódicos, los libros y otros textos, pero es menos frecuente en el lenguaje hablado. Por esta razón no se encuentra mucho en este libro. Una excepción es el pasado simple de **sein** (sain; ser o estar), que a menudo se usa más que el tiempo perfecto tanto en el lenguaje hablado como en el escrito.

La tabla 2-1 muestra las diversas formas del tiempo pasado simple de **sein.**

TABLA 2-1 Formas del pasado simple de "sein"

Conjugación	Pronunciación	Traducción
ich war	(ij var)	yo estuve
du warst	(du varst)	tú estuviste
Sie waren	(sii *var*-en)	usted estuvo
er/sie/es war	(ea/sii/es var)	él/ella/[neutro] estuvo
wir waren	(via *va*-ren)	nosotros estuvimos
ihr wart	(iia vart)	vosotros estuvisteis
Sie waren	(sii *va*-ren)	ustedes estuvieron
sie waren	(sii *va*-ren)	ellos/ellas estuvieron

Hablar sobre el futuro

En Alemania, el tiempo futuro no se usa tan sistemáticamente como en español. En muchas situaciones, se utiliza más bien el tiempo presente (véase "Una ojeada al presente", en este capítulo). Si estás hablando sobre cosas que tendrán lugar en el futuro, desde luego puedes utilizar el tiempo futuro. Para formar el tiempo futuro en alemán, se utiliza el verbo **werden** (*vea*-den; volverse) y se añade un infinitivo.

La tabla 2-2 muestra las formas de **werden** en el tiempo presente.

TABLA 2-2 Formas del presente de "werden"

Conjugación	Pronunciación	Traducción
ich werde	(ij *vea*-de)	yo voy a
du wirst	(du virst)	tú vas a
Sie werden	(sii *vea*-den)	usted va a
er/sie/es wird	(ea/sii/es vird)	él/ella/[neutro] va a
wir werden	(via *vea*-den)	nosotros vamos a
ihr werdet	(iia *vea*-det)	vosotros vais a
Sie werden	(sii *vea*-den)	ustedes van a
sie werden	(sii *vea*-den)	ellos/ellas van a

Y así es como se incorpora el tiempo futuro a las oraciones:

- **Ich werde anrufen.** (ij *vea*-de *an*-ru-fen; voy a llamar)
- **Wir werden morgen kommen.** (via *vea*-den *moa*-guen *com*-men; vamos a venir mañana/vendremos mañana)
- **Es wird regnen.** (es vird *re*-gnen; lloverá/va a llover)

Darle al lenguaje el caso adecuado

Todos los idiomas tienen maneras de indicar qué papel desempeña cada sustantivo en una oración en particular; por ejemplo, quién (o qué) está haciendo qué a quién. En alemán, para indicar la función de un sustantivo en una oración se agregan terminaciones a los artículos o adjetivos que acompañan al sustantivo en cuestión (y a veces incluso al sustantivo mismo).

Cuando se utilizan en una oración, los sustantivos se encuentran en uno de cuatro casos, dependiendo de la función que desempeñan: nominativo para el sujeto, acusativo para el objeto directo, dativo para el objeto indirecto y genitivo para el complemento del nombre (posesivo). En este libro figuran sobre todo los casos nominativo, acusativo y dativo. El caso genitivo es de uso menos frecuente; lo mencionamos tan solo a título de información.

Caso nominativo

El sujeto de una oración siempre está en el caso nominativo. Como regla general, el *sujeto* es la persona o cosa que realiza la acción del verbo. Por ejemplo, en la oración **Der Junge nimmt den Kuchen** (dea *iun*-gue nimt den *cu*-jen; el chico toma el pastel), el chico es quien toma el pastel, por tanto él (el chico) es el sujeto de la oración.

Caso acusativo

El objeto directo de la oración siempre está en el caso acusativo. El *objeto directo* es la persona o cosa directamente afectada por la acción del verbo. Así pues, en la oración **Der Junge nimmt den Kuchen** (dea *iun*-gue nimt den *cu*-jen; el chico toma el pastel), el pastel es el objeto directo: es la cosa que está siendo tomada.

Caso dativo

El objeto indirecto de la oración siempre está en el caso dativo. El *objeto indirecto* es la persona o cosa indirectamente afectada por la acción del verbo. Por ejemplo, en la oración **Der Junge gibt dem Hund den Kuchen** (dea *iun*-gue guibt dem jund den *cu*-jen; el chico le da al perro el pastel), el perro es el objeto indirecto, aquel a quien el chico le da el pastel. (El pastel es el objeto directo, la cosa que es dada.)

Si hay dos objetos en una oración, lo más probable es que uno de ellos sea un objeto indirecto. Si tienes dudas, traduce la oración al español: pon "le" o "les" delante del verbo; luego, pregunta "¿a quién?", y la respuesta será el objeto indirecto: el chico *le da* el pastel. ¿A quién? *Al perro* (este es tu complemento indirecto). Hay que tener en cuenta, sin embargo, que esta regla no se aplica con algunos verbos que no rigen de igual manera en el español y el alemán (preguntar, costar, pedir, interesar y, dependiendo del uso, a veces también ayudar).

Caso genitivo

El caso genitivo se utiliza para indicar posesión. La persona o cosa que posee está en el caso genitivo. Por ejemplo, en la oración **der Hund des Jungen** (dea jund des *iun*-guen; el perro del chico), el chico es quien posee al perro, de modo que el chico está en el caso genitivo.

Por qué importan todos estos casos

Tal vez te preguntes por qué nos detenemos en este asunto de los casos. Por desgracia, aprenderse bien los distintos casos es un paso complicado pero necesario para el aprendizaje del alemán. Sucede que los diferentes casos hacen que los pronombres cambien de forma. Así mismo, los casos hacen que cambien las terminaciones de los artículos y los adjetivos. Sigue leyendo para enterarte de los fundamentos.

Cómo cambian los pronombres

Los pronombres son unas palabritas útiles que pueden reemplazar a los sustantivos. Se utilizan en lugar de los sustantivos con el fin de evitar repeticiones molestas.

Los pronombres cambian de forma dependiendo de cómo se utilicen en una oración.

La tabla 2-3 muestra los pronombres en el caso de sujeto. La tabla 2-4 muestra cómo cambian los pronombres según el caso.

TABLA 2-3 **Pronombres personales en el caso de sujeto**

Alemán	Español
ich	yo
du	tú
Sie	usted
er/sie/es	él/ella/[neutro]
wir	nosotros
ihr	vosotros
Sie	ustedes
sie	ellos/ellas

TABLA 2-4 Pronombres personales según el caso

Nominativo	Dativo	Acusativo	Español
ich	mir	mich	yo, mí, me
du	dir	dich	tú, ti, te
Sie	Ihnen	Sie	usted, a usted, le
er	ihm	ihn	él, a él, le/lo
sie	ihr	sie	ella, a ella, le/la
es	ihm	es	[neutro]
wir	uns	uns	nosotros, a nosotros, nos
ihr	euch	euch	vosotros, a vosotros, os
Sie	Ihnen	Sie	ustedes, a ustedes, les
sie	ihnen	sie	ellos/ellas, a ellos/ellas, los/las/les

He aquí un ejemplo del pronombre singular para la segunda persona, **du**, en los casos nominativo, dativo y acusativo dependiendo de su función en la oración.

» **Du** bist müde (du bist *miu*-de; tú estás cansado): **du** = nominativo

» Ich gebe **dir** das Buch (ij *gue*-be dia das buj; te doy el libro): **dir** = dativo

» Ich frage **dich** (ij *fra*-gue dij; te estoy preguntando): **dich** = acusativo

Cómo cambian los artículos indefinidos

El artículo indefinido **ein** (ain; un) puede adoptar diferentes terminaciones. La terminación que tome dependerá de si acompaña al sujeto de una oración (nominativo), un complemento del nombre (genitivo), el objeto directo (acusativo) o el objeto indirecto (dativo).

La tabla 2-5 muestra el artículo indefinido **ein** en los diversos casos.

TABLA 2-5 **Terminaciones de "ein" según el caso**

Género	Nominativo	Genitivo	Dativo	Acusativo
Masculino	ein	eines	einem	einen
Femenino	eine	einer	einer	eine
Neutro	ein	eines	einem	ein

Los siguientes ejemplos muestran el artículo indefinido **ein** con sus terminaciones masculinas en los cuatro casos.

» **Ein** Wagen steht auf der Straße (ain *va*-guen shteet auf dea *shtraa*-se; hay un coche parado en la calle): **ein** = nominativo

» Du liest das Buch **eines** Freundes (du liist das buj *ai*-nes *froin*-des; estás leyendo el libro de un amigo): **eines** = genitivo

» Ich leihe **einem** Freund mein Auto (ij *lai*-e *ai*-nem froind main *au*-to; le presto mi coche a un amigo): **einem** = dativo

» Ich habe **einen** Hund (ij *ja*-be *ai*-nen jund; yo tengo un perro): **einen** = acusativo

Cómo cambian los artículos definidos

Los artículos definidos también cambian de acuerdo con el caso en el que se utilicen, como se observa en la tabla 2-6.

TABLA 2-6 **Artículos definidos según el caso**

Género	Nominativo	Genitivo	Dativo	Acusativo
Masculino	der	des	dem	den
Femenino	die	der	der	die
Neutro	das	des	dem	das
Plural	die	der	den	die

Los siguientes ejemplos muestran el artículo definido masculino **der** con sus terminaciones apropiadas en los cuatro casos.

» **Der** Wagen steht auf der Straße (dea *va*-guen shteet auf dea *shtraa*-se; el coche está parado en la calle): **der** = nominativo

- Du liest das Buch **des** Freundes (du liist das buj des *froin*-des; estás leyendo el libro del amigo): **des** = genitivo
- Ich leihe **dem** Freund mein Auto (ij *lai*-e dem froind main *au*-to; le presto mi coche al amigo): **dem** = dativo
- Ich habe **den** Hund (ij *ja*-be den jund; yo tengo el perro): **den** = acusativo

Cómo cambian los posesivos

Los pronombres posesivos indican propiedad. Establecen la diferencia entre lo que te pertenece a ti ("tu libro") y lo que me pertenece a mí ("mi libro"), y así sucesivamente. A continuación presentamos las formas para las diferentes personas:

- **mein** (main; mi)
- **dein** (dain; tu)
- **Ihr** (iia; su [de usted])
- **sein/ihr/sein** (sain/iia/sain; su [de él, de ella])
- **unser** (*un*-sea; nuestro)
- **euer** (*oi*-ea; vuestro)
- **Ihr** (iia; su [de ustedes])
- **ihr** (iia; su [de ellos/ellas])

La tabla 2-7 presenta todas las formas del singular de un ejemplo de posesivo, **mein** (main). Los otros posesivos toman las mismas terminaciones. Estas terminaciones pueden resultarte familiares: son las mismas que adopta el artículo indefinido **ein.**

TABLA 2-7 **Terminaciones de posesivos según el caso**

Género	Nominativo	Genitivo	Dativo	Acusativo
Masculino	mein	meines	meinem	meinen
Femenino	meine	meiner	meiner	meine
Neutro	mein	meines	meinem	mein

Cómo cambian las terminaciones de los adjetivos

Como mencionábamos al principio de este capítulo, los adjetivos y artículos que acompañan a los sustantivos cambian de terminación dependiendo de la función que desempeña el sustantivo en la oración, como se indica en la tabla 2-8.

TABLA 2-8 Terminaciones de adjetivos precedidos por artículos definidos e indefinidos

Género	Nominativo	Genitivo	Dativo	Acusativo
Masculino	e/er	en/en	en/en	en/en
Femenino	e/e	en/en	en/en	e/e
Neutro	e/es	en/en	en/en	e/es

Para ilustrar las terminaciones que se indican en la tabla 2-8, en las tablas 2-9 y 2-10 damos ejemplos de sustantivos acompañados por un adjetivo y el artículo definido o indefinido, respectivamente.

TABLA 2-9 Ejemplos de terminaciones de adjetivos precedidos por artículos indefinidos

Género	Nominativo	Genitivo	Dativo	Acusativo
Masculino	ein schöner Garten	eines schönen Gartens	einem schönen Garten	einen schönen Garten
Femenino	eine weiße Tür	einer weißen Tür	einer weißen Tür	eine weiße Tür
Neutro	ein kleines Haus	eines kleinen Hauses	einem kleinen Haus	ein kleines Haus

TABLA 2-10 Ejemplos de terminaciones de adjetivos precedidos por artículos definidos

Género	Nominativo	Genitivo	Dativo	Acusativo
Masculino	der schöne Garten	des schönen Gartens	dem schönen Garten	den schönen Garten

(continúa)

(continuación)

Género	Nominativo	Genitivo	Dativo	Acusativo
Femenino	die weiße Tür	der weißen Tür	der weißen Tür	die weiße Tür
Neutro	das kleine Haus	des kleinen Haus	dem kleinen Haus	das klein Haus

Números

Es probable que no tengas que preocuparte por los números sino para preguntar la hora o para cambiar dinero (véase el capítulo 11). Conocer los siguientes números te permitirá contar fácilmente cualquier cosa que necesites.

0 **null** (nul)

1 **eins** (ains)

2 **zwei** (tsvai)

3 **drei** (drai)

4 **vier** (fiia)

5 **fünf** (fiunf)

6 **sechs** (secs)

7 **sieben** (*sii*-ben)

8 **acht** (ajt)

9 **neun** (noin)

10 **zehn** (tseen)

11 **elf** (elf)

12 **zwölf** (tsvoelf)

13 **dreizehn** (*drai*-tseen)

14 **vierzehn** (*fiia*-tseen)

15 **fünfzehn** (*fiunf*-tseen)

16 **sechzehn** (*sej*-tseen)

17 **siebzehn** (*siib*-tseen)

18 **achtzehn** (*aj*-tseen)

19 **neunzehn** (*noin*-tseen)

20 **zwanzig** (*tsvan*-tsic)

21 **einundzwanzig** (*ain*-und-tsvan-tsic)

22 **zweiundzwanzig** (*tsvai*-und-tsvan-tsic)

23 **dreiundzwanzig** (*drai*-und-tsvan-tsic)

24 **vierundzwanzig** (*fiia*-und-tsvan-tsic)

25 **fünfundzwanzig** (*fiunf*-und-tsvan-tsic)

30 **dreißig** (*drai*-sic)

40 **vierzig** (*fiia*-tsic)

50 **fünfzig** (*fiunf*-tsic)

60 **sechzig** (*sej*-tsic)

70 **siebzig** (*siib*-tsic)

80 **achtzig** (aj-tsic)

90 **neunzig** (*noin*-tsic)

100 **hundert** (*jun*-deat)

200 **zweihundert** (*zvai*-jun-deat)

300 **dreihundert** (*drai*-jun-deat)

400 **vierhundert** (*fiia*-jun-deat)

500 **fünfhundert** (*fiunf*-jun-deat)

1.000 **tausend** (*tau*-send)

Muchos de los números entre 20 y 100 parecen escritos al revés. Observa el número 21, **einundzwanzig** (*ain*-und-tsvan-tsic). Lo que en realidad estás diciendo es "uno y veinte". Simplemente recuerda seguir este patrón para todos los números de dos dígitos.

EN ESTE CAPÍTULO

- Dirigirse a las personas formal o informalmente
- Saludar
- Presentarse y presentar a tus amigos
- Preguntar sobre ciudades, países y nacionalidades
- Despedirse

Capítulo 3

"Guten Tag! Hallo!" Saludos y presentaciones

Los saludos y las presentaciones son los primeros pasos para establecer contacto con otras personas y dar una buena primera impresión. Si se maneja correctamente, este primer contacto te puede abrir puertas y ayudar a conocer gente. Si te equivocas en tu saludo y tu presentación, en el mejor de los casos verás una expresión perpleja en tu interlocutor; en el peor de los casos, ¡podrías ofender a la persona a quien te diriges! Para información más detallada, sigue leyendo.

Ser formal o informal

Los alemanes tienen fama de ser formales, una impresión que, hasta cierto punto, podría deberse a la distinción que establecen al decir "tú" o "usted". En alemán, se utiliza el formal **Sie** (sii; usted) o el informal **du** (du; tú), dependiendo del interlocutor.

Es importante observar la distinción entre estas dos formas: te considerarán una persona impertinente y descortés si utilizas la modalidad informal en una situación que exige mayor formalidad.

RECUERDA

En general, debes utilizar el **Sie** formal si te diriges a alguien a quien no conoces, a un funcionario, a un superior o a una persona mayor que tú. A medida que conozcas mejor a alguien, puedes cambiar al **du**. Incluso existe un verbo referente al uso del "tú" informal: **duzen** (*dut*-sen; tutear). **Wir duzen uns** (via *dut*-sen uns) significa "nos tuteamos".

Sin embargo, en el uso del **du** o el **Sie** no hay reglas fijas y sí bastantes excepciones. Por ejemplo, supongamos que te has ido de viaje a Alemania y uno de tus amigos alemanes te lleva a una fiesta. Aunque no conoces a ninguno de los invitados, es muy posible que empleen el **du** al hablar contigo, sobre todo si son jóvenes, y probablemente esperen que tú también los tutees. En realidad depende del entorno en que te encuentres. En algunas oficinas se utiliza el **du** entre colegas, mientras que en otras todos utilizan el formal **Sie.**

CONSEJO

Si tienes dudas sobre si debes emplear el **du** o el **Sie**, utiliza el **Sie** hasta que tu interlocutor te pida que utilices el **du** o hasta que empiece a tutearte.

Saludos frecuentes

La primera parte del saludo es un "hola" básico. La forma en que saludas depende del momento del día. Los saludos más frecuentes son:

- **Guten Morgen!** (*gu*-ten *moa*-guen; ¡buenos días!) Es el saludo usual por las mañanas (más o menos hasta el mediodía).
- **Guten Tag!** (*gu*-ten taac; ¡buenos días!) Es el saludo más frecuente, excepto temprano por la mañana y por la tarde.
- **Guten Abend!** (*gu*-ten *a*-bend; ¡buenas tardes!/¡buenas noches!) Este es el saludo corriente para la tarde (a partir de las 18.00 horas) y la noche.
- **Gute Nacht!** (*gu*-te najt; ¡buenas noches!) Es la fórmula usual al despedirse por la noche justo antes de ir a dormir.
- **Hallo!** (*jal*-lo; ¡hola!) Ya estás familiarizado con este saludo porque es similar al español.

CULTURA GENERAL

SR., SRA. Y EL PROHIBIDO SRTA.

Herr (jea) es el término alemán para "señor" y **Frau** (frau), que literalmente significa "mujer" y también "esposa" en alemán, corresponde a "señora." y "señorita.". El alemán también tiene la palabra **Fräulein** (*froi-lain*), que solía ser la versión alemana de "señorita", pero es mejor que no intentes llamar a alguien así, a menos que quieras ser el más impopular del barrio.

La sílaba "lein" en **Fräulein** es un diminutivo, y **Fräulein** significa literalmente "mujer pequeña". Muchas mujeres alemanas modernas consideran ofensivo el término y ya casi no se utiliza, de modo que siempre debes dirigirte a una mujer como **Frau**, independientemente de su edad o su estado civil.

Preguntar "¿cómo estás?"

La pregunta "¿cómo estás?" es una parte importante del saludo en alemán. Por lo general viene inmediatamente después del saludo. Dependiendo de tu interlocutor, utilizarás la versión formal o informal de la pregunta. Parece algo complicado pero en realidad es muy sencillo.

GRAMÁTICA

Antes de proseguir con el tema del saludo y la presentación, es importante que sepas que las palabras **ich** (ij; yo), **du** (du; tú) y **Sie** (sii; usted) pueden cambiar dependiendo de cómo se utilizan en la oración. En alemán, la pregunta "¿cómo está(s)" y la respuesta "estoy bien" requieren una forma diferente de los pronombres personales **ich**, **du** o **Sie**: la forma que adopta el caso dativo (para más información sobre el dativo, consulta el capítulo 2).

La tabla 3-1 te enseña cómo funciona.

TABLA 3-1 Pronombres personales, caso dativo

Pronombre	Caso nominativo	Caso dativo
yo	ich	mir
tú	du	dir
usted	Sie	Ihnen

La versión formal para preguntarle a alguien cómo está es:

> **Wie geht es Ihnen?** (vii gueet es *ii*-nen; ¿cómo está usted?)

En la modalidad informal se dice:

> **Wie geht es dir?** (vii gueet es dia; ¿cómo estás?)

La frase significa lo mismo, pero se utiliza el **dir** informal.

Y si conoces a alguien muy bien, puedes utilizar la versión más informal de la pregunta:

> **Wie geht's?** (vii gueets; ¿cómo va?)

EL SALUDO Y LA PRESENTACIÓN VAN DE LA MANO

Los saludos y las presentaciones a menudo vienen acompañados por algún tipo de contacto corporal. En Alemania, Austria y Suiza la forma más usual de contacto corporal en los saludos y las presentaciones es estrecharse la mano. Las amigas muchas veces se saludan con un beso en la mejilla (darse dos besos, uno en cada mejilla, es menos usual) o con un abrazo. Los hombres no se saludan ni con un beso ni se abrazan, aunque sí pueden saludar a una amiga con un abrazo (y un beso). En Alemania, este tipo de contacto se reserva únicamente para los buenos amigos. Sin embargo, tal vez observes que los alemanes se colocan más cerca de ti de lo que estás acostumbrado, por ejemplo en las tiendas, en los autobuses o en el metro, o cuando hablan contigo.

Contestar a "¿cómo estás?"

En algunos países la pregunta "¿cómo estás?" es simplemente una manera de decir "hola", y nadie espera una respuesta. Sin embargo, en Alemania por lo general se espera que contestes. Estas son algunas respuestas aceptables a la pregunta "¿cómo estás?".

- **Danke, gut** (*dan*-que gut)/**Gut, danke** (gut *dan*-que). La traducción literal sería "Gracias, bien" y "Bien, gracias", respectivamente.
- **Sehr gut.** (sea gut; muy bien)

- **Ganz gut.** (gants gut; bastante bien)
- **Es geht.** (es gueet; más o menos). La expresión alemana en realidad significa "va" e implica que las cosas no van muy bien
- **Nicht so gut.** (nijt so gut; no tan bien)

Como en español, la respuesta por lo general viene acompañada por la pregunta "¿y tú/usted?", que es muy fácil. Primero la versión formal:

Und Ihnen? (und *ii*-nen; ¿y usted?)

Y esta es la misma pregunta en modalidad informal:

Und dir? (und dia; ¿y tú?)

Hablando se entiende la gente

ESCUCHA

Pista 01: En el siguiente diálogo encontrarás algunas frases que se suelen utilizar para saludar en un entorno más formal.

Herr Schulte: **Guten Tag, Frau Berger!**
(*gu*-ten taac frau *bea*-gea)
¡Buenos días, Sra. Berger!

Frau Berger: **Herr Schulte, guten Tag! Wie geht es Ihnen?**
(jea *shul*-te *gu*-ten taac vii gueet es *ii*-nen)
Sr. Schulte, ¡buenos días! ¿Cómo está usted?

Herr Schulte: **Danke, gut! Und Ihnen?**
(*dan*-que gut und *ii*-nen)
¡Bien, gracias! ¿Y usted?

Frau Berger: **Danke, gut.**
(*dan*-que gut)
Bien, gracias.

Hablando se entiende la gente

ESCUCHA

Pista 02: Ahora observa este diálogo entre Mike y Sylvia, dos viejos amigos que se encuentran en la calle.

Mike: **Hallo Sylvia!**
(*jal*-lo *sil*-via)
¡Hola, Sylvia!

Sylvia: **Mike, hallo! Wie geht's?**
(maic *jal*-lo vii gueets)
¡Hola, Mike! ¿Cómo va?

Mike: **Danke, mir geht's gut! Und selbst?**
(*dan*-que mia gueets gut und selbst)
¡Estoy bien, gracias! ¿Y tú?

Sylvia: **Auch gut.**
(auj gut)
También estoy bien.

Presentarte y presentar a tus amigos

Los encuentros y los saludos suelen requerir presentaciones. Quizá estés con amigos cuando te encuentres con alguien o tal vez tengas que presentar a tu esposa o a tu esposo a tu jefe en una cena formal. En ocasiones no habrá nadie que te presente a la persona que quieres conocer y tendrás que presentarte tú mismo.

Presentar a tus amigos

Las presentaciones cotidianas son fáciles. Solo necesitas las palabras:

Das ist... (das ist; este/esta es...)

Luego, simplemente añades el nombre de la persona. Para indicar que es un amigo/a tuyo, dices:

Das ist meine Freundin (f)/**mein Freund** (m)**...** (das ist *mai*-ne *froin*-din/main froind: esta/este es mi amiga/o...)

Si es a ti a quien presentan, probablemente quieras decir "mucho gusto". En alemán no hay una forma muy informal de decir esto, y si las presentaciones han sido informales puedes responder con un **"Hallo"** o un **"Guten Tag"**.

Si las presentaciones han sido un poco más formales, puedes expresar "mucho gusto" diciendo:

Freut mich. (froit mij; es un placer)

La persona a quien te presentaron podría responder:

Mich auch. (mij auj; igualmente)

Hablando se entiende la gente

ESCUCHA

Pista 03: En el siguiente diálogo, Frau Berger, Herr Schulte y Frau Lempert se reúnen por primera vez y, por consiguiente, utilizan presentaciones formales.

Frau Berger: **Herr Schulte, das ist Frau Lempert.**
(jea *shul*-te das ist frau *lem*-peat)
Sr. Schulte, esta es la Sra. Lempert.

Herr Schulte: **Freut mich.**
(froit mij)
Es un placer.

Frau Lempert: **Mich auch.**
(mij auj)
Igualmente.

De un modo más informal, la presentación sería así:

Karin: **Michael, das ist meine Freundin Ute.**
(*mi*-ja-el das ist *mai*-ne *froin*-din ute)
Michael, esta es mi amiga Ute.

Michael: **Hallo Ute.**
(*jal*-lo ute)
Hola, Ute.

Presentaciones para ocasiones especiales

Tal vez te encuentres en una situación que exige un nivel muy alto de presentación formal. Estas son algunas de las frases que utilizarías en tal caso:

- **Darf ich Ihnen... vorstellen?** (darf ij *ii*-nen *foa*-shtel-len; le presento a.../¿puedo presentarle a...?)
- **Freut mich, Sie kennenzulernen.** (froit mij sii *quen*-nen-tsu-lea-nen; encantado de conocerlo)
- **Meinerseits/ganz meinerseits.** (*mai*-nea-saits/gants *mai*-nea-saits; igualmente)

Aunque en español probablemente utilizarías la expresión "igualmente", no es la traducción literal de la expresión alemana que se utiliza aquí. **Meinerseits** simplemente significa "mío" o "por mi parte" y **ganz meinerseits** sería "todo mío", que en este caso sería una forma abreviada de decir "el gusto es (todo) mío".

Hablando se entiende la gente

ESCUCHA

Pista 04: He aquí un diálogo entre los directores de dos empresas. Escucha a Herr Kramer y a Herr Huber. Se encuentran en una recepción oficial y Herr Huber presenta a su esposa.

Herr Kramer: **Guten Abend, Herr Huber!**
(*gu*-ten *a*-bend jea *ju*-bea)
¡Buenas tardes, Sr. Huber!

Herr Huber: **Guten Abend! Herr Kramer. Darf ich Ihnen meine Frau vorstellen?**
(darf ij *ii*-nen *mai*-ne frau foa-*shtel*-len)
¡Buenas tardes! Sr. Kramer, le presento a mi esposa.

Herr Kramer: **Guten Abend, Frau Huber! Freut mich sehr, Sie kennenzulernen.**
(*gu*-ten *a*-bend frau *ju*-bea froit mij sea sii *quen*-nen-tsu-lea-nen)
¡Buenas tardes, Sra. Huber! Es un placer conocerla.

Frau Huber:	**Ganz meinerseits, Herr Kramer.** (gants *mai*-nea-saits jea *cra*-mea) Igualmente, Sr. Kramer.

Palabras para recordar

auch	(auj)	también
ganz	(gants)	todo; totalmente
gut	(gut)	bien
sehr	(sea)	muy
freuen	(froi-en)	alegrarse
gehen	(gue-jen)	ir; andar
kennenlernen	(*quen*-nen-lea-nen)	conocer a
vorstellen	(*foa*-shtel-len)	presentar
der Freund (m)	(dea froind)	amigo
die Freundin (f)	(dii *froin*-din)	amiga

Presentarse a sí mismo

Podrías encontrarte en situaciones en las que nadie te va a presentar y tienes que hacerlo tú mismo. Es fácil, pues la gente muchas veces se presenta diciendo simplemente el nombre, incluso en situaciones formales.

En alemán, hay dos maneras de decirles a los demás tu nombre. Una de ellas es:

Mein Name ist... (main *na*-me ist; mi nombre es...)

También existe un verbo que expresa esa misma idea, **heißen** (*jai*-sen), que significa "llamarse":

Ich heiße... (ij *jai*-se; me llamo...)

Hablando se entiende la gente

En la siguiente conversación, Herr Hauser llega a una reunión en la que hay varias personas que no conoce y busca una silla libre en la mesa.

Herr Hauser:	**Guten Tag! Ist der Platz noch frei?** (*gu*-ten taac ist dea plats noj frai) ¡Buenos días! ¿Está libre este lugar?
Frau Berger:	**Ja, bitte.** (ia *bit*-te) Sí, por favor.
Herr Hauser:	**Vielen Dank. Main Name ist Max Hauser.** (*fii*-len danc main *na*-me ist max *jau*-sea) Muchas gracias. Mi nombre es Max Hauser.
Frau Berger:	**Freut mich. Karin Berger.** (froit mij *ca*-rin *bea*-gea) Encantada. Karin Berger.

ESCUCHA

Pista 05: La anterior conversación sería muy diferente si tuviera lugar entre jóvenes que se encuentran en un escenario informal, como en una fiesta. Dejarían de lado las formalidades y probablemente se presentarían así:

Martin:	**Hallo, wie heißt Du?** (*jal*-lo vii jaist du) Hola, ¿cómo te llamas?
Susanne:	**Ich heiße Susanne. Und Du?** (ij *jai*-se su-*san*-ne und du) Me llamo Susanne. ¿Y tú?
Martin:	**Martin. Und wer ist das?** (*mar*-tin und vea ist das) Martin. ¿Y quién es ella?
Susanne:	**Das ist meine Freundin Anne.** (das ist *mai*-ne *froin*-din *an*-ne) Esta es mi amiga Anne.

Hablar sobre ciudades, países y nacionalidades

Presentarse es un buen comienzo, pero todavía no es una conversación, que es la única manera de llegar a conocer a alguien. Como has visto, bastantes personas en el mundo hablan alemán y mucha gente visita lugares donde se habla este idioma. En esta sección aprenderás cómo decir a los demás de qué ciudad o país vienes y a preguntar de dónde son ellos y qué idiomas hablan.

Decir a los demás de dónde eres

Es fácil decir de dónde eres; las palabras mágicas son:

Ich komme aus... (ij *com*-me aus; vengo de...)

Ich bin aus... (ij bin aus; soy de...)

Estas pocas palabras son de gran utilidad. Funcionan para países y ciudades. Por ejemplo:

» **Ich bin aus Valencia.** (ij bin aus va-*len*-cia; soy de Valencia)

» **Ich komme aus Amerika.** (ij *com*-me aus a-*me*-ri-ca; vengo de Estados Unidos)

» **Ich komme aus Zürich.** (ij *com*-me aus *tsiu*-rij; vengo de Zúrich)

» **Ich bin aus Wien.** (ij bin aus viin; soy de Viena)

GRAMÁTICA

Parece fácil, ¿verdad? Sin embargo, a los alemanes les gustan los desafíos de vez en cuando. Los nombres de algunos países y regiones se utilizan con el artículo definido femenino **die** (dii; la). Estados Unidos (**USA**) es uno de ellos. En alemán se dice **die USA** (dii u-es-*a*) o **die Vereinigten Staaten** (dii fea-*ai*-nij-ten *shtaa*-ten). Para evitar complicaciones gramaticales, un estadounidense podría decir **Ich bin aus Amerika** (ij bin aus a-*me*-ri-ca; soy de América), pero si quieres ser un poco más específico puedes decir **Ich bin aus den USA** (ij bin aus den u-es-*a*; soy de Estados Unidos). O podrías intentar decir **Ich bin aus den Vereinigten Staaten** (ij bin aus den fea-*ai*-nij-ten *shtaa*-ten; soy de Estados Unidos).

GRAMÁTICA

Los nombres de algunos países se consideran femeninos. Suiza, por ejemplo, es **die Schweiz** (dii shvaits) en alemán. La Sra. Egli, a quien conocerás más adelante en este capítulo, es suiza. Así pues, para decir de dónde es la Sra. Egli, dices **Frau Egli ist aus der Schweiz** (frau *e*-gli ist aus dea shvaits; la Sra. Egli es de Suiza).

En el caso de España, este país no tiene género, y al indicar de dónde eres debes decir **Ich bin aus Spanien** (ij bin aus *shpa*-ni-en) o **Ich komme aus Spanien** (ij *com*-me aus *shpa*-ni-en).

"Sein": el verbo ser/estar

Uno de los verbos fundamentales de cualquier idioma es "ser/estar", que en alemán es **sein** (sain). Se utiliza este verbo en las expresiones **das ist** (das ist; esto es) e **ich bin** (ij bin; yo soy/yo estoy). **Sein** es uno de los verbos más utilizados en alemán. A semejanza del español, se utiliza para describir todo tipo de cosas, desde estados (enfermo, triste, feliz, etc.) hasta características físicas (ser alto, pelirrojo, etc.), y desde luego es un verbo irregular como en español. ¡Lo sentimos, no hay una manera más fácil de aprenderlo! Es preciso memorizar sus diferentes formas.

Conjugación	***Pronunciación***
ich bin	(ij bin)
du bist	(du bist)
Sie sind	(sii sind)
er/sie/es ist	(ea sii es ist)
wir sind	(via sind)
ihr seid	(iia said)
Sie sind	(sii sind)
sie sind	(sii sind)

Preguntar a otros de dónde son

Para preguntar a otros de dónde son, solo tienes que decidir si te debes dirigir formalmente a alguien con el **Sie** (usted/ustedes) o informalmente con el **du** (tú) o el **ihr** (vosotros). Luego, para preguntar "¿de dónde es/eres/son/sois)?", debes escoger una de las siguientes tres frases:

- **Wo kommen Sie her?** (vo *com*-men sii jea)
- **Wo kommst du her?** (vo comst du jea)
- **Wo kommt ihr her?** (vo comt iia jea)

Hablando se entiende la gente

Frau Egli y Frau Garzón viajan en tren. Después de mirar por la ventanilla un rato, entablan una conversación. Se acaban de presentar y quieren saber un poco más la una de la otra.

Frau Egli: **Und wo kommen Sie her, Frau Garzón?**
(vo *com*-men sii jea frau gar-*zon*)
¿De dónde es usted, Sra. Garzón?

Frau Garzón: **Ich komme aus Spanien, aus Andalusien.**
(ij *com*-me aus *shpa*-nien aus an-da-*lu*-si-en)
Soy de España, de Andalucía.

Frau Egli: **Aus Spanien, wie interessant. Kommen Sie aus einer großen Stadt?**
(aus *shpa*-nien vii in-te-re-*sant com*-men sii aus *ai*-nea *groo*-sen shtat)
De España, qué interesante. ¿Es de una ciudad grande?

Frau Garzón: **Nein, ich komme aus Ronda. Das ist eine kleine Stadt, aber sie ist sehr schön. Und Sie Frau Egli, wo kommen Sie her?**
(nain ij *co*-me aus *ron*-da das ist *ai*-ne *klai*-ne shtat *a*-bea sii ist sea shoen und sii frau *e*-gli vo *com*-men sii jea)
No, soy de Ronda. Es una ciudad pequeña pero es muy bonita. Y usted, Sra. Egli, ¿de dónde es?

Frau Egli: **Ich bin aus der Schweiz, aus Zürich.**
(ij bin aus dea shvaits aus *tsiu*-rij)
Soy de Suiza, de Zúrich.

En el siguiente compartimento, Claire y Michelle, dos estudiantes de secundaria que viajan en plan mochilero, están en proceso de conocer a Mark, otro mochilero. Como son jóvenes e informales, han utilizado la modalidad informal **du** e **ihr** desde el comienzo.

Claire: **Bist du aus Deutschland?**
(bist du aus *doich*-land)
¿Eres de Alemania?

Mark: **Nein, ich bin aus Österreich, aus Wien. Un ihr, wo kommt ihr her?**

	(nain ij bin aus *oes*-ter-raij aus viin und iia vo comt iia jea) No, soy de Austria, de Viena. Y vosotras, ¿de dónde sois?
Michelle:	**Wir sind aus Frankreich. Meine Freundin Claire kommt aus Lyon, und ich komme aus Avignon.** (via sind aus *franc*-raij *mai*-ne *froin*-din clea comt aus lion und ij *com*-me aus a-vi-*ñon*) Somos de Francia. Mi amiga Claire es de Lyon y yo de Aviñón.

"Kommen": venir

El verbo **kommen** (*com*-men; venir) es de uso frecuente en alemán. Se trata de un verbo regular muy fácil de recordar.

Conjugación	***Pronunciación***
ich komme	(ij com-me)
du kommst	(du comst)
Sie kommen	(sii *com*-men)
er/sie/es kommt	(ea sii es comt)
wir kommen	(via *com*-men)
ihr kommt	(iia comt)
Sie kommen	(sii *com*-men)
sie kommen	(sii *com*-men)

Aprender sobre nacionalidades

Los alemanes indican la nacionalidad con un sustantivo. Como ya sabes, en el alemán el género es importante, y estos sustantivos de nacionalidad también tienen género. Por consiguiente, un americano es **Amerikaner** (a-me-ri-*ca*-nea) si es un hombre o un chico, o **Amerikanerin** (a-me-ri-*ca*-ne-rin) si es una mujer o una chica.

La tabla 3-2 muestra los nombres de algunos países, junto con los sustantivos y adjetivos correspondientes.

TABLA 3-2 **Nombres de países, sustantivos y adjetivos**

Español	Alemán	Sustantivo	Adjetivo
Alemania	**Deutschland** (*doich*-land)	**Deutsche(r)** (*doi*-che *doi*-chea)	**deutsch** (doich)
Austria	**Österreich** (*oes*-ter-raij)	**Österreicher(in)** (*oes*-ter-rai-jea *oes*-ter-rai-je-rin)	**österreichisch** (*oes*-ter-rai-jish)
Bélgica	**Belgien** (*bel*-guien)	**Belgier(in)** (*bel*-guiea *bel*-guie-rin)	**belgisch** (*bel*-gish)
España	**Spanien** (*shpa*-nien)	**Spanier(in)** (*shpa*-niea *shpa*-nie-rin)	**spanisch** (*shpa*-nish)
Estados Unidos	**die USA** (dii u-es-*a*)	**Amerikaner(in)** (a-me-ri-*ca*-nea a-me-ri-*ca*-ne-rin)	**amerikanisch** (a-me-ri-*ca*-nish)
Francia	**Frankreich** (*franc*-raij)	**Franzose/ Französin** (fran-*tso*-se fran-*tsoe*-sin)	**französisch** (fran-tsoe-sish)
Inglaterra	**England** (*en*-gland)	**Engländer(in)** (*en*-glaen-dea *en*-glaen-de-rin)	**englisch** (*en*-glish)
Italia	**Italien** (i-*ta*-li-en)	**Italiener(in)** (i-ta-*lie*-nea i-ta-*lie*-ne-rin)	**italienisch** (i-ta-*lie*-nish)
Suiza	**die Schweiz** (dii shvaits)	**Schweizer(in)** (*shvai*-tsea *shvai*-tse-rin)	**schweizerisch** (*shvai*-tse-rish)

Estos son algunos ejemplos de cómo se pueden utilizar estas palabras en oraciones:

- **Frau Garzón ist Spanierin.** (frau gar-*zon* ist *shpa*-nie-rin; la Sra. Garzón es española)
- **Michelle ist Französin.** (mi-*shel* ist fran-*tsoe*-sin; Michelle es francesa)
- **Ich bin Schweizerin.** (ij bin *shvai*-tse-rin; yo soy suiza)
- **Ich bin Österreicher.** (ij bin *oes*-ter-rai-jea; yo soy austríaco)

¿Qué idiomas hablas?

Para decir qué idioma hablas, utilizas el verbo **sprechen** (*shpre*-jen; hablar) y lo combinas con el nombre del idioma (en la tabla 3-2 encuentras una lista de algunos nombres de idiomas comunes). Pero ten cuidado: aunque el adjetivo y el idioma de un país o nacionalidad son idénticos, el adjetivo se escribe con mayúscula cuando se utiliza solo, a fin de describir el idioma; de modo que dirías:

Ich spreche Deutsch. (ij *shpre*-je doich; yo hablo alemán)

Si quieres saber si alguien habla inglés, la pregunta informal sería:

Sprichst du Englisch? (shprijst du *en*-glish; ¿hablas inglés?)

y la formal sería:

Sprechen Sie Englisch? (*shpre*-jen sii *en*-glish; ¿habla inglés?)

Esta es la conjugación del verbo **sprechen**:

Conjugación	***Pronunciación***
ich spreche	(ij *shpre*-je)
du sprichst	(du shprijst)
Sie sprechen	(sii *shpre*-jen)
er/sie/es spricht	(ea sii es shprijt)
wir sprechen	(via ***shpre***-jen)
ihr sprecht	(iia shprejt)
Sie sprechen	(sii *shpre*-jen)
sie sprechen	(sii ***shpre***-jen)

Hablando se entiende la gente

Claire, Michelle y Mark están conversando sobre los idiomas que hablan.

Claire: **Sprichst du Französisch?**
(shprijst du fran-*tsoe*-sish)
¿Hablas francés?

Mark: **Nein, gar nicht. Aber ich spreche Englisch. Ihr auch?**
(nain gar nijt *a*-bea ij *shpre*-je *en*-glish iia auj)
No, nada. Pero hablo inglés. ¿Vosotras también?

Palabras para recordar

einfach	(ain-faj)	fácil/sencillo
groß	(groos)	grande
interessant	(in-te-re-*sant*)	interesante
klein	(clain)	pequeño
schön	(shoen)	bonito
aber	(*a*-bea)	pero
ein bisschen	(ain *bis*-jien)	un poco
gar nicht	(gar nijt)	de nada
nie	(nii)	nunca
sein	(sain)	ser
sprechen	(*shpre*-jen)	hablar
ich weiß nicht	(ij vais nijt)	no sé

Michelle: **Ich spreche ein bisschen Englisch, und ich spreche auch Spanisch.**
(ij *shpre*-je ain *bis*-jien *en*-glish und ij *shpre*-je auj *shpa*-nish)
Yo hablo un poco de inglés y también hablo español.

Clarie: **Spanisch spreche ich nicht, aber ich spreche auch Englisch. Englisch ist einfach.**
(*shpa*-nish *shpre*-je ij nijt *a*-bea ij *shpre*-je auj *en*-glish *en*-glish ist *ain*-faj)
Yo no hablo español pero sí hablo inglés. El inglés es fácil.

Mark: **Deutsch auch.**
(doich auj)
El alemán también.

Claire: **Ich weiß nicht recht.**
(ij vais nijt rejt)
No estoy tan segura.

Decir adiós

Cuando llega el momento de la despedida, puedes decir (formalmente):

Auf Wiedersehen! (auf *vii*-dea-se-jen; ¡adiós!)

o (informalmente):

Tschüs! (tshius; ¡adiós!)

Y si quieres decir "fue un placer conocerlo", la expresión usual es:

War nett, Sie kennenzulernen. (va net sii *quen*-nen-tsu-lea-nen)

CULTURA GENERAL

TÚ DICES "HALLO" Y YO DIGO "GRÜEZI"

En la parte de Suiza donde se habla alemán y en Austria te entenderán perfectamente si dices simplemente **hallo** en las situaciones informales, o si deseas a la gente **Guten Morgen/Guten Tag/Guten Abend** (dependiendo del momento del día). Sin embargo, en estos países también se utilizan otros saludos.

En Suiza se escucha con más frecuencia **Grüezi** (*grue*-tsi). Significa literalmente "yo te saludo". Entre personas conocidas, también es frecuente el saludo **salü** (sa-*liu*).

En el sur de Alemania y en Austria se saluda con la expresión **Grüß Gott** (grius got; saluda a Dios) o se suelta el más informal **servus** (*ser*-vus), que significa "servidor".

En Suiza se dice **Auf Wiedersehen**, pero también puedes utilizar esa misma expresión en el lenguaje coloquial: **Uff wiederluege** (uf *vii*-dea-lue-gue). Sin embargo, es más fácil decir **ade** (ad*e*), una expresión bastante común y un poco menos formal.

Hablando se entiende la gente

El tren está entrando en una estación y Frau Egli se está preparando para bajarse.

Frau Egli:	**Das ist meine Station. War nett, Sie kennenzulernen, Frau Garzón.** (das ist *mai*-ne shta-tsi-*on* va net sii *quen*-nen-tsu-lea-nen frau gar-*zon*) Esta es mi estación. Ha sido un placer conocerla, Sra. Garzón.
Frau Garzón:	**Ganz meinerseits. Auf Wiedersehen, Frau Egli.** (gants *mai*-nea-saits auf *vii*-dea-se-jen frau *e*-gli) Igualmente. Adiós, Sra. Egli.
Frau Egli:	**Auf Wiedersehen.** (auf *vii*-dea-se-jen) Adiós.

Michelle y Claire también se bajan del tren.

Michelle y Claire:	**Tschüs Mark.** (tshius marc) Adiós, Mark.
Mark:	**Tschüs Claire, tschüs Michelle. Schöne Ferien!** (tshius clea tshius mi-*shel shoe*-ne *fe*-ri-en) Adiós, Claire, adiós, Michelle. ¡Felices vacaciones!

Juegos y ejercicios divertidos

A continuación presentamos una lista de palabras sueltas. Procura encontrarles un lugar en el siguiente texto.

bin   spricht   Österreicher   aus   ich   ist   Freundin

Hallo, ich _______ Claire Latour. _______ komme aus Lyon. Das _______ in Frankreich. Meine _______ Michelle ist aus Avignon. Michelle _______ Spanisch und ein bisschen Englisch. Mark ist _______. Er kommt _______ Wien.

Y el siguiente es un diálogo entre Frau Lempert y los Huber:

Ihnen gut geht freut ist auch

Herr Huber: Guten Tag, Frau Lempert. Wie _______ es Ihnen?

Frau Lempert: Danke, gut. Und _______?

Herr Huber: Danke, auch _______. Frau Lempert, das _______ meine Frau.

Frau Lempert: Guten Tag, Frau Huber! _______ mich sehr, Sie kennenzulernen.

Frau Huber: Mich _______.

Respuestas: bin ich ist Freundin spricht Österreicher aus geht Ihnen gut ist freut auch

2

El alemán en acción

EN ESTA PARTE . . .

Presentamos el alemán en el contexto de la vida cotidiana. Te mostramos cómo entablar conversaciones informales, cómo pedir en un restaurante, cómo hacer compras, cómo comunicarse con los colegas y mucho, mucho más. También incluimos algunas lecciones gramaticales útiles.

EN ESTE CAPÍTULO

Decir algo sobre ti

Charlar sobre tu familia

Hablar sobre el tiempo

Capítulo 4

Conocerse: conversaciones triviales

Si de verdad quieres conocer a alguien, tienes que entablar una conversación. La charla sobre temas triviales es una manera fácil de establecer contactos y mejorar tu alemán. Se puede considerar incluso una habilidad social, pero por fortuna no es muy difícil iniciar una conversación ligera e informal. Ya sea que conozcas a alguien en una fiesta o quieras hablar con la persona que se ha sentado a tu lado en un tren, un avión o un autobús, hay tres temas que siempre sirven para iniciar una charla: tú mismo, tu familia y, desde luego, el tiempo.

Hablar sobre ti

¿Qué tipo de trabajo haces? ¿Estudias? ¿Dónde vives? ¿Cuál es tu dirección y tu número de teléfono? Estas son las preguntas claves que debes hacer y contestar cuando hables sobre ti.

Describir tu trabajo

Un par de palabras y expresiones sencillas te ayudarán a describir tu empleo y la empresa en la que trabajas.

En la mayoría de los casos puedes describir tu trabajo conectando **Ich bin** (ij bin; yo soy) con el nombre de tu profesión, sin necesidad de introducir un artículo. Los nombres de casi todas las profesiones y los trabajos tienen una versión femenina y otra masculina. La versión masculina termina en *-er* y la femenina en *-in*. Por ejemplo:

- **Ich bin Buchhalter** (m)/**Buchhalterin** (f) (ij bin *buj*-jal-tea/*buj*-jal-te-rin; yo soy contable)
- **Ich bin Student** (m)/**Studentin** (f) (ij bin shtu-*dent*/shtu-*den*-tin; yo soy estudiante)

Si eres estudiante, quizá quieras contar qué estudios realizas. Para hacerlo utilizas la frase **Ich studiere** (ij shtu-*dii*-re; yo estudio). Al final de la frase agregas el nombre de tu campo (sin artículo), que podría ser:

- **Architektur** (ar-ji-tec-*tua*; arquitectura)
- **Betriebswirtschaft** (be-*triibs*-virt-shaft; administración)
- **Jura** (*iu*-ra; derecho)
- **Kunst** (cunst; arte)
- **Literaturwissenschaft** (li-te-ra-*tua*-vis-sen-shaft; literatura)
- **Medizin** (me-di-*tsin*; medicina)

En otros casos, describes tu trabajo con la frase **Ich bin** (ij bin; yo soy) terminada con un adjetivo apropiado. Por ejemplo:

- **Ich bin pensioniert.** (ij bin pang-si-o-*niiat*; yo soy pensionista)
- **Ich bin angestellt.** (ij bin *an*-gue-shtelt; yo estoy empleado)
- **Ich bin geschäftlich unterwegs.** (ij bin gue-*shaeft*-lij un-tea-*veecs*; viajo por negocios)
- **Ich bin selbständig.** (ij bin selb-*shtaen*-dic; yo soy trabajador independiente)

El lugar donde trabajas es casi tan importante como el oficio que realizas. La frase **Ich arbeite bei** (ij *ar*-bai-te; trabajo en) indica dónde pasas la mayor parte de tu tiempo. En algunos casos quizá necesites utilizar otra preposición diferente de **bei.** Por ejemplo:

» **Ich arbeite bei der Firma...** (ij *ar*-bai-te bai dea *fia*-ma; trabajo en la empresa...) Después de la palabra **Firma**, simplemente agregas el nombre de tu empresa.

» **Ich arbeite im Büro Steiner.** (ij *ar*-bai-te im biu-*ro shtai*-nea; trabajo en la oficina Steiner)

La palabra **Büro** se utiliza con relación al nombre de la empresa en la que trabajas y se reserva para empresas pequeñas. Si crees que la gente no conoce el campo en el que se especializa tu empresa, utilizas un sustantivo compuesto (con el artículo indefinido) para describir qué tipo de oficina es; por ejemplo:

Ich arbeite in einem Ingenieurbüro/Architekturbüro. (ij *ar*-bai-te in *ai*-nem in-she-*nieur*-biu-ro/ar-ji-tec-*tua*-biu-ro; trabajo en una oficina de ingeniería/arquitectura)

Antes de tocar este tema en la conversación, es posible que alguien te pregunte en qué trabajas. Tal vez te hagan una de las siguientes preguntas:

» **Bei welcher Firma arbeiten Sie?** (bai *vel*-jea *fia*-ma *ar*-bai-ten sii; ¿en qué empresa trabaja?)

» **Was machen Sie beruflich?** (vas *ma*-jen sii be-*ruf*-lij; ¿a qué se dedica?)

» **Sind Sie berufstätig?** (sind sii be-*rufs*-tae-tij; ¿usted trabaja?)

Dar a alguien tu dirección y tu número de teléfono

Decir a la gente dónde vives y cómo te pueden localizar puede ser la clave para ampliar tus contactos sociales.

Decir dónde vives

Cuando alguien te pregunte **Wo wohnen Sie?** (vo *voo*-nen sii; ¿dónde vive?), puedes responder con cualquiera de las siguientes frases:

» **Ich wohne in Berlin.** (ij *voo*-ne in bea-*lin*; vivo en Berlín). Simplemente agrega el nombre de la ciudad donde vives

- **Ich wohne in der Stadt/auf dem Land.** (ij *voo*-ne in dea shtat/ auf dem land; vivo en la ciudad/en el campo)
- **Ich habe ein Haus/eine Wohnung.** (ij *ja*-be ain jaus/*ai*-ne *voo*-nunc; tengo una casa/un apartamento)

Dependiendo de las circunstancias, alguien te podría preguntar **Wie ist Ihre Adresse?** (vii ist *ii*-re a-*dres*-se; ¿cuál es su dirección?) Para detallar el lugar donde vives debes conocer las siguientes palabras:

- **die Adresse** (dii a-*dres*-se; la dirección)
- **die Straße** (dii *shtraa*-se; la calle)
- **die Hausnummer** (dii *jaus*-num-mea; el número de la casa)
- **die Postleitzahl** (dii *post*-lait-tsaal; el código postal)

Cuando lo necesites, puedes sustituir la palabra apropiada en la siguiente frase: **Die Adresse/Straße/Hausnummer/Postleitzahl ist...** (dii a-*dres*-se/*shtraa*-se/*jaus*-num-mea/*post*-lait-tsaal ist; la dirección/calle/número de la casa/código postal es...)

Dar tu número de teléfono

Ya sea que estés hablando de manera informal con alguien que acabas de conocer o realizando una transacción comercial, llegará el momento en que tengas que dar a alguien tu número de teléfono. Si conoces las siguientes palabras, te será fácil hacerlo:

- **die Telefonnummer** (dii te-le-*fon*-num-mea; el número telefónico)
- **die Vorwahl** (dii *foa*-vaal; el código de área)

Utilizar estas palabras en una oración es muy fácil: **Die Telefonnummer/die Vorwahl ist...** (dii te-le-*fon*-num-mea/dii *foa*-vaal ist; el número telefónico/el código de área es...)

Dar la tarjeta de presentación

A veces una tarjeta de presentación vale por mil palabras. Si tienes la suerte de tener una tarjeta de estas contigo, puedes ahorrarte parte de la conversación presentándola con las siguientes palabras: **Hier ist meine Karte** (jia ist *mai*-ne *car*-te; esta es mi tarjeta).

CULTURA GENERAL

DELETREAR NÚMEROS

A menudo, los alemanes "deletrean" sus números telefónicos por pares. Si tu número es 23 86 57, por ejemplo, dices **dreiundzwanzig sechsundachtzig siebenundfünfzig** (*drai*-und-tsvan-tsic *secs*-und-aj-tsic *sii*-ben-und-fiunf-tsic; veintitrés ochenta y seis cincuenta y siete). Si los números se leen uno por uno, podrías escuchar el número 2, **zwei** (tsvai), pronunciado como **zwo** (tsvo), con lo cual 23 86 57 suena **zwo drei acht sechs fünf sieben** (tsvo drai ajt secs fiunf *sii*-ben; dos tres ocho seis cinco siete). Para más información sobre los números en alemán, consulta el capítulo 2.

Los sustantivos y sus artículos

GRAMÁTICA

En alemán, todos los sustantivos tienen uno de estos tres géneros:

- **Masculino: der** (dea; el)
- **Femenino: die** (dii; la)
- **Neutro: das** (das)

El plural de los sustantivos utiliza la forma **die** (dii).

Por desgracia, el significado de un sustantivo no suele servir de ayuda para conocer su género. Lo lamentamos, no hay un método fácil: debes memorizar el género de cada sustantivo. Sin embargo, por lo menos hay algunas reglas generales:

- Los sustantivos relativos a hombres suelen ser masculinos.
- Los sustantivos relativos a mujeres suelen ser femeninos.

En español se utiliza el artículo indefinido "un" o "una" cuando se quiere especificar uno de algo en particular. Como en alemán hay tres géneros diferentes, también se tienen que usar tres artículos indefinidos diferentes. Por suerte, el artículo indefinido para los sustantivos masculinos y neutros es el mismo:

- **Para sustantivos masculinos:** Se utiliza solo **ein** (ain). Por ejemplo **ein Name** (ain *na*-me; un nombre), **ein Beruf** (ain be-*ruf*; una profesión) y **ein Architekt** (ain ar-ji-*tect*; un arquitecto).

» **Para sustantivos neutros:** También se utiliza **ein**. Por ejemplo, **ein Büro** (ain biu-*ro*; una oficina), **ein Haus** (ain jaus; una casa), **ein Geschäft** (ain gue-*shaeft*; una tienda).

» **Para sustantivos femeninos:** Se agrega una "e" a **ein**, para formar **eine** (*ai*-ne). Por ejemplo, **eine Firma** (*ai*-ne *fia*-ma; una empresa), **eine Adresse** (*ai*-ne a-*dres*-se; una dirección) y **eine Architektin** (*ai*-ne ar-ji-*tec*-tin; una arquitecta).

No es muy difícil, ¿verdad? Pero las cosas se pueden complicar un poco. Ya sabes que el género de un sustantivo determina los artículos que se utilizan con él. Sin embargo, las terminaciones de los artículos también cambian dependiendo de si el sustantivo que acompañan corresponde al caso nominativo, genitivo, dativo o acusativo. Las terminaciones especificadas en la anterior lista corresponden al caso nominativo.

No te preocupes: no esperamos que memorices todas las terminaciones de los artículos en los diferentes casos. A lo largo del libro te indicamos exactamente qué forma de los artículos utilizar en oraciones y frases específicas (para entender cómo funcionan estos casos y cómo afectan las terminaciones de los artículos, consulta la sección sobre artículos, en el capítulo 2).

CULTURA GENERAL

SUSTANTIVOS COMPUESTOS

El alemán es famoso, o más bien tristemente famoso, por sus largos sustantivos. Pero no son tan incomprensibles como parecen. La mayoría de los sustantivos largos son tan solo palabras más cortas que se han unido. Si reconoces los componentes que forman un sustantivo largo, puedes adivinar el significado de muchos de estos compuestos sin buscarlo en el diccionario. Un buen ejemplo es la palabra **Postleitzahl** (*post*-lait-tsaal). Se compone de **Post** (post; correo), **leit** (lait; guía) y **Zahl** (tsaal; número), que se combinan para significar "número de guía de correo", o código postal.

Hablando se entiende la gente

ESCUCHA

Pista 06: Kurt Hanser viaja en avión de Múnich a Francfort. Está sentado al lado de Frau Schneider, una mujer de negocios. Después de presentarse, los dos conversan sobre sus respectivos trabajos.

Herr Hanser: **Was machen Sie beruflich, wenn ich fragen darf?**
(vas *ma*-jen sii be-*ruf*-lij ven ij *fra*-guen darf)
¿Qué tipo de trabajo tiene, si me permite preguntar?

Frau Schneider: **Ich arbeite als Architektin bei der Firma Listex.**
(ij *ar*-bai-te als ar-ji-*tec*-tin bai dea *fia*-ma *Lis*-tex)
Trabajo como arquitecta en la empresa Listex.

Herr Hanser: **Das ist ja interessant. Haben Sie eine Karte?**
(das ist ia in-te-re-*sant* *ja*-ben sii *ai*-ne *car*-te)
Eso es interesante. ¿Tiene una tarjeta?

Frau Schneider: **Ja, hier bitte. Was machen Sie beruflich?**
(ia jia *bit*-te vas *ma*-jen sii be-*ruf*-lij)
Sí, aquí está. ¿Qué tipo de trabajo hace usted?

Herr Hanser: **Ich arbeite in einem Ingenieurbüro. Ich habe leider meine Karte nicht dabei.**
(ij *ar*-bai-te in *ai*-nem in-she-*nieur*-biu-ro ij *ja*-be *lai*-dea *mai*-ne *car*-te nijt da-*bai*)
Trabajo en una oficina de ingeniería. Lamentablemente no llevo una tarjeta conmigo.

Frau Schneider: **Ist Ihre Firma in Frankfurt?**
(ist *ii*-re *fia*-ma in *franc*-furt)
¿Su empresa está en Francfort?

Herr Hanser: **Ja, in der Bockenheimer Straße 27.**
(ia in dea *boc*-quen-jai-mea *shtraa*-se *sii*-ben-und-tsvan-tsic)
Sí, en la calle Bockenheimer, número 27.

Palabras para recordar

fragen	(*fra*-guen)	preguntar
geben	(*gue*-ben)	dar
dabei haben	(da-*bai ja*-ben)	tener consigo
leider	(*lai*-dea)	lamentablemente

Pronombres posesivos

GRAMÁTICA

Volvamos atrás unos instantes para examinar la versión alemana de "mi" y "su" que utilizamos en el diálogo anterior: **mein** (main) e **Ihr** (iia). Estos pronombres posesivos se utilizan para indicar que un sustantivo pertenece a alguien o a algo. La terminación que tomen depende del género, el caso y el número de lo que se posee. Por ejemplo, "esta es mi tarjeta" se diría:

Das ist meine Karte. (das ist *mai*-ne *car*-te)

Karte (*car*-te) es femenino, y el pronombre posesivo femenino en la primera persona del singular es **meine**.

Las formas básicas de los posesivos (masculino y neutro) en el caso nominativo son:

- **mein** (main; mi)
- **dein** (dain; tu)
- **Ihr** (iia; su)
- **sein, ihr, sein** (sain iia sain; su [de él/ella])
- **unser** (*un*-sea; nuestro)
- **euer** (*oi*-ea; vuestro)
- **Ihr** (iia; su [de ustedes])
- **ihr** (iia; su [de ellos/ellas])

La tabla 4-1 muestra todas las formas de **mein** (main) para todos los géneros y los diferentes casos (los demás posesivos toman las mismas terminaciones):

TABLA 4-1 Formas de "mein" según el caso

Género	Nominativo	Genitivo	Dativo	Acusativo
Masculino	mein	meines	meinem	meinen
Femenino	meine	meiner	meiner	meine
Neutro	mein	meines	meinem	mein

Hablar sobre tu familia

Conversar sobre las familias es una excelente manera de conocer a alguien, y el tema te da mucho de qué hablar en una charla trivial. Algunas personas incluso se podrían sentir inclinadas a mostrar las fotos de sus familiares que guardan en sus carteras o monederos, aunque esta es una práctica menos frecuente en Alemania que en otros países.

Encontrarás a todos los miembros de tu árbol genealógico en la siguiente lista. Incluso si no tienes hijos o una cuñada, es bueno que te familiarices con estas palabras para que las reconozcas cuando alguien te hable de su familia:

- **der Mann** (dea man; hombre/esposo)
- **die Frau** (dii frau; mujer/esposa)
- **der Junge** (dea *iun*-gue; chico/varón/niño)
- **das Mädchen** (das *maed*-jien; chica/niña)
- **die Eltern** (dii *el*-tean; padres)
- **der Vater** (dea *fa*-tea; padre)
- **die Mutter** (dii *mut*-tea; madre)
- **die Kinder** (dii *quin*-dea; niños)
- **der Sohn** (dea soon; hijo)
- **die Tochter** (dii *toj*-tea; hija)
- **die Geschwister** (dii gue-*shvis*-tea; hermanos)
- **die Schwester** (dii *shves*-tea; hermana)
- **der Bruder** (dea *bru*-dea; hermano)
- **der Großvater** (dea *groos*-fa-tea; abuelo)

- **die Großmutter** (dii *groos*-mut-tea; abuela)
- **der Onkel** (dea *on*-quel; tío)
- **die Tante** (dii *tan*-te; tía)
- **der Cousin** (dea cu-*seng;* primo)
- **die Cousine** (dii cu-*si*-ne; prima)
- **die Schwiegereltern** (dii *shvii*-gea-el-tean; suegros)
- **der Schwiegervater** (dea *shvii*-gea-fa-tea; suegro)
- **die Schwiegermutter** (dii *shvii*-gea-mut-tea; suegra)
- **der Schwiegersohn** (dea *shvii*-gea-soon; yerno)
- **die Schwiegertochter** (dii *shvii*-gea-toj-tea; nuera)
- **der Schwager** (dea *shva*-guea; cuñado)
- **die Schwägerin** (dii *shvae*-gue-rin; cuñada)

Para decir que tienes cierto tipo de pariente puedes utilizar la siguiente frase sencilla.

Ich habe einen/eine/ein... (ij *ja*-be *ai*-nen *ai*-ne ain; tengo un/a...)

En esta frase estás usando el acusativo (caso de objeto directo), que exige diferentes formas del artículo indefinido tanto para el género como para el caso. Los artículos indefinidos femenino y neutro son, en el ejemplo, los mismos en el nominativo (caso de sujeto) y el acusativo (caso de objeto directo). Sin embargo, el artículo indefinido masculino toma una forma diferente en el acusativo.

- **Sustantivos masculinos:** Sustantivos como **der Mann, der Bruder** y **der Schwager** utilizan la forma **einen.**
- **Sustantivos femeninos:** Miembros de la familia como **die Frau, die Tochter** y **die Schwägerin** utilizan **eine.**
- **Sustantivos neutros: Das Mädchen** utiliza **ein.**

GRAMÁTICA

¿Qué haces si quieres decir que no tienes hermanos, un hijo, una hija o lo que sea? En alemán se usa la forma negativa del artículo indefinido **ein** (masculino)/**eine** (femenino)/**ein** (neutro) (ain/*ai*-ne/ain; un/a), que es **kein/keine/kein** (cain/*cai*-ne/cain; ninguno/a, no). La buena noticia es que la forma negativa —**kein/keine/kein**— funciona exactamente igual que **ein/eine/ein.** Simplemente debes añadir la letra "k".

- Sustantivos masculinos, como **der Sohn: Ich habe keinen Sohn** (ij *ja*-be *cai*-nen soon; no tengo ningún hijo).
- Sustantivos femeninos, como **die Tochter: Ich habe keine Tochter** (ij *ja*-be *cai*-ne *toj*-tea; no tengo ninguna hija).
- Sustantivos neutros, como **das Kind: Ich habe kein Kind** (ij *ja*-be cain quind; no tengo niños).

Hablando se entiende la gente

Herr Hanser y Frau Schneider sostienen una charla trivial sobre sus familias para pasar el rato.

Herr Hanser: **Wohnen Sie in Frankfurt?**
(*voo*-nen sii in *franc*-furt)
¿Vive en Francfort?

Frau Schneider: **Nicht direkt. Mein Mann und ich haben ein Haus in Mühlheim. Und Sie?**
(nijt di-*rect* main man und ij *ja*-ben ain jaus in *miuul*-jaim und sii)
No exactamente. Mi esposo y yo tenemos una casa en Mühlheim. ¿Y usted?

Herr Hanser: **Wir haben eine Wohnung in der Innenstadt. Unser Sohn wohnt in München. Er studiert dort. Haben Sie Kinder?**
(via *ja*-ben *ai*-ne *voo*-nunc in dea *in*-nen-shtat *un*-sea soon voont in *miun*-jen ea shtu-*diiat* doat *ja*-ben sii *quin*-dea)
Tenemos un apartamento en el centro de la ciudad. Nuestro hijo vive en Múnich. Estudia allí. ¿Usted tiene hijos?

Frau Schneider: **Ja, zwei. Mein Sohn Andreas arbeitet bei Siemens und meine Tochter Claudia studiert in Köln.**
(ia tsvai main soon an-*dre*-as *ar*-bai-tet bai *sii*-mens und *mai*-ne *toj*-tea *clau*-dia shtu-*diiat* in koeln)
Sí, dos. Mi hijo Andreas trabaja en Siemens y mi hija Claudia estudia en Colonia.

Herr Hanser: **Ach, meine Frau kommt aus Köln. Sie ist Juristin. Und was macht Ihr Mann beruflich?**
(aj *mai*-ne frau comt aus koeln sii ist iu-*ris*-tin und vas majt iia man be-*ruf*-lij)
Ah, mi esposa es de Colonia. Es abogada. ¿En qué trabaja su esposo?

Frau Schneider: **Er ist Lehrer.**
(ea ist *lee*-rea)
Es maestro.

CULTURA GENERAL

Las palabras **Lehrer** y **Professor** se usan en alemán para referirse al maestro de escuela y al profesor universitario, respectivamente. No son intercambiables.

Hablar sobre el tiempo

En todas partes, a la gente le gusta hablar sobre **das Wetter** (das *vet*-ta; el tiempo). Al fin y al cabo, afecta aspectos importantes de la vida: el transporte, el trabajo, los planes para realizar actividades al aire libre y a veces incluso hasta el estado de ánimo. ¡Y muchas veces brinda una oportunidad para quejarse!

¿Qué tiempo hace...?

Tu buena amiga, la frase **Es ist** (es ist; es), te ayuda a describir el tiempo sin importar el pronóstico. Simplemente agregas el adjetivo apropiado al final de la oración. Por ejemplo:

- **Es ist kalt.** (es ist calt; es [hace] frío)
- **Es ist heiß.** (es ist jais; es caliente [hace calor])
- **Es ist schön.** (es ist shoen; es hermoso)

Las siguientes palabras te permitirán describir casi cualquier tipo de clima:

- **bewölkt** (be-*voelct*; nublado)
- **neblig** (*ne*-blic; nebuloso)
- **regnerisch** (*re*-gne-rish; lluvioso)
- **feucht** (foijt; húmedo)
- **windig** (*vin*-dic; ventoso)
- **kalt** (calt; frío)
- **kühl** (quiuul; fresco)
- **frostig** (*fros*-tic; con helada)
- **warm** (varm; cálido)
- **sonnig** (*son*-nic; soleado)

También puedes decir las siguientes frases para dar tu pronóstico meteorológico personal:

- **Die Sonne scheint.** (dii *son*-ne shaint; el sol brilla)
- **Es regnet/schneit.** (es *re*-gnet/shnait; está lloviendo/nevando)
- **Es blitzt/donnert.** (es blitst/*don*-neat; está relampagueando/tronando)
- **Es wird hell/dunkel.** (es vird jel/*dun*-quel; está aclarando/oscureciendo)

GRAMÁTICA

En alemán se utilizan dos verbos peculiares para manifestar que empieza o deja de llover: **anfangen** (*an*-fan-guen; empezar) y **aufhören** (auf-*joe*-ren; detenerse). Son *verbos separables*, lo que significa que cuando los usas en una oración sus partes se dividen y se desplazan de lugar. Así funcionan estos verbos:

- **Es fängt an zu regnen.** (es faenct an tsu *re*-gnen; empieza a llover)
- **Es hört auf zu regnen.** (es joert auf tsu *re*-gnen; deja de llover)

En el capítulo 14 encontrarás más información sobre los verbos separables.

Hablar sobre la temperatura

Cuando el tema de conversación es la temperatura, seguramente surgirán las siguientes frases:

- **Zehn Grad** (tseen grad; diez grados). Desde luego, debes sustituir **Zehn** por el número apropiado (para más información sobre los números, consulta el capítulo 2).
- **Es ist minus zehn Grad.** (es ist *mi*-nus tseen grad; están haciendo menos diez grados) De nuevo, sustituye el número antes de **Grad**.
- **Es ist zehn Grad unter Null.** (es ist tseen grad *un*-tea nul; estamos a diez grados bajo cero)
- **Die Temperatur fällt/steigt.** (dii tem-pe-ra-*tua* faelt/shtaict; la temperatura está bajando/subiendo)

Opinar sobre el tiempo

Cualquiera de las siguientes frases sirve para iniciar una conversación sobre el tiempo:

- **Was für ein herrliches Wetter!** (vas fiua ain *jer*-li-jes *vet*-tea; ¡qué tiempo tan maravilloso!)
- **Was für ein schreckliches Wetter!** (vas fiua ain *shrec*-li-jes *vet*-tea; ¡qué tiempo tan horrible!)
- **Was für ein schöner Tag!** (vas fiua ain *shoe*-nea taac; ¡qué lindo día!)

Hablando se entiende la gente

ESCUCHA

Pista 07: Anita y Rolf viven en el mismo edificio, en apartamentos uno enfrente del otro. Habían planeado ir al parque este domingo por la tarde. El domingo por la mañana, Rolf llama a la puerta de Anita para hablar sobre sus planes.

Rolf: **Was machen wir jetzt? Bei so einem Wetter können wir nicht in den Park gehen. Es ist regnerisch und windig.**
(vas *ma*-jen via ietst bai so *ai*-nem *vet*-tea *coen*-nen via nijt in den parc *gue*-jen es ist *re*-gne-rish und *vin*-dic)
¿Qué hacemos ahora? No podemos ir al parque con este tiempo. Está lluvioso y ventoso.

Anita: **Ja, ja, ich weiß. Aber gegen Mittag soll es aufhören zu regnen.**

(ia ia ij vais *a*-bea *gue*-guen *mit*-tac sol es auf-*joe*-ren tsu *re*-gnen)
Sí, sí, lo sé. Pero se supone que hacia el mediodía dejará de llover.

Rolf: **Na ja, ich sehe nur Wolken am Himmel...**
(na ia ij *se*-je nua *vol*-quen am *jim*-mel)
Pues yo solo veo nubes en el cielo...

Anita: **Keine Panik! Heute Mittag scheint bestimmt wieder die Sonne.**
(*kai*-ne *pa*-nic *joi*-te *mit*-tac shaint be-*shtimt vii*-dea dii *son*-ne)
¡Que no cunda el pánico! Seguramente el sol volverá a brillar hacia el mediodía.

Rolf: **Na gut. Vielleicht hast du recht.**
(na gut fiil-*laijt* jast du rejt)
Está bien. Tal vez tengas razón.

Anita: **Bis später! Tschüs!**
(bis *shpae*-tea tshius)
¡Hasta luego! ¡Adiós!

Palabras para recordar

machen	(*ma*-jen)	hacer
sehen	(*se*-jen)	ver
wissen	(*vis*-sen)	saber
Recht haben	(rejt *ja*-ben)	tener razón
vielleicht	(fiil-*laijt*)	tal vez
bis später	(bis *shpae*-tea)	hasta luego; hasta más tarde

Juegos y ejercicios divertidos

Coloca las palabras que faltan.

bewölkt   Sonne   Temperaturen   Regen   regnen   unter Null

1. **Es friert, mit _______ um 0 Grad Celsius** (es friiat mit _______ um nul grad *tsel*-sius; está helando, con una _______ cercana a los 0 grados centígrados).

2. **Am Sonntag fällt die Temperatur _______, aber wir sehen auch ein bisschen _______** (am *son*-tac faelt dii tem-pe-ra-*tua* _______, *a*-bea via *se*-jen auj ain *bis*-jien _______ ; el domingo la temperatura bajará_______, pero también veremos un poco de _______).

3. **Montag und Dienstag ist es wieder _______, und es fängt an zu _______** (*mon*-tac und *diins*-tac ist es *vii*-dea _______, und es faenct an tsu _______ ; el lunes y el martes volverá a _______, y empezará a _______).

4. **In Berlin hört der _______ nicht vor Donnerstag auf** (in bea-*lin* joeat dea _______ nijt foa *don*-ners-tac auf; en Berlín, la _______ no se detendrá antes del jueves).

Respuestas: 1. Temperaturen; 2. unter Null, Sonne; 3. bewölkt, regnen; 4. Regen

EN ESTE CAPÍTULO

Pedir en un restaurante

Pagar la cuenta

Comprar alimentos: dónde conseguir qué productos

Ir al mercado

Manejar medidas y pesos

Capítulo 5

"Guten Appetit!" Cenar en un restaurante e ir al mercado

Interesarse por los alimentos y los hábitos alimenticios de otro país es una de las maneras más placenteras de aprender acerca de su cultura. Ya se trate de una comida de negocios o de una cena informal, de ir a un restaurante o de cocinar en casa, tienes que conocer cierta terminología relacionada con la alimentación.

La cocina "casera" alemana (que básicamente consta de carne, patatas y vegetales) no es muy famosa en el mundo y hasta hace poco tendía a ser muy alta en grasas. Esto ha cambiado debido a la mayor conciencia que existe hoy en día con respecto a la salud y el colesterol. Aunque hay platos regionales que varían de un lugar a otro, también existe una amplia variedad de cocina internacional.

¡Buen provecho!, o **Guten Appetit!** (*gu*-ten ap-pe-*tit*), como se desean unos a otros los alemanes cuando se disponen a comer.

¿Ya es hora de comer?

Con las siguientes frases podrás expresar tu opinión cuando llegue el momento de comer o beber:

- **Ich habe Hunger/Durst.** (ij *ja*-be *jun*-guea duast; tengo hambre/sed)
- **Ich bin hungrig/durstig.** (ij bin *jun*-gric/*durs*-tic; estoy hambriento/sediento)

Para saciar tu hambre o tu sed, tienes que comer, **essen** (*es*-sen) y beber, **trinken** (*trin*-quen).

Essen es un verbo irregular (para más información sobre los verbos irregulares, consulta el capítulo 2):

Conjugación	***Pronunciación***
ich esse	(ij *es*-se)
du isst	(du ist)
Sie essen	(sii *es*-sen)
er/sie/es isst	(ea sii es ist)
wir essen	(via *es*-sen)
ihr esst	(iia est)
Sie essen	(sii *es*-sen)
sie essen	(sii *es*-sen)

También es irregular **trinken** (*trin*-quen):

Conjugación	***Pronunciación***
ich trinke	(ij *trin*-que)
du trinkst	(du trincst)
Sie trinken	(sii *trin*-quen)
er/sie/es trinkt	(ea sii es trinct)
wir trinken	(via *trin*-quen)
ihr trinkt	(iia trinct)

Sie trinken	(sii *trin*-quen)
sie trinken	(sii ***trin***-quen)

Todo acerca de las comidas

En Alemania, en la mayoría de los restaurantes y los hoteles el desayuno se sirve entre las 7.00 y las 10.00 h, y suele ser más sustancioso que el típico desayuno continental.

El almuerzo por lo general se sirve entre las 11.30 y las 14.00 h. Los alemanes solían considerar el almuerzo como la principal comida del día, pero hoy en día eso ha variado un poco.

La cena corriente en los hogares alemanes solía constar de pan con carnes frías, quesos y quizá ensalada y otros platos fríos. Sin embargo, cada vez es más frecuente que la cena sea la comida principal del día, puesto que mucha gente trabaja y su horario laboral no deja tiempo suficiente para almorzar bien. En los restaurantes, la cena suele servirse entre las 18.30 y las 21.00 h, aunque en las ciudades y en los restaurantes más grandes el horario se extiende hasta las 22.00 o las 23.00 h.

Las tres **Mahlzeiten** (*maal*-tsai-ten; comidas) principales del día son:

- **das Frühstück** (das *friu*-shtiuc; desayuno)
- **das Mittagessen** (das *mit*-tac-es-sen; almuerzo)
- **das Abendessen** (das *a*-bend-es-sen; cena)

CULTURA GENERAL

Es posible que escuches a algunas personas decir **Mahlzeit!** a manera de saludo a la hora del almuerzo. Si alguien te lo dice, contéstale lo mismo (**Mahlzeit!**) y sonríe.

Prepararse para la mesa

En la mesa alemana necesitas los mismos elementos que puedes necesitar en tu propia mesa, entre ellos:

- **das Glas** (das glas; vaso)
- **die Tasse** (dii *tas*-se; taza)

- **der Teller** (dea *tel*-lea; plato)
- **der Suppenteller** (dea *sup*-pen-tel-lea; plato de sopa)
- **die Serviette** (dii sea-*viet*-te; servilleta)
- **das Messer** (das *mes*-sea; cuchillo)
- **die Gabel** (dii *ga*-bel; tenedor)
- **der Löffel** (dea *loef*-fel; cuchara)
- **das Besteck** (das be-*shtec*; cubiertos: cuchillo, tenedor y cuchara)

Si estás en un restaurante y necesitas un elemento que no se encuentra en la mesa (por ejemplo, una cuchara, un tenedor o un cuchillo), llama al camarero diciendo:

> **Entschuldigen Sie bitte!** (ent-*shul*-di-guen sii *bit*-te; disculpe, por favor)

seguido de:

> **Kann ich bitte einen Löffel/eine Gabel/ein Messer haben?** (can ij *bit*-te *ai*-nen *loef*-fel/*ai*-ne *ga*-bel/ain *mes*-sea *ja*-ben; ¿me podría traer una cuchara/un tenedor/un cuchillo, por favor?)

Ir a un restaurante

Salir a comer a un restaurante se ha convertido en una actividad popular en Alemania. En muchos restaurantes no tienes que esperar a que te asignen una mesa, aunque en los lugares más elegantes el camarero o la camarera suelen acomodar a los comensales.

Distinguir los lugares donde puedes comer

En casi todos los establecimientos donde se sirve comida en Alemania se exhibe la carta en la entrada, lo que hace más fácil darse cuenta de qué tipo de restaurante es. Esta costumbre resulta útil si estás deambulando por ahí en busca de un lugar donde comer, pero si buscas un tipo especial de restaurante conviene conocer las diferentes categorías:

- **das Restaurant** (das res-to-*ran*; restaurante): En Alemania hay una gran variedad de restaurantes, desde los más sencillos hasta los más elegantes, con sus correspondientes cartas y menús.
- **die Gaststätte** (dii *gast*-shtaet-te; restaurante local): Es un restaurante más sencillo, en el que no encontrarás una carta muy variada pero sí podría haber especialidades locales.
- **das Gasthaus/der Gasthof** (das *gast*-jaus/dea *gast*-jof; posada): Este estilo de establecimientos por lo general se encuentra en zonas rurales. A menudo ofrecen comida casera y el ambiente suele ser más bien sencillo.
- **die Raststätte** (dii *rast*-shtaet-te; restaurante de carretera): Se encuentran al lado de las autopistas y las carreteras; se ubican junto a estaciones de servicio y a veces ofrecen alojamiento.
- **die Bierstube/der Biergarten/das Bierzelt** (dii *bria*-shtu-be/dea *bria*-gar-ten/das *biia*-tselt; taberna [de cerveza]): Además de cerveza de barril, puedes pedir platos calientes (por lo general escoges entre unos pocos platos del día), ensaladas y *pretzels*. Las tabernas más conocidas se encuentran en Múnich, Baviera, donde tiene lugar la **Oktoberfest** (oc-*to*-bea-fest; festival de la cerveza) a fines de septiembre. Es un establecimiento similar al pub inglés, aunque el ambiente puede variar bastante.
- **die Weinstube** (dii *vain*-shtu-be; restaurante de vinos): Es un restaurante acogedor, por lo general ubicado en zonas de producción vinícola, donde puedes degustar vino con comida de bar y entremeses.
- **die Kneipe** (dii *knai*-pe; bar-restaurante): Combina bar con restaurante y suele ser más bien sencillo. Puedes tomarte un trago en la barra o sentarte a la mesa, donde también puedes pedir comida de bar.
- **das Café** (das ca-*fe*; café): Abarca desde una cafetería o café sencillo hasta un establecimiento lujoso. Es famosa la tradición de cafés en Viena.
- **der (Schnell)imbiss** (dea *shnel*-im-bis; restaurante de comida rápida): Aquí encontrarás diferentes tipos de comida para llevar.

Hacer una reserva

Como en cualquier otro lugar, cuando llamas a un restaurante, la persona que contesta por lo general está preparada para tomar nota de tu reserva. Desde luego, las reservas no siempre son necesarias y es muy posible que entre semana consigas una mesa con facilidad, a menos que quieras ir a un lugar muy de moda o a un sitio con muy pocas mesas. (Sin embargo, los fines de semana y en restaurantes populares es aconsejable reservar previamente.) En un **Kneipe** o un **Gaststätte** (consulta la sección anterior) no se suelen hacer reservas: van asignando las mesas según el orden de llegada.

Cuando hagas una reserva, ten en cuenta las siguientes palabras y frases:

- **Ich möchte gern einen Tisch reservieren/bestellen.** (ij *moej*-te guean *ai*-nen tish re-sea-*vii*-ren/be-*shtel*-len; quisiera reservar/ pedir una mesa)
- **Haben Sie um... Uhr einen Tisch frei?** (*ja*-ben sii um uua *ai*-nen tish frai; ¿tienen una mesa libre para aproximadamente las...?)
- **Ich möchte gern einen Tisch für... Personen um... Uhr.** (ij *moej*-te guean *ai*-nen tish fiua pea-*so*-nen um uua; quisiera una mesa para... personas aproximadamente a las...)

Si quieres ser más específico sobre el momento de la reserva, puedes agregarle a la oración el día de la semana, o una de las siguientes frases:

- **heute Abend** (*joi*-te *a*-bend; esta noche)
- **morgen Abend** (*moa*-guen *a*-bend; mañana por la noche)
- **heute Mittag** (*joi*-te *mit*-tac; hoy al mediodía)
- **morgen Mittag** (*moa*-guen *mit*-tac; mañana al mediodía)

De modo que dirías:

- **Ich möchte gern für heute Abend einen Tisch reservieren.** (ij *moej*-te guean fiua *joi*-te *a*-bend *ai*-nen tish re-sea-*vii*-ren; quisiera reservar una mesa para esta noche)
- **Haben Sie morgen Mittag um... Uhr einen Tisch frei?** (*ja*-ben sii *moa*-guen *mit*-tag um uua *ai*-nen tish frai; ¿tiene una mesa libre mañana para almorzar alrededor de las...?)

CULTURA GENERAL

COMPARTIR UNA MESA

Salvo quizá en un restaurante, descubrirás que no es inusual compartir una mesa con otras personas. Muchos establecimientos populares tienen mesas bastante grandes. Si todavía hay sitios disponibles en la mesa en que te encuentras, es posible que alguien te pregunte, **Ist hier noch frei?** (ist jia noj frai; ¿está libre este sitio?) o **Können wir uns dazu setzen?** (*coen*-nen via uns da-*tsu set*-tsen; ¿podemos sentarnos con ustedes?). Se trata de un arreglo muy informal y no tienes la obligación de entablar una conversación con quienes comparten la mesa contigo. A algunas personas quizá les moleste un poco la falta de privacidad, pero también es una buena oportunidad para conocer a la población local.

Hablando se entiende la gente

ESCUCHA

Pista 08: Mike y su amiga Ute quieren ir al nuevo restaurante de moda, el Galleria.

Restaurante: **Restaurant Galleria.**
(res-to-*ran* gal-le-*ri*-a)
Restaurante Galleria.

Mike: **Guten Tag. Ich möchte gern einen Tisch für heute Abend bestellen.**
(*gu*-ten taac ij *moej*-te guean *ai*-nen tish fiua *joi*-te *a*-bend be-*shtel*-len)
Buenos días. Quisiera reservar una mesa para esta noche.

Restaurante: **Für wie viele Personen?**
(fiua vii *fii*-le pea-*so*-nen)
¿Para cuántas personas?

Mike: **Zwei Personen, bitte. Haben Sie um acht Uhr einen Tisch frei?**
(tsvai pea-*so*-nen *bi*-te *ja*-ben sii um ajt uua *ai*-nen tish frai)
Dos personas, por favor. ¿Tienen una mesa libre para las ocho?

Restaurante: **Tut mir leid, um acht Uhr ist alles ausgebucht. Sie können aber um acht Uhr dreißig einen Tisch haben.**
(tut mia laid um ajt uua ist *al*-les *aus*-gue-bujt sii *coen*-nen *a*-bea um ajt uua *drais*-sic *ai*-nen tish *ja*-ben)
Lo siento. Para las ocho está todo reservado. Pero podría darle una mesa para las ocho y media.

Mike: **Acht Uhr dreißig wäre auch gut.**
(ajt uua *drais*-sic *vae*-re auj gut)
A las ocho y media también estaría bien.

Restaurante: **Ihr Name, bitte?**
(iia *na*-me *bit*-te)
¿Su nombre, por favor?

Mike: **Evans.**

Restaurante: **Geht in Ordnung, ich habe den Tisch für Sie reserviert.**
(gueet in *ord*-nunc ij *ja*-be den tish fiua sii re-sea-*viiat*)
Muy bien, ya le reservé la mesa.

Mike: **Vielen Dank. Bis heute Abend.**
(*fii*-len danc bis *joi*-te *a*-bend)
Muchas gracias. Hasta esta noche.

En el diálogo anterior, Mike tuvo suerte de conseguir una mesa. Cuando hagas una reserva, es posible que escuches lo siguiente.

> **Es tut mir leid. Wir sind völlig ausgebucht.** (es tut mia laid via sind *foel*-lic *aus*-gue-bujt; lo siento. Está completo)

Si te presentas a un restaurante sin una reserva previa, podrías escuchar una de las siguientes frases:

- **In... Minuten wird ein Tisch frei.** (in... mi-*nu*-ten vird ain tish frai; en... minutos habrá una mesa libre)
- **Können Sie in... Minuten wierderkommen?** (*coen*-nen sii in... mi-*nu*-ten *vii*-dea-com-men; ¿podría volver en... minutos?)

Llegar y acomodarse

Después de llegar a un restaurante, lo siguiente es sentarse a la mesa o tomar asiento, **Platz nehmen** (plats *nee*-men) y que te faciliten la **Speisekarte** (*shpai*-se-car-te; carta). Un camarero, **der Kellner** (dea *quel*-nea), te llevará a tu mesa.

Hablando se entiende la gente

ESCUCHA

Pista 09: Mike y Ute esperan con impaciencia su visita al Restaurante Galleria desde que Mike hizo la reserva. Llegan al restaurante y los acomodan en su mesa.

Mike: **Guten Abend. Mein Name ist Evans. Wir haben einen Tisch für zwei Personen bestellt.**
(*gu*-ten *a*-bend main *na*-me ist *e*-vans via *ja*-ben *ai*-nen tish fiua tsvai pea-*so*-nen be-*shtelt*)
Buenas noches. Mi nombre es Evans. Reservamos una mesa para dos personas.

Kellner: **Guten Abend. Bitte, nehmen Sie hier vorne Platz.**
(*gu*-ten *a*-bend *bit*-te *nee*-men sii jia *foa*-ne plats)
Buenas noches. Por favor tomen asiento aquí delante.

Ute: **Könnten wir vielleicht den Tisch dort drüben am Fenster haben?**
(*coen*-ten via fiil-*laijt* den tish doat *driu*-ben am *fens*-tea *ja*-ben)
¿Podría darnos esa mesa junto a la ventana?

Kellner: **Aber sicher, kein Problem. Setzen Sie sich. Ich bringe Ihnen sofort die Speisekarte.**
(*a*-bea *si*-jea cain pro-*blem set*-tsen sii sij ij *brin*-gue *ii*-nen so-*foat* dii *shpai*-se-car-te)
Desde luego, no hay problema. Tomen asiento. Les traeré la carta de inmediato.

Palabras para recordar

bringen	(*brin*-guen)	traer
vielleicht	(fiil-*laijt*)	tal vez
hier vorne	(jia *foa*-ne)	aquí delante
dort drüben	(doat *driu*-ben)	allá
setzen Sie sich!	(*set*-tsen sii sij)	¡tomen asiento!
tut mir leid!	(tut mia laid)	¡lo siento!
in Ordnung!	(in *ord*-nunc)	¡está bien!

Descifrar la carta

Ahora viene lo divertido: decidir qué quieres comer. Desde luego, la carta depende del tipo de establecimiento al que hayas ido.

CONSEJO

Si vas a un restaurante francés, italiano o chino, es posible que el menú esté en el idioma del país en cuestión, con una traducción alemana debajo de los nombres originales de los platos. En algunos restaurantes también encontrarás una traducción al inglés.

Las siguientes secciones te indican qué tipo de productos podrás encontrar en los restaurantes alemanes de todo el país. Estas secciones no incluyen la cocina regional, que varía considerablemente de un sitio a otro; de hecho, en muchas áreas hay especialidades locales. Por ejemplo, hay ciertos platos que encontrarías con frecuencia en las cartas de Baviera o del sur del país, pero nunca en el norte.

Desayuno

Te podrían ofrecer las siguientes opciones **zum Frühstück** (tsum *friu*-shtiuc; para el desayuno):

- **das Brot** (das brot; pan)
- **das Brötchen** (das *broet*-jien; panecillo)
- **der Toast** (dea toost; tostada)
- **der Aufschnitt** (dea *auf*-shnit; fiambres y queso)

- **die Butter** (dii *but*-tea; mantequilla)
- **die Cerealien** (dii tse-*rea*-lien; cereal)
- **das Müsli** (das *mius*-li; muesli)
- **die Milch** (dii milj; leche)
- **der Saft** (dea saft; zumo)
- **die Wurst** (dii vurst; salchicha)
- **das Ei** (das ai; huevo)
- **das Spiegelei** (das *shpii*-guel-ai; huevo frito)
- **das Rührei** (das riuur-ai; huevos revueltos)

CULTURA GENERAL

En Alemania, los **Brötchen** son muy populares para el desayuno; sin embargo, también se sirve todo tipo de panes o cruasans. Sigue siendo costumbre desayunar con fiambres, y si pides un huevo, sin especificar si lo quieres revuelto o frito, te lo servirán pasado por agua en una huevera.

Entrantes

De **Vorspeisen** (*foa*-shpai-sen; entrantes) es posible que te ofrezcan lo siguiente:

- **Gemischter Salat** (gue-*mish*-tea sa-*lat*; ensalada mixta)
- **Grüner Salat** (*griu*-nea sa-*lat*; ensalada verde)
- **Melone mit Schinken** (me-*lo*-ne mit *shin*-quen; melón con jamón)
- **Meeresfrüchtesalat mit Toast** (*mee*-res-friuj-te-sa-lat mit toost; ensalada de mariscos con tostadas)

Sopas

Es muy posible que el menú incluya las siguientes **Suppen** (*sup*-pen; sopas):

- **Tomatensuppe** (to-*ma*-ten-sup-pe; sopa de tomate)
- **Bohnensuppe** (*boo*-nen-sup-pe; sopa de judías)
- **Ochsenschwanzsuppe** (*oc*-sen-shvants-sup-pe; sopa de rabo de buey)
- **Französische Zwiebelsuppe** (fran-*tsoe*-si-she *tsvii*-bel-sup-pe; sopa francesa de cebolla)

Platos fuertes

Los **Hauptspeisen** (*jaupt*-shpai-sen; platos fuertes) son tan diversos como en cualquier cultura; los siguientes son algunos de los que podrías encontrar en una carta alemana:

- **Kalbsleber mit Kartoffelpüree** (*calbs*-le-bea mit car-*tof*-fel-piu-re; hígado de ternera con puré de patatas)
- **Frischer Spargel mit Kalbsschnitzel oder Räucherschinken/ Kochschinken** (*fri*-shea *shpar*-guel mit *calbs*-shnit-sel *o*-dea *roi*-jea-shin-quen/*coj*-shin-quen; espárragos frescos con chuleta de ternera o jamón ahumado/jamón cocido)
- **Rindersteak mit Pommes Frites und gemischtem Gemüse** (*rin*-dea-steic mit pom frit und gue-*mish*-tem gue-*miu*-se; bistec con patatas fritas y vegetales mixtos)
- **Lammkotelett nach Art des Hauses** (*lam*-cot-let naj art des *jau*-ses; chuleta de cordero al estilo casero)
- **Hühnerfrikassee mit Butterreis** (*jiu*-nea-fri-cas-see mit *but*-tea-rais; fricasé de pollo con arroz a la mantequilla)
- **Lachs in Safransoße mit Spinat und Salzkartoffeln** (lacs in *sa*-fran-so-se mit shpi-*nat* und *salts*-car-tof-feln; salmón en salsa de azafrán con espinacas y patatas saladas)
- **Fisch des Tages** (fish des *ta*-gues; pescado del día)

Guarniciones

A veces puedes pedir **Beilagen** (*bai*-la-guen; guarniciones) independientemente del plato principal:

- **Butterbohnen** (*but*-tea-boo-nen; judías con mantequilla)
- **Gurkensalat** (*gur*-quen-sa-lat; ensalada de pepino)
- **Bratkartoffeln** (*brat*-car-tof-feln; patatas fritas)

Postres

En los restaurantes alemanes suelen ofrecer numerosas opciones suculentas **zum Nachtisch** (tsum *naj*-tish; para el postre), incluidas las siguientes:

- **Obstsalat** (*obst*-sa-lat; ensalada de frutas, macedonia)
- **Apfelstrudel** (*ap*-fel-shtru-del; pastel de manzana)

- **Gemischtes Eis mit Sahne** (gue-*mish*-tes ais mit *saa*-ne; helado mixto con crema batida)
- **Rote Grütze mit Vanillesoße** (*ro*-te *griut*-se mit va-*nil*-le-so-se; compota de frutos rojos con salsa de vainilla)

Bebidas

Si quieres **Wasser** (*vas*-sea; agua), tienes la opción de escoger entre agua con gas o sin gas, que se dice **ein Wasser mit Kohlensäure** (ein *vas*-sea mit *coo*-len-soi-re; agua con gas) o **ein Wasser ohne Kohlensäurein** (ein *vas*-sea *oo*-ne *coo*-len-soi-re; agua sin gas). Si le pides al camarero **ein Mineralwasser** (ain mi-ne-*ral*-vas-sea; agua mineral), por lo general te traerá agua con gas.

El vino se suele ofrecer en botella —**die Flasche** (dii *fla*-she)— o por copa: **das Glas** (das glas). A veces también existe la opción de pedir una garrafa de vino, que se dice **die Karaffe** (dii ca-*raf*-fe).

En la siguiente lista figuran varias bebidas corrientes, **Getränke** (gue-*traen*-que), que posiblemente encuentres en las cartas:

- **Bier** (biia; cerveza)
- **das Export/das Kölsch** (das *ecs*-poat/das coelsh; cerveza rubia menos amarga)
- **das Bier vom Fass** (das biia fom fas; cerveza de barril)
- **das Pils/Pilsener** (das pils/*pil*-se-nea; cerveza rubia amarga)
- **das Altbier** (das *alt*-biia; cerveza negra, similar a la británica)
- **Wein** (vain; vino)
- **der Weißwein** (dea *vais*-vain; vino blanco)
- **der Rotwein** (dea *rot*-vain; vino tinto)
- **der Tafelwein** (dea *ta*-fel-vain; vino de mesa, de menor calidad)
- **der Kaffee** (dea *caf*-fe; café)
- **der Tee** (dea tee; té)

Hacer el pedido

Como en cualquier otro lugar, para pedir los platos se utilizan varias expresiones corrientes. Por suerte no son muy complicadas y las puedes usar para pedir cualquier cosa, desde platos y bebidas hasta alimentos en una tienda:

- **Ich hätte gern...** (ij *jaet*-te guean; quisiera pedir...)
- **Für mich bitte...** (fiur mij *bi*-te; para mí, por favor...)
- **Ich möchte gern...** (ij *moej*-te guean; me gustaría...)

Al pedir, podrías arriesgarte un poco y preguntarle al camarero:

> **Können Sie etwas empfehlen?** (*coen*-nen sii *et*-vas emp-*fee*-len; ¿puede recomendar algo?)

Es muy probable que te responda a gran velocidad, nombrando platos de los que jamás has oído hablar. Para evitar confusiones con la respuesta del camarero, muéstrale la carta para que vaya señalando las opciones que enumere.

Usar el condicional

Examina más detalladamente las formas verbales **hätte**, **könnte** y **würde** que aparecen en la sección anterior. ¿De dónde provienen y qué funciones desempeñan?

GRAMÁTICA

El *condicional* se utiliza para expresar una posibilidad. Veamos cómo funciona esta forma:

> **Ich hätte** (ij *jaet*-te; tendría) se deriva de **haben** (*ja*-ben; tener).

Ich hätte gern... (ij *jaet*-te guean), la forma que se utiliza para pedir un plato en un restaurante, es una manera fácil de decir "me gustaría...".

También existe **Ich würde** (ij viur-de) como expresión en modo condicional y se deriva de **werden** (*vea*-den; llegar a ser/convertirse en). Es sencillo:

> **Ich würde essen...** (ij *viur*-de *es*-sen; yo comería...)

El condicional **würde** siempre viene seguido de un verbo en infinitivo. ¿Y si quisieras pedir algo? Como ya hemos indicado, podríamos utilizar **gern** para expresarlo:

> **Ich würde gern haben.** (ij *viur*-de guean *ja*-ben; me gustaría...)

La frase **Ich könnte** (ij *coen*-te), también una expresión en condicional, se deriva del verbo **können** (*coen*-nen; poder/ser capaz de). **Könnte** requiere una construcción similar a la de **würde**:

> **Ich könnte essen.** (ij *coen*-te *es*-sen; podría comer...)

Hablando se entiende la gente

ESCUCHA

Pista 10: Mike y Ute ya han examinado la carta. El camarero regresa para tomar nota:

Kellner: **Darf ich Ihnen etwas zu trinken bringen?**
(darf ij *ii*-nen *et*-vas tsu *trin*-quen *brin*-guen)
¿Les puedo traer algo de beber?

Mike: **Ja, bitte. Ich möchte gern ein Glas Bier.**
(ia *bit*-te ij *moej*-te guean ain glas biia)
Sí, por favor. Yo quisiera una cerveza.

Kellner: **Pils oder Export?**
(pils *o*-dea *ecs*-poat)
¿Pils o Export?

Mike: **Export, bitte.**
(*ecs*-poat *bit*-te)
Export, por favor.

Kellner: **Ein Export. Und was darf es für Sie sein?**
(ain *ecs*-poat und vas darf es fiua sii sain)
Una Export. ¿Y usted qué desea?

Ute: **Ich hätte gern ein Glas Rotwein.**
(ij *jaet*-te guean ain glas *rot*-vain)
Yo quisiera una copa de vino tinto.

Los buenos modales

GRAMÁTICA

Si quieres saber un poco más sobre las formas verbales que utilizamos en las expresiones **Darf ich...?** o **Ich möchte...?,** la historia es la siguiente: estos verbos te ayudan a precisar un poco más la acción expresada por otro verbo (por eso se denominan *modales auxiliares*).

Ich darf (ij darf; yo puedo) viene del verbo **dürfen** (*diur*-fen; poder):

- **Ich darf Bier trinken.** (ij darf biia *trin*-quen; puedo beber cerveza)

- **Darf ich Wein trinken?** (darf ij vain *trin*-quen; ¿puedo beber vino?)
- **Dürfen wir rauchen?** (*diur*-fen via *rau*-jen; ¿podemos fumar?)

Ich möchte (ij *moej*-te; me gustaría/quisiera) se deriva del verbo **mögen** (*moe*-guen; gustar/querer):

- **Ich möchte Wein trinken.** (ij *moej*-te vain *trin*-quen; me gustaría beber vino)
- **Möchten Sie Wein trinken?** (*moej*-ten sii vain *trin*-quen; ¿le gustaría beber vino?)

También puedes utilizar **mögen** para expresar que te gusta algo:

- **Ich mag Wein.** (ij mac vain; me gusta el vino)
- **Wir mögen Wein.** (via *moe*-guen vain; nos gusta el vino)

Pedir algo especial

Para pedir algo un poco fuera de lo corriente en un restaurante, quizá necesites estas frases:

- **Haben Sie vegetarische Gerichte?** (*ja*-ben sii ve-gue-*ta*-ri-she gue-*rij*-te; ¿tienen platos vegetarianos?)
- **Ich kann nichts essen, was... enthält.** (ij can nijts *es*-sen vas ent-*jaelt*; no puedo comer nada que contenga...)
- **Haben Sie Gerichte für Diabetiker?** (*ja*-ben sii gue-*rij*-te fiua di-a-be-ti-quea; ¿tienen platos para diabéticos?)
- **Haben Sie Kinderportionen?** (*ja*-ben sii *quin*-dea-por-tsio-nen; ¿tienen raciones para niños?)

CULTURA GENERAL

FUMAR O NO FUMAR

En la mayor parte de Europa fumar en los restaurantes es cada vez más difícil, y Alemania no es ninguna excepción. Resulta prácticamente imposible encontrar un restaurante, bar o cualquier local público (aeropuerto, estación de tren, etc.) en los que esté permitido fumar. O sea que si eres de los de café, copa y puro, este último te lo vas a tener que fumar en la calle.

¿CÓMO TE GUSTA LA CARNE?

Si pides carne (un bistec, por ejemplo), el camarero seguramente te preguntará **Wie hätten Sie das Steak gern?** (vii *jaet*-ten sii das steic guean; ¿cómo le gustaría el bistec?). Puedes responder con una de las siguientes palabras:

- **englisch (*en*-glish; un cuarto/poco hecho)**
- **medium (*mi*-di-um; medio)**
- **durchgebraten (*durj*-gue-bra-ten; bien asado/muy hecho)**

Responder a "¿Le gustó la comida?"

Después de comer, el camarero suele preguntar a los comensales si les ha gustado la comida:

> **Hat es Ihnen geschmeckt?** (jat es *ii*-nen gue-*shmect*; ¿les gustó la comida?)

Es de esperar que hayas disfrutado del plato y que contestes esa pregunta de una de las siguientes maneras:

» **danke, gut** (*dan*-que gut; buena, gracias)

» **sehr gut** (sea gut; muy buena)

» **ausgezeichnet** (*aus*-gue-tsaij-net; excelente)

Pedir la cuenta

Cuando hayas terminado de comer, el camarero posiblemente te preguntará lo siguiente con el fin de cerrar el proceso y averiguar si estás listo para que te traigan la cuenta:

> **Sonst noch etwas?** (sonst noj *et*-vas; ¿algo más?)

A menos que quieras pedir algo más, es hora de pagar **die Rechnung** (dii *rej*-nunc; la cuenta). Puedes pedir la cuenta de las siguientes maneras:

» **Ich möchte bezahlen.** (ij *moej*-te be-*tsaa*-len; quisiera pagar)

» **Die Rechnung, bitte.** (dii *rej*-nunc *bi*-te; la cuenta, por favor)

PROPINAS

¿Te estás preguntando por qué el camarero te deja seguir sentado a la mesa sin traer nunca la cuenta? En Alemania, si quieres pagar tienes que pedir la cuenta. Se considera impositivo y descortés llevar la cuenta a la mesa antes de que los comensales la hayan pedido. En establecimientos más informales, como un **Kneipe**, es muy común decirle simplemente al camarero que quieres pagar, y este recibe el dinero directamente en la mesa. En Alemania, los camareros reciben un salario y no viven de la propina. Si le estás pagando al camarero en la mesa, simplemente redondea la suma que has de pagar. La frase **stimmt so** (shtimt so; quédese con el cambio) le indica al camarero o camarera que la suma adicional es su propina.

Los comensales pueden pagar la cuenta conjuntamente, **Alles zusammen, bitte** (ales tsu-*sam*-men *bi*-te; todo junto, por favor), o por separado, **Wir möchten getrennt zahlen** (via *moej*-ten gue-*trent* *tsaa*-len; quisiéramos pagar por separado).

CONSEJO

En algunos restaurantes alemanes, sobre todo en los más elegantes, está permitido pagar con tarjeta de crédito: **die Kreditkarte** (dii cre-*dit*-car-te). En estos restaurantes encuentras pegatinas en la ventana o en la puerta de entrada que indican qué tarjetas admiten (como sucede en los restaurantes en muchos países). Si tienes que pagar con tarjeta de crédito, busca estas pegatinas.

Si necesitas un **Quittung** (*cvit*-tunc; recibo) para fines tributarios u otros, pídeselo al camarero después de pedir la cuenta:

Und eine Quittung, bitte. (und aine *cvit*-tunc *bit*-te; y un recibo, por favor)

Hablando se entiende la gente

ESCUCHA

Pista 11: Mike y Ute han disfrutado de una cena espléndida. Están listos para pagar la cuenta y piensan dejarle una propina al camarero.

Mike: **Die Rechnung, bitte.**
(dii *rej*-nunc *bit*-te)
La cuenta, por favor.

Kellner:	**Sofort. Das macht 85 Euro 80.** (so-*foat* das majt fiunf und *aj*-tsic oiro *aj*-tsic) En seguida. Serían 85,80 euros.

Mike pone 90 euros sobre la mesa.

Mike:	**Stimmt so.** (shtimt so) Así está bien.
Kellner:	**Vielen Dank**. (*fii*-len danc) Muchas gracias.
Mike:	**Bitte, bitte.** (*bit*-te *bit*-te) De nada.

Palabras para recordar

bezahlen	(be-*tsaa*-len)	pagar
die Kreditkarte	(dii cre-*dit*-car-te)	tarjeta de crédito
die Quittung	(dii *cvit*-tunc)	recibo
in bar bezahlen	(in ba be-*tsaa*-len)	pagar en efectivo
die Rechnung	(dii *rej*-nunc)	cuenta
stimmt so!	(shtimt so)	¡así está bien!
bitte bitte	(*bit*-te *bit*-te)	de nada

Comprar alimentos

Quizá en ciertos momentos no quieras salir a comer y prefieras cocinar en casa. Lo primero que debes saber es adónde ir y qué comprar.

He aquí una lista de tiendas a las que tal vez tengas que ir y los alimentos que venden:

- **das Lebensmittelgeschäft** (das *le*-bens-mit-tel-gue-shaeft; tienda de comestibles)
- **der Supermarkt** (dea *su*-pea-marct; supermercado)
- **der Markt** (dea marct; mercado)
- **die Metzgerei** (dii mets-gue-*rai*; carnicería)
- **die Bäckerei** (dii baec-que-*rai*; panadería)
- **die Weinhandlung** (dii *vain*-jand-lunc; tienda de vinos)
- **die Backwaren** (dii *bac*-va-ren; pastelería)
- **das Gebäck** (das gue-*baec*; pastelería)
- **das Gemüse** (das gue-*miu*-se; vegetales)
- **der Fisch** (dea fish; pescado)
- **das Fleisch** (das flaish; carne)
- **das Obst** (das obst; fruta)
- **die Spirituosen** (dii shpi-ri-*tuo*-sen; licores)

Encontrar lo que necesitas

En las diversas tiendas encontrarás los siguientes alimentos:

- **das Brot** (das brot; pan)
- **das Brötchen** (das *broet*-jien; panecillos)
- **das Schwarzbrot** (das *shvarts*-brot; pan integral)
- **das Weißbrot** (das *vais*-brot; pan blanco)
- **der Kuchen** (dea *cu*-jen; pastel)
- **die Torte** (dii *toa*-te; torta)
- **die Butter** (dii *but*-tea; mantequilla)
- **der Käse** (dea *cae*-se; queso)
- **die Milch** (dii milj; leche)
- **die Sahne** (dii *saa*-ne; crema)
- **der Kabeljau** (dea ca-bel-*iau*; bacalao)
- **die Krabben** (dii *crab*-ben; gambas/camarones)
- **der Krebs** (dea crebs; cangrejo)

- **die Muschel** (dii *mu*-shel; almeja)
- **der Tunfisch** (dea *tun*-fish; atún)
- **der Apfel** (dea *ap*-fel; manzana)
- **die Banane** (dii ba-*na*-ne; plátano)
- **die Birne** (dii *bia*-ne; pera)
- **die Erdbeere** (dii *erd*-bee-re; fresa)
- **die Orange** (dii o-*ran*-she; naranja)
- **die Bratwurst** (dii *brat*-vurst; salchicha asada, Bratwurst)
- **das Rindfleisch** (das *rind*-flaish; carne de ternera)
- **der Schinken** (dea *shin*-quen; jamón)
- **das Schweinefleisch** (das *shvai*-ne-flaish; carne de cerdo)
- **der Speck** (dea shpec; beicon)
- **die Wurst** (dii vurst; salchicha)
- **das Hähnchen** (das *jaen*-jien; pollo)
- **die Bohne** (dii *boo*-ne; judía)
- **der Brokkoli** (dea *broc*-co-li; brócoli)
- **die Erbse** (dii *eab*-se; guisante)
- **die Gurke** (dii *gur*-que; pepino)
- **die Kartoffel** (dii car-*tof*-fel; patata)
- **der Kohl** (dea cool; repollo)
- **der Salat** (dea sa-*lat*; lechuga)
- **die Möhre** (dii *moe*-re; zanahoria)
- **das Paprika** (das *pa*-pri-ca; pimentón)
- **der Pilz** (dea pilts; champiñón)
- **der Reis** (dea rais; arroz)
- **das Sauerkraut** (das *sau*-ea-craut; chucrut)
- **der Spinat** (dea shpi-*nat*; espinaca)
- **die Tomate** (dii to-*ma*-te; tomate)
- **die Zucchini** (dii tsu-*qui*-ni; calabacín)
- **die Zwiebel** (dii *tsvii*-bel; cebolla)

CULTURA GENERAL

Si vas a un supermercado en Alemania notarás que las bolsas de plástico para los víveres no son gratuitas. Tienes que llevar tus propias bolsas o pagar para que te den una bolsa de plástico en la caja registradora. Así pues, no tires esa bolsa de plástico: ¡te ahorrarás dinero la próxima vez que vayas a hacer la compra!

Medidas y pesos

Pedir algo a alguien en un mercado al aire libre o en un supermercado es igual que pedir un plato en un restaurante. Simplemente dices:

Ich hätte gern... (ij *jaet*-te guean; quisiera...)

Al final de esa frase le dices a la persona qué quieres, lo cual podría incluir cualquiera de los siguientes pesos y medidas:

- **ein/zwei Kilo** (ain/tsvai *qui*-lo; un kilo/dos kilos)
- **ein/zwei Pfund** (ain/tsvai pfund; una libra/dos libras)
- **ein/einhundert Gramm** (ain/ain-*jun*-deat gram; un gramo/cien gramos)
- **ein/zwei Stück** (ain/tsvai shtiuc; un pedazo/dos pedazos)
- **eine Scheibe/zwei Scheiben** (*ai*-ne *shai*-be/tsvai *shai*-be; una loncha/dos lonchas)

Para especificar qué quieres exactamente, tan solo debes agregar la palabra apropiada al final de la frase completa. Por ejemplo, si quieres un kilo de manzanas, dirías:

Ich hätte gern ein Kilo Äpfel. (ij *jaet*-te guean ain *qui*-lo *aep*-fel; quisiera un kilo de manzanas)

Hablando se entiende la gente

ESCUCHA

Pista 12: Frau Bauer compra toda su comida en el mercado de la plaza. Hoy necesita manzanas y tomates. Después de pasar por varios puestos, se acerca a uno en el que ya ha comprado antes y habla con la **Verkäuferin** (fea-*koi*-fe-rin; vendedora).

Verkäuferin: **Guten Tag. Was darf es sein?**
(*gu*-ten taac vas darf es sain)
Buenos días. ¿Qué desea?

Frau Bauer: **Ein Kilo Äpfel und ein Pfund Tomaten.**
(ain *qui*-lo *aep*-fel und ain pfund to-*ma*-ten)
Un kilo de manzanas y una libra de tomates.

Verkäuferin: **Sonst noch etwas?**
(sonst noj *et*-vas)
¿Algo más?

Frau Bauer: **Danke, das ist alles.**
(*dan*-que das ist *al*-les)
Gracias, eso es todo.

Luego Frau Bauer va a un puesto de productos lácteos y fiambres.

Frau Bauer: **Ich hätte gern etwas von dem Gouda.**
(ij *jaet*-te guean *et*-vas fon dem *gou*-da)
Quisiera un poco de Gouda.

Verkäuferin: **Wie viel hätten Sie denn gern?**
(vii fiil *jaet*-ten sii den guean)
¿Cuánto desea?

Frau Bauer: **Zweihundert Gramm, bitte.**
(*tsvai*-jun-deat gram *bit*-te)
Doscientos gramos, por favor.

Verkäuferin: **Sonst noch etwas?**
(sonst noj *et*-vas)
¿Algo más?

Frau Bauer: **Nein, danke. Das wär's.**
(nain *dan*-que das veas)
No, gracias. Es suficiente.

Palabras para recordar

das Kilo	(das *qui*-lo)	kilo
das Pfund	(das pfund)	libra
das Gramm	(das gram)	gramo
wie viel	(vii fiil)	cuánto
wie viele	(vii *fii*-le)	cuántos
das wär's	(das veas)	es suficiente
was darf es sein?	(vas darf es sain)	¿qué desea?
sonst noch etwas?	(sonst noj *et*-vas)	¿algo más?

Juegos y ejercicios divertidos

Acabas de pedir un vaso de agua, una taza de café, sopa, ensalada, bistec y puré de patatas para almorzar en un café. Identifica todos los elementos en la mesa para cerciorarte de que tu camarero no ha olvidado nada, utilizando los artículos definidos **der**, **die** o **das**:

A.	________	**F.**	________
B.	________	**G.**	________
C.	________	**H.**	________
D.	________	**I.**	________
E.	________	**J.**	________

Respuestas: A. die Suppe; B. die Serviette; C. die Gabel; D. der Teller; E. das Steak; F. das Kartoffelpüree; G. das Messer; H. die Tasse Kaffee; I. das Glas Wasser; J. der Löffel. (Al camarero se le olvidó der Salat.)

EN ESTE CAPÍTULO

Descubrir dónde comprar

Pedir ayuda

Mirar

Probarse y comprar ropa

Escoger la talla, el color y el material correctos

Capítulo 6

Compras sin tropiezos

Ir de compras en otro país suele ser tanto una manera divertida de aproximarse a la cultura del lugar como una excelente oportunidad para infiltrarse entre la población local. En las ciudades de Alemania puedes ir a atractivas tiendas especializadas o, si quieres hacer todas tus compras de una sola vez, puedes ir a uno de los grandes almacenes que se encuentran en todas las grandes ciudades. Igual que en España, vamos...

Los centros de las ciudades tienden a ser bastante compactos, lo que invita a recorrerlos a pie y mirar los escaparates de las tiendas: **Schaufensterbummel** (*shau*-fens-tea-bum-mel).

Lugares donde comprar

En Alemania encontrarás múltiples oportunidades de compras en todo tipo de lugares, incluidos los siguientes:

- **das Kaufhaus** (das *cauf*-jaus; grandes almacenes)
- **das Fachgeschäft** (das *faj*-gue-shaeft; tienda especializada)

» **die Boutique** (dii bu-*tic*; tienda elegante pequeña, por lo general especializada en ropa o regalos)

» **die Buchhandlung** (dii *buj*-jand-lunc; librería)

» **die Fußgängerzone** (dii *fuus*-gaen-guea-tso-ne; zona peatonal)

» **der Kiosk** (dea *qui*-osc; quiosco de periódicos)

» **der Flohmarkt** (dea *floo*-marct; mercadillo)

Preguntar el horario de apertura

CULTURA GENERAL

Los horarios de compras quizá no sean los mismos que en tu país. Los horarios de apertura están reglamentados. En Alemania, las tiendas pueden abrir a las 6.00 h y cerrar hacia las 20.00 h. (En Austria cierran a las 19.30 h.) En las ciudades pequeñas, algunas tiendas cierran a la hora del almuerzo, entre el mediodía y las 14.00 o 15.00 h.

Los bancos cierran a las 16.00 h, aunque los jueves algunos están abiertos hasta aproximadamente las 18.00 h.

Los sábados, las tiendas cierran a las 16.00 h. (A nivel regional, las tiendas a veces abren hasta las 18.00 h el primer sábado del mes y los cuatro sábados previos a la Navidad.) Los domingos quizá encuentres algunas tiendas abiertas en ciudades turísticas; todas las demás estarán cerradas, salvo ciertas panaderías que abren tres horas ese día. (Los horarios dominicales de las panaderías son una tradición suiza. Es una costumbre afortunada para los alemanes, quienes desde hace poco pueden disfrutar de panecillos recién hechos, o **Brötchen** [*broet*-jien], los domingos.)

La mejor manera de enterarse del horario de apertura de una tienda es llamar o pasar por ahí y hacer las siguientes preguntas:

» **Wann öffnen Sie?** (van *oef*-nen sii; ¿a qué hora abren?)

» **Wann schließen Sie?** (van *shlii*-sen sii; ¿a qué hora cierran?)

» **Haben Sie mittags geöffnet**? (*ja*-ben sii *mit*-tacs gue-*oeff*-net; ¿están abiertos al mediodía?)

» **Um wie viel Uhr schließen Sie am Samstag?** (um vii fiil uua *shlii*-sen sii am *sams*-tac; ¿a qué hora cierran los sábados?)

Recorrer la tienda

Si necesitas ayuda para encontrar un artículo o sección específicos en uno de los grandes almacenes, puedes preguntar en el puesto de información: **die Auskunft** (dii *aus*-cunft) o **die Information** (dii in-foa-ma-tsi-*on*). Allí tienen todas las respuestas, o al menos algunas de ellas.

Si estás buscando un artículo determinado, puedes preguntarlo por su nombre con una de estas frases (al final de la frase simplemente agregas el plural del artículo que buscas):

- **Wo bekomme ich...?** (vo be-*com*-me ij; ¿dónde consigo...?)
- **Wo finde ich...?** (vo *fin*-de; ¿dónde puedo encontrar...?)

La persona que atiende el puesto de información dirá **...führen wir nicht** (*fiuu*-ren via nijt; no tenemos...) o te indicará cuál es la sección apropiada de la tienda, mediante una de las siguientes frases:

- **Im Erdgeschoss.** (im *ead*-gue-shos; en la planta baja)
- **Im Untergeschoss.** (im *un*-tea-gue-shos; en el sótano)
- **In der... Etage.** (in dea e-*ta*-she; en el... piso)
- **Im... Stock.** (im shtoc; en el... piso)
- **Eine Etage höher.** (*ai*-ne e-*ta*-she *joe*-jea; un piso más arriba)
- **Eine Etage tiefer.** (*ai*-ne e-*ta*-she *tii-fea*; un piso más abajo)

Si quieres ir a una sección del almacén o estás buscando algo muy específico, puedes utilizar la frase **Wo finde ich...?** (vo *fin*-de ij; ¿dónde puedo encontrar...?) y terminarla mencionando uno de los siguientes departamentos, sitios o artículos:

- **Haushaltsgeräte** (*jaus*-jalts-gue-rae-te; electrodomésticos)
- **die Herrenabteilung** (dii *jer*-ren-ab-tai-lunc; departamento de ropa para hombres)
- **die Damenabteilung** (dii *da*-men-ab-tai-lunc; departamento de ropa para mujeres)
- **die Kinderabteilung** (dii *quin*-dea-ab-tai-lunc; departamento de ropa para niños)
- **die Schuhabteilung** (dii *shuu*-ab-tai-lunc; departamento de calzado)

- **die Schmuckabteilung** (dii *shmuc*-ab-tai-lunc; departamento de joyería)
- **der Aufzug/der Fahrstuhl** (dea *auf*-tsuc/dea *faa*-shtuul; ascensor)
- **die Rolltreppe** (dii *rol*-trep-pe; escalera mecánica)

Preguntar con amabilidad

Decir "gracias" y "disculpe" te facilitará el camino en casi cualquier situación. Al ir de compras, estas palabras mágicas pueden representar la diferencia entre una respuesta tranquila y lenta y un servicio no muy bueno.

Decir "por favor"

CONSEJO

Cuando le pidas ayuda a alguien (o cuando pidas cualquier cosa), conviene que agregues **bitte** (*bit*-te; por favor) a tu solicitud. Puedes añadir **bitte** a casi cualquier pregunta, incluidas las frases que se mencionan en las secciones anteriores. Puedes añadir esta palabra en diversas partes de la frase, pero lo más fácil y, desde el punto de vista gramatical, lo más razonablemente seguro es incluirla al final de tu solicitud. Por ejemplo:

- **Wo finde ich Schuhe, bitte?** (vo *fin*-de ij *shu*-je *bit*-te; ¿dónde puedo encontrar zapatos, por favor?)
- **Wo ist der Aufzug, bitte?** (vo ist dea *auf*-tsuc, *bit*-te; ¿dónde está el ascensor, por favor?)

Decir "disculpe"

Cuando pidas ayuda, puedes ser especialmente amable y decir **entschuldigen Sie, bitte...** (ent-*shul*-di-guen sii *bit*-te; disculpe, por favor...) al inicio de tu solicitud. ¿No te resulta fácil de pronunciar? No te preocupes. La gente entenderá esa frase de inmediato. Además, iniciar así la frase da a tu interlocutor tiempo para concentrar su atención y escuchar, y cuando digas lo que en verdad quieres expresar te estará escuchando.

A continuación presentamos algunos ejemplos de cómo puedes usar esta frase al comienzo de una pregunta:

- **Entschuldigen Sie, bitte, wo sind die Toiletten?** (ent-*shul*-di-guen sii *bit*-te vo sind dii to-*let*-ten; disculpe, por favor, ¿dónde están los baños?)
- **Entschuldigen Sie, bitte, wo finde ich Wintermäntel**? (ent-*shul*-di-guen sii *bit*-te vo *fin*-de ij *vin*-tea-maen-tel; disculpe, por favor, ¿dónde puedo encontrar abrigos de invierno?)

Si la frase te parece demasiado larga, limítate a la palabra **Entschuldigung** (ent-*shul*-di-gunc) antes de lo que quieras preguntar:

> **Entschuldigung. Wo ist der Ausgang, bitte?** (ent-*shul*-di-gunc vo ist dea aus-ganc *bit*-te; disculpe, ¿dónde está la salida, por favor?)

Mirar a tu aire

A veces simplemente quieres mirar a tu antojo, sin ayuda de nadie. Sin embargo, es posible que los vendedores te ofrezcan su ayuda diciendo algo de esta guisa:

- **Suchen Sie etwas Bestimmtes?** (*su*-jen sii *et*-vas be-*shtim*-tes; ¿está buscando algo en particular?)
- **Kann ich Ihnen behilflich sein?** (can ij *ii*-nen be-*jilf*-lij sain; ¿le puedo ayudar?)

Cuando solo quieres mirar, esta frase te ayudará a declinar amablemente la ayuda:

> **Ich möchte mich nur umsehen.** (ij *moej*-te mij nua *um*-se-jen; solo quiero mirar)

El vendedor o la vendedora seguramente te manifestarán que está bien, que sigas mirando:

- **Aber natürlich. Sagen Sie Bescheid, wenn Sie eine Frage haben.** (*a*-bea na-*tiur*-lij *sa*-guen sii be-*shaid* ven sii *ai*-ne *fra*-gue *ja*-ben; desde luego, avíseme si necesita ayuda)
- **Rufen Sie mich, wenn Sie eine Frage haben.** (*ru*-fen sii mij ven sii *ai*-ne *fra*-gue *ja*-ben; llámeme si tiene alguna pregunta)

Palabras para recordar

der Aufzug	(dea *auf*-tsuc)	ascensor
die Rolltreppe	(dii *rol*-trep-pe)	escalera mecánica
die Abteilung	(dii ab-*tai*-lunc)	departamento; sección
hier entlang	(jia ent-*lanc*)	por aquí
gefallen	(gue-*fal*-len)	gustar; agradar
die Größe	(dii *groe*-se)	talla
die Farbe	(dii *far*-be)	color

Obtener ayuda

En algunas situaciones es posible que quieras o necesites algún tipo de ayuda. Estas son frases útiles que podrías decir o escuchar:

- **Würden Sie mir bitte helfen? Ich suche...** (*viur*-den sii mia *bit*-te *jel*-fen ij *su*-je; ¿me podría ayudar, por favor? Estoy buscando...)
- **Aber gern, hier entlang bitte.** (*a*-bea guean jia ent-*lanc* *bit*-te; con mucho gusto, por aquí, por favor)
- **Welche Größe suchen Sie?** (*vel*-je *groe*-se *su*-jen sii; ¿qué talla busca?)
- **Welche Farbe soll es sein?** (*vel*-je *far*-be sol es sain; ¿qué color quiere?)
- **Wie gefällt Ihnen diese Farbe?** (vii gue-*faelt* *ii*-nen *dii*-se *far*-be; ¿le gusta este color?)

CULTURA GENERAL

Comprobarás que los vendedores en la mayoría de las tiendas austríacas, alemanas y suizas son muy competentes y conocen bien su oficio. Eso se debe en parte al sistema educativo. A semejanza de lo que ocurre con la mayor parte de los oficios, los vendedores se someten a un aprendizaje de tres años que combina capacitación práctica e instrucción en una escuela de oficios.

Comprar ropa

¿Qué se te antoja? Muchos términos relacionados con la ropa son unisex, aunque algunos se reservan para un género específico.

Algunas prendas tradicionalmente femeninas incluyen:

» **die Bluse** (dii *blu*-se; blusa)

» **das Kleid** (das claid; vestido)

» **das Kostüm** (das cos-*tium*; traje chaqueta)

» **der Hosenanzug** (dea *jo*-sen-an-tsuc; traje pantalón)

» **der Rock** (dea roc; falda)

Las siguientes palabras por lo general se refieren a ropa para hombres:

» **das Oberhemd** (das *o*-bea-jemd; camisa)

» **der Anzug** (dea *an*-tsuc; traje)

Los siguientes artículos corresponden tanto a mujeres como a hombres:

» **der Pullover** (dea pul-*lo*-vea; suéter/pulóver)

» **die Jacke** (dii *ia*-que; chaqueta)

» **das Jackett** (das ia-*quet*; chaqueta/americana)

» **der Blazer** (dea *blei*-sea; blazer)

» **die Weste** (dii *ves*-te; chaleco)

» **die Krawatte** (dii cra-*vat*-te; corbata)

» **der Mantel** (dea *man*-tel; abrigo)

» **die Hose** (dii *jo*-se; pantalones)

» **das Hemd** (das jemd; camisa)

» **das T-Shirt** (das *ti*-shoert; camiseta)

Desde luego, estas prendas pueden estar hechas de todo tipo de materiales y en diferentes estilos, incluidos los siguientes:

- **die Seide** (dii *sai*-de; seda)
- **die Wolle** (dii *vol*-le; lana)
- **die Baumwolle** (dii *baum*-vol-le; algodón)
- **das Leinen** (das *lai*-nen; lino)
- **das Leder** (das *le*-dea; cuero)
- **gestreift** (gue-*shtraift*; a rayas)
- **kariert** (ca-*riiat*; a cuadros)
- **geblümt** (gue-*bliumt*; de flores)
- **gepunktet** (gue-*punc*-tet; de lunares)
- **einfarbig** (*ain*-far-bic; de un solo color)
- **sportlich** (*shport*-lij; deportivo; informal)
- **elegant** (e-le-*gant*; elegante)

Los colores

Los **Farben** (*far*-ben; colores) básicos son:

- **schwarz** (shvarts; negro)
- **weiß** (vais; blanco)
- **rot** (rot; rojo)
- **grün** (griun; verde)
- **gelb** (guelb; amarillo)
- **blau** (blau; azul)

Todas estas palabras son adjetivos (para más información sobre cómo incluirlos en frases y oraciones, consulta el capítulo 2).

Saber cuál es tu talla

Al ir de compras, encontrar la talla correcta puede ser un engorro, ya que no se sabe por qué motivo distintas marcas han decidido aplicar distintas escalas. Pero eso ocurre en la mayoría de países, o sea que no te va a resultar más difícil en Alemania que en España.

Hablando se entiende la gente

ESCUCHA

Pista 13: Frau Schulte está en la sección de ropa de mujer en unos grandes almacenes. Quiere comprar una blusa y está hablando con una **Verkäuferin** (fea-*koi*-fe-rin; vendedora).

Verkäuferin: **Kann ich Ihnen behilflich sein?**
(can ij *ii*-nen be-*jilf*-lij sain)
¿Le puedo ayudar?

Frau Schulte: **Ja bitte. Ich suche eine Bluse.**
(ia *bit*-te ij *su*-je *ai*-ne *blu*-se)
Sí, por favor. Estoy buscando una blusa.

Verkäuferin: **Hier entlang, bitte. Welche Farbe soll es denn sein?**
(jia ent-*lanc bit*-te *vel*-je *far*-be sol es den sain)
Por aquí, por favor. ¿De qué color la quiere?

Frau Schulte: **Weiß.**
(vais)
Blanca.

Verkäuferin: **Suchen Sie etwas Sportliches?**
(*su*-jen sii *et*-vas *shport*-li-jes)
¿Está buscando algo informal?

Frau Schulte: **Nein, eher etwas Elegantes.**
(nain *e*-jea *et*-vas e-le-*gan*-tes)
No, más bien algo elegante.

Verkäuferin: **Gut. Welche Größe haben Sie?**
(gut *vel*-je *groe*-se *ja*-ben sii)
Bien. ¿Cuál es su talla?

Frau Schulte: **Größe 38.**
(*groe*-se ajt und *drai*-sic)
Talla 38.

Verkäuferin: **Wie gefällt Ihnen dieses Modell?**
(vii gue-*faelt ii*-nen *dii*-ses mo-*del*)
¿Le gusta este modelo?

Frau Schulte: **Sehr gut.**
(sea gut)
Mucho.

Probarse una prenda

Si encuentras algo que te gusta, tal vez te lo quieras probar. Le puedes hacer al vendedor o la vendedora la siguiente pregunta, agregando el nombre de la prenda que te quieres probar:

> **Kann ich... anprobieren?** (can ij *an*-pro-bii-ren; ¿puedo probarme...?)

El vendedor podría adelantarse y decirte:

> **Möchten Sie... anprobieren?** (*moej*-ten sii *an*-pro-bii-ren; ¿le gustaría probarse...?)

En cualquier caso, el objetivo es llegar a los probadores. Puedes preguntar dónde quedan, diciendo:

> **Wo sind die Umkleidekabinen?** (vo sind dii *um*-klai-de-ca-bi-nen; ¿dónde quedan los probadores?)

Después de probarte la prenda, el vendedor o la vendedora seguramente te hará una de las siguientes preguntas para saber si te ha gustado:

- **Passt...?** (past; ¿le quedó...?)
- **Wie passt Ihnen...**? (vii past *ii*-nen; ¿cómo le quedó...?)
- **Gefällt Ihnen...?** (gue-*faelt* ii-nen; ¿le gusta...?)

Puedes contestar con cualquiera de estas oraciones, dependiendo de cómo te hayas visto al probarte la prenda:

- **Nein... ist zu lang/kurz/eng/weit/groß/klein** (nain ist tsu lanc curts enc vait groos klain; no... es demasiado largo/corto/estrecho/suelto/grande/pequeño)
- **Können Sie mir eine andere Größe bringen?** (*coen*-nen sii mia *ai*-ne *an*-de-re *groe*-se *brin*-guen; ¿me puede traer otra talla?)
- **... passt sehr gut** (past sea gut; ... me queda muy bien)
- **... steht mir** (shtet mia; ... me sienta/me queda bien)

» **... gefällt mir** (gue-*faelt* mia; me gusta...)

» **Ich nehme...** (ij *nee*-me; voy a llevarme...)

Palabras para recordar

eng	(enc)	estrecho
weit	(vait)	suelto
lang	(lanc)	largo
kurz	(curts)	corto
groß	(groos)	grande
klein	(clain)	pequeño
das Modell	(das mo-*del*)	modelo
anprobieren	(*an*-pro-bii-ren)	probarse
bringen	(*brin*-guen)	traer
passen	(*pas*-sen)	quedar
stehen	(*shte*-jen)	sentar (bien *o* mal)
gefallen	(gue-*fal*-len)	gustar
...gefällt mir	(gue-*faelt* mia)	me gusta
die Umkleidekabine	(dii *um*-clai-de-ca-bi-ne)	probador
kaufen	(*cau*-fen)	comprar

Hablando se entiende la gente

ESCUCHA

Pista 14: A Frau Schulte le gusta la blusa que le enseñó la vendedora y se la quiere probar.

Frau Schulte: **Ich möchte die Bluse anprobieren. Wo sind die Umkleidekabinen, bitte?**
(ij *moej*-te dii *blu*-se *an*-pro-bii-ren vo sind dii *um*-clai-de-ca-bi-nen *bit*-te)

Me gustaría probarme esta blusa. ¿Dónde están los probadores, por favor?

Verkäuferin: **Ja, natürlich. Hier entlang, bitte.**
(ia na-*tiur*-lij jia ent-lanc *bit*-te)
Desde luego. Por aquí, por favor.

(Unos minutos después, Frau Schulte regresa.)

Verkäuferin: **Passt die Bluse?**
(past dii *blu*-se)
¿Le queda bien la blusa?

Frau Schulte: **Ja. Ich nehme die Bluse!**
(ia ij *nee*-me dii *blu*-se)
Sí. ¡Me la llevo!

"La dolorosa": pasar por caja

Por lo general, cuando vas de compras las prendas o productos tienen una etiqueta que dice exactamente cuánto cuestan. El precio que ves en la etiqueta es lo que pagas por la mercancía en la caja registradora, incluido el impuesto sobre el valor añadido o IVA. Si no resides en un país de la Unión Europea, por lo general puedes obtener un reembolso del IVA cuando sales de ella. En alemán, el IVA se llama **die Mehrwertsteuer (Mwst)** (dii *mea*-veat-shtoi-ea). El reembolso del IVA es **die Mehrwersteuerrückerstattung** (dii *mea*-veat-shtoi-ea-*riuc*-ea-shtat-tunc).

Aunque la palabra amedrenta un poco, obtener el reembolso del IVA suele ser un procedimiento sencillo. Si resides fuera de la Unión Europea, simplemente pide un formulario de reembolso del IVA cuando pagues en la caja registradora. Recoge todos los recibos de mercancía que vas a sacar de la Unión Europea, así como los formularios, y pide que te los apruebe un agente de aduanas antes de salir para regresar a tu país. Si tienes tiempo, puedes ir al mostrador de devolución del IVA en el aeropuerto, donde te harán el reembolso en efectivo (menos un cargo por el servicio). También puedes enviar tus recibos por correo y recibir un cheque de reembolso de un banco en tu país.

Es posible que te encuentres en una situación en la que necesites preguntar por **der Preis** (dea prais; el precio) de algún artículo. Las etiquetas de los precios a veces se caen o son indescifrables, sobre todo si el precio está escrito a mano. Por ejemplo, el número uno se parece mucho al siete cuando se escribe rápidamente a mano. Las siguientes frases, muy sencillas, se ocupan del asunto del precio:

- **Was kostet...?** (vas costet; ¿qué cuesta...?)
- **Wie viel kostet...?** (vii fiil costet; ¿cuánto cuesta...?)

Hablando se entiende la gente

Frau Schulte va a la caja registradora para pagar su compra.

Kassiererin: **Das macht 69,90 €.**
(das majt *noin*-und-sej-tsic oiro *noin*-tsic)
Son 69,90 euros.

Frau Schulte: **Nehmen Sie Kreditkarten?**
(*nee*-men sii cre-*dit*-car-ten)
¿Admiten tarjeta de crédito?

Kassiererin: **Kein Problem.**
(cain pro-*blem*)
Ningún problema.

Frau Schulte: **Hier bitte.**
(jia *bit*-te)
Aquí tiene.

Kassiererin: **Danke. Würden Sie bitte unterschreiben? Und hier ist Ihre Quittung.**
(*dan*-que *viur*-den sii *bit*-te un-tea-*shrai*-ben und jia ist *ii*-re *cvit*-tunc)
Gracias. ¿Podría firmar aquí por favor? Y aquí está su recibo.

Frau Schulte: **Danke!**
(*dan*-que)
Gracias.

Palabras para recordar

kosten	(*cos*-ten)	costar
der Preis	(dea prais)	precio
die Mehrwertsteuer	(dii *mea*-veat-shtoi-ea)	impuesto sobre el (Mwst) valor añadido (IVA)

Comparativamente hablando

En español, cuando quieres comparar dos cosas utilizas las palabras "más/menos" más un adjetivo o adverbio apropiado y "que". Por ejemplo, podrías hacer las siguientes comparaciones:

- Mick Jagger es más viejo que las montañas.
- El bacalao es un pescado más sabroso que la sepia.

En alemán las comparaciones solo requieren la palabra **als** (als; que) y el adverbio o adjetivo apropiado. Por ejemplo:

- **Die grünen Schuhe sind teurer als die weißen.** (dii *griu*-nen *shu*-je sind *toi*-rea als dii *vai*-sen; los zapatos verdes son más caros que los blancos)
- **Das blaue Kleid gefällt mir besser als das grün-weiß gestreifte.** (das blaue claid gue-*faelt* mia *bes*-sea als das griun-vais gue-*shtraif*-te; el vestido azul me gusta más que el de rayas verdes y blancas)
- **Der gelbe Rock ist länger als der schwarze.** (dea *guel*-be roc ist *laen*-guea als dea *shvar*-tse; la falda amarilla es más larga que la negra)
- **Hamburg ist größer als Düsseldorf.** (*jam*-burg ist *groe*-sea als *dius*-sel-doaf; Hamburgo es más grande que Düsseldorf)

Juegos y ejercicios divertidos

Las siguientes palabras alemanas tienen las letras desordenadas. Todas son colores. ¡Ordena las letras!

1. UABL ____________
2. ZRSAHWC ____________
3. BLEG ____________
4. TRO ____________
5. NUARB ____________
6. ÜRGN ____________

Respuestas: 1. BLAU 2. SCHWARZ 3. GELB 4. ROT 5. BRAUN 6. GRÜN

EN ESTE CAPÍTULO

- Decir la hora
- Pedir información sobre películas, museos y teatros
- Hablar sobre entretenimiento
- Ir a una fiesta

Capítulo 7

Salir a divertirse

Este capítulo trata sobre pasárselo bien, ya sea yendo al cine, a una exposición de arte o a una fiesta.

En Alemania abundan los espectáculos, los museos, las galerías y las exposiciones, pues las instituciones culturales reciben fondos estatales y federales que apoyan sus esfuerzos. Para empaparte de cultura alemana debes ver qué se ofrece en materia de entretenimiento. A semejanza de otros países, los periódicos locales publican la programación semanal de eventos en la ciudad, **der Veranstaltungskalender** (dea fea-*an*-shtal-tuncs-ca-*len*-dea).

Antes de salir a divertirte de día o de noche en la ciudad, tienes que conocer los días de la semana y saber cómo decir la hora en alemán. Al fin y al cabo, necesitas saber cuándo empieza la diversión.

Decir la hora

En la película *Casablanca*, todo un clásico, una pareja de alemanes ya mayores que desea huir a Estados Unidos decide practicar su inglés hablando sobre la hora. El hombre le pregunta la hora a la mujer: "What watch?", en lugar de preguntar "What time?", porque en alemán se usa la palabra **Uhr** (uua; reloj) para preguntar la hora: **wie viel Uhr** (vii fiil uua; ¿qué hora es?). Y ella le responde "Ten watch" porque en alemán se respondería **zehn Uhr** (tseen uua; las diez). El inglés de la pareja es bastante extraño porque intentaron traducir literalmente el alemán al inglés. Sigue leyendo para averiguar cómo evitar cometer un error similar al hablar sobre la hora en alemán.

Preguntar la hora

Casi todas las personas usan reloj. ¿Entonces para qué complicarse la vida aprendiendo a preguntar la hora en alemán? Porque podrías olvidar el reloj en casa y en un caso así conviene que sepas las dos frases siguientes:

- **Wie viel Uhr ist es?** (vii fiil uua ist es; ¿qué hora es?)
- **Wie spät ist es?** (vii shpaet ist es; ¿qué hora es? Literalmente significa "¿qué tarde es?")

RECUERDA

Cuando te dirijas a alguien para preguntarle la hora, serás más cortés si agregas al comienzo la frase **Entschuldigen Sie, bitte** (ent-*shul*-diguen sii *bit*-te; disculpe, por favor).

Decir la hora de la manera "tradicional": de la 1 a las 12

En alemán, la gente usa uno de dos sistemas para decir la hora: la forma "tradicional" (del 1 al 12), o el sistema de 24 horas, del que se habla en la siguiente sección.

Es cuestión de preferencia utilizar la modalidad de 12 o de 24 horas. Muchos alemanes recurren al sistema de 12 horas en su conversación informal, y al sistema de 24 horas cuando quieren asegurarse de que no haya malentendidos, por ejemplo cuando se refieren a horarios. Hay gente que prefiere utilizar la modalidad de 24 horas siempre, y los negocios como compañías de vuelos, operadores de trenes y autobuses, así como teatros y cines, también lo utilizan para informar sobre sus horarios.

La hora en punto

Cuando es la hora en punto, es muy fácil decir qué hora es. Simplemente dices:

Es ist... Uhr. (es ist uua; es [son] la [s]...)

sustituyendo el número de la hora pertinente (para más información sobre los números en alemán, consulta el capítulo 2).

Y cuarto o y media

La hora se complica un poco más (pero no demasiado) cuando falta o ha pasado un cuarto de la hora en punto. Las siguientes frases te indican cómo utilizar la palabra alemana para un cuarto (desde luego, tienes que insertar la hora apropiada en las frases):

» **Es ist Viertel nach...** (es ist *fia*-tel naj; son las... y cuarto)

» **Es ist Viertel vor...** (es ist *fia*-tel foa; son las... menos cuarto)

La media hora requiere una explicación adicional. Los alemanes tienden a pensar hacia delante cuando se refieren a la media hora. Siempre dicen que es media hora antes de la hora siguiente, en vez de decir que es media hora después de la última hora. Por ejemplo, en alemán, cuando son las 4.30, se dice que es media hora antes de las cinco en vez de decir que es media hora después de las cuatro. Para decir 4.30 se dice **es ist halb fünf** (es ist jalb fiunf).

Es ist halb... (es ist jalb; es media hora antes de...)

Unos minutos antes y después

Como todos sabemos, a veces los horarios no se cumplen con exactitud. Es posible que tengas que expresar una hora que no sea ni la hora en punto, ni un cuarto, ni media hora. En estos casos puedes fragmentar la hora en minutos antes o después de la hora. Por ejemplo:

» **Es ist fünf Minuten vor zwölf.** (es ist fiunf mi-*nu*-ten foa tsvoelf; faltan cinco minutos para las doce)

» **Es ist zwanzig Minuten nach sechs.** (es ist *tsvan*-tsic mi-*nu*-ten naj secs; son las seis y veinte minutos)

RECUERDA

Es usual omitir la palabra **Minuten** en frases como las anteriores. No te confundas si escuchas a alguien decir **Es ist fünf vor zwölf** en vez de **Es ist fünf Minuten vor zwölf.** Las dos frases quieren decir lo mismo.

Utilizar la modalidad de 24 horas: de 0 a 24

Para situaciones en las que es importante evitar cualquier posibilidad de malentendido, los alemanes utilizan el sistema de 24 horas. Este sistema se suele emplear cuando hay algún horario de por medio, por ejemplo en los horarios de los trenes, de los cines, etc.

Con el sistema de 24 horas, cuando llegas al 12 sigues agregando horas hasta llegar a 24, o **Mitternacht** (*mit*-tea-najt; medianoche), que también se conoce como **null Uhr** (nul uua; literalmente: hora cero).

En este sistema de decir la hora, no hay frases como "y media" o "un cuarto para" antes o después de la hora. Todo se expresa en minutos después de la hora. Observa en los siguientes ejemplos cómo viene primero la hora, seguida por los minutos:

- **Es ist 15 Uhr dreißig** (es ist *fiunf*-tseen uua *drai*-sic; son las quince [horas] y treinta). Esto corresponde a las tres y media de la tarde.
- **Es ist 21 Uhr fünfzehn** (es ist *ain*-und-tsvan-tsic uua *fiunf*-tseen; son las veintiuna [horas] y quince). Eso quiere decir las nueve y cuarto de la noche.
- **Es ist 22 Uhr vierundvierzig** (es ist *tsvai*-und-tsvan-tsic uua *fia*-und-fia-tsic; son las veintidós [horas] y cuarenta y cuatro). En efecto: son las diez y cuarenta y cuatro de la noche.
- **Es ist null Uhr siebenundreißig** (es ist nul uua *sii*-ben-und-drai-sic; son las cero horas y treinta y siete). Hoy vuelves un poco tarde a casa... ¡son las doce y treinta y siete de la noche!

Los momentos del día

A continuación verás cómo se divide el día en alemán. Pero no te tomes los siguientes períodos de forma muy literal: son tan solo una guía. En todas partes la gente tiene ideas ligeramente diferentes sobre cuándo empieza una parte del día y cuándo termina otra.

- **der Morgen** (dea *moa*-guen; mañana: desde las 4.00 h hasta las 12.00 h)
- **der Vormittag** (dea *foa*-mit-tac; mañana: desde las 9.00 h las 12.00 h)
- **der Mittag** (dea mit-tac; mediodía: desde las 12.00 h hasta las 14.00 h)
- **der Nachmitag** (dea *naj*-mit-tac; tarde: desde las 14.00 h hasta las 18.00 h)
- **der Abend** (dea *a*-bend; tarde/noche: desde las 18.00 h hasta las 00.00 h)
- **die Nacht** (dii najt; noche: desde las 00.00 h hasta las 4.00 h)

Los días de la semana

Los periódicos te informan sobre los horarios del cine y el teatro en los diferentes días, pero a menos que conozcas los días de **die Woche** (dii *vo*-je; la semana), podrías terminar yendo al cine el día que cierran.

Días básicos

Los siguientes días de la semana tienen todos el mismo género, el masculino (**der**), pero por lo general se utilizan sin artículo. Por ejemplo, si quieres decir "hoy es lunes", dices **heute ist Montag** (*joi*-te ist *mon*-tac).

Estos son los días de la semana:

- **Montag** (*mon*-tac; lunes)
- **Dienstag** (*diins*-tac; martes)
- **Mittwoch** (*mit*-voj; miércoles)
- **Donnerstag** (*don*-ners-tac; jueves)
- **Freitag** (*frai*-tac; viernes)
- **Samstag / Sonnabend** (sams-tac/*son*-a-bend; sábado)
- **Sonntag** (*son*-tac; domingo)

Las siguientes formas se utilizan para indicar que algo siempre sucede en un día particular de la semana. Por ejemplo, tal vez vayas a un museo o un restaurante y lo encuentres cerrado. Es posible que haya un letrero en la puerta que diga **montags geschlossen** (*mon*-tacs gue-*shlos*-sen; cerrado los lunes):

- **montags** (*mon*-tacs; los lunes)
- **dienstags** (*diins*-tacs; los martes)
- **mittwochs** (*mit*-vojs; los miércoles)
- **donnerstags** (*don*-ners-tacs; los jueves)
- **freitags** (*frai*-tacs; los viernes)
- **samstags/sonnabends** (sams-tacs/*son*-a-bends; los sábados)
- **sonntags** (*son*-tacs; los domingos)

Hablando de días...

No siempre se habla de los días con sus nombres propios. Por ejemplo, si hoy es lunes y quieres referirte a un evento que tendrá lugar el martes, no dices "eso es el martes". Más bien dices "eso es mañana". En alemán, las siguientes palabras ayudan a hacer referencia a días específicos:

- **heute** (*joi*-te; hoy)
- **gestern** (*gues*-tean; ayer)
- **vorgestern** (*foa*-gues-tean; anteayer)
- **morgen** (*moa*-guen; mañana)
- **übermorgen** (*iu*-bea-moa-guen; pasado mañana)

Para referirte con precisión a un momento determinado de un día específico puedes combinar las palabras anteriores con los momentos del día que vimos en la sección "Los momentos del día", más atrás en este capítulo. Observa los siguientes ejemplos:

- **heute Morgen** (*joi*-te *moa*-guen; esta mañana)
- **heute Vormittag** (*joi*-te *foa*-mit-tac; esta mañana)
- **gestern Abend** (*gues*-tean *a*-bend; ayer por la tarde [noche]/ anoche)

¿Qué te gustaría hacer?

Seguramente a veces te gusta salir solo, pero otras veces prefieres compañía. Si quieres intercambiar ideas con alguien con respecto al calendario social, puedes preguntar:

> **Was wollen wir unternehmen?** (vas *vol*-len via un-tea-*nee*-men; ¿qué queremos hacer?)

Esta es una manera corriente de preguntarle a alguien qué podéis hacer juntos.

Utiliza las siguientes frases si quieres conocer los planes de otro. Estas frases también son muy útiles si quieres saber si alguien está disponible:

- **Haben Sie (heute Abend) etwas vor?** (*ja*-ben sii *joi*-te *a*-bend *et*-vas foa; ¿tiene algún plan [para esta noche]?)

FUNCIÓN DOBLE

La palabra **morgen** (*moa*-guen) aparece en dos versiones diferentes. Cuando se escribe con "m" minúscula, **morgen** significa *[el día de] mañana*. El sustantivo **der Morgen**, con "m" mayúscula, significa *[la] mañana*. Teóricamente se podría decir **morgen Morgen** para expresar *mañana por la mañana*, pero los alemanes no lo hacen. Más bien dicen **morgen früh** (*moa*-guen friuu).

Sin embargo, sí existe la expresión **Morgen, morgen**. Es el comienzo de un proverbio alemán y a veces solo se cita este inicio auspicioso. El proverbio completo es:

Morgen, morgen, nur nicht heute, sagen alle faulen Leute (*moa*-guen *moa*-guen nua nijt *joi*-te *sa*-guen ale *fau*-len *loi*-te; mañana, mañana, pero no hoy, eso dicen todos los perezosos).

- **Hast du (morgen Vormittag) etwas vor?** (jast du *moa*-guen *foa*-mit-tac *et*-vas foa; ¿tienes algún plan [mañana por la mañana]?)
- **Haben Sie (heute Abend) Zeit?** (*ja*-ben sii *joi*-te *a*-bend tsait; ¿tiene tiempo [esta tarde/noche]?)

Ir al cine

Ver películas en un idioma que quieres aprender te ayuda a asimilar nuevas palabras, adquirir expresiones útiles y, en general, hacerte una idea de algunas facetas de la cultura que refuerzan el idioma. Al mismo tiempo, te acostumbras a entender los diferentes dialectos y formas de hablar.

Si quieres ir al cine, utiliza las siguientes frases para que los demás se enteren:

- **Ich möchte ins Kino gehen.** (ij *moej*-te ins *qui*-no *gue*-jen; me gustaría ir al cine)
- **Ich möchte einen Film sehen.** (ij *moej*-te *ai*-nen film *se*-jen; me gustaría ver una película)

Todo sobre la película

Si quieres saber qué películas están proyectando, lo más fácil es consultar la cartelera en un periódico. La cartelera por lo general incluye información sobre todo lo que necesitas saber sobre **die Vorstellung** (dii *foa*-shtel-lunc; la función): cuándo y dónde proyectan la película, quiénes son los actores y si va a ser en versión original —**im Original** (im o-ri-gui-*nal*)— o doblada: **synchronisiert** (sin-cro-ni-*siiat*) (para más información sobre el idioma en las películas, consulta el recuadro "Qué voz tan extraña tienes", en este mismo capítulo).

Tal vez no siempre tengas a mano la cartelera de películas del periódico para averiguar esta información. Las siguientes frases te ayudarán a pedir información sobre una película:

- **In welchem Kino läuft...?** (in *vel*-jem *qui*-no loift; ¿en qué cine echan...?)
- **Um wie viel Uhr beginnt die Vorstellung?** (um vii fiil uua be-*guint* dii *foa*-shtel-lunc; ¿a qué hora empieza la película?)
- **Läuft der Film im Original oder ist er synchronisiert?** (loift dea film im o-ri-gui-*nal* *o*-dea ist ea sin-cro-ni-*siiat*; ¿la película es en [versión] original o está doblada?)

CULTURA GENERAL

QUÉ VOZ TAN EXTRAÑA TIENES

Casi todas las películas extranjeras que se presentan en Alemania están dobladas al alemán. De vez en cuando, sobre todo en pequeños cines o filmotecas, se proyectan películas extranjeras en su idioma original con subtítulos en alemán: **Originalfassung mit deutschen Untertiteln** (o-ri-gui-*nal*-fas-sunc mit *doi*-chen un-tea-*ti*-teln). Así pues, si no quieres someterte a la rara experiencia de escuchar a tus actores favoritos diciendo cosas ininteligibles en voces extrañas, busca la versión no doblada de la película o ve únicamente a películas rodadas en alemán.

Por el contrario, en la multilingüe Suiza las películas por lo general se proyectan en el idioma original, con subtítulos en alemán, italiano o francés, según sea el caso.

Comprar entradas

Cuando quieras comprar entradas, ya sea para ópera, cine o museos, puedes decir la siguiente frase:

> **Ich möchte... Karten für...** (ij *moej*-te *car*-ten fiua; quisiera... entradas para...)

Después de haberle pedido al empleado tus entradas, es posible que te dé alguna información sobre la función, como por ejemplo:

- **Die Vorstellung hat schon begonnen.** (dii *foa*-shtel-lunc jat shon be-*gon*-nen; la función ya ha empezado)
- **Die...-Uhr-Vorstellung ist leider ausverkauft.** (dii uua-*foa*-shtel-lunc ist *lai*-dea *aus*-fea-cauft; la función de las... lamentablemente se agotó)
- **Wir haben noch Karten für die Vorstellung um... Uhr.** (via *ja*-ben noj *car*-ten fiua dii *foa*-shtel-lunc um uua; quedan entradas para la función de las...)

Estas frases sirven para cualquier tipo de función o espectáculo; no se limitan al cine.

Hablando se entiende la gente

ESCUCHA

Pista 15: Antje está hablando por teléfono con su amigo Robert. Antje quiere ir al cine. Después de saludar a su amigo, Antje va directamente al grano.

Antje: **Der neue Sciencefictionfilm von Spielberg soll super spannend sein.**
(dea noie sai-ens-*fic*-shon-film fon *shpiil*-beag sol *su*-pea *shpan*-nend sain)
Se supone que la nueva película de ciencia ficción de Spielberg tiene mucho suspense.

Robert: **Wann willst du gehen?**
(van vilst du *gue*-jen)
¿Cuándo quieres ir?

Antje: **Morgen Abend habe ich Zeit.**
(*moa*-guen *a*-bend *ja*-be ij tsait)
Tengo tiempo mañana por la noche.

Robert: **Morgen passt mir auch.**
(*moa*-guen past mia auj)
A mí también me va bien mañana.

In welchem Kino läuft der Film?
(in *vel*-jem *qui*-no loift dea film)
¿En qué cine proyectan la película?

Antje: **Im Hansatheater. Die Vorstellung beginnt um 20 Uhr.**
(im *jan*-sa-te-a-tea dii *foa*-shtel-lunc be-*guint* um *tsvan*-tsic uua)
En el Teatro Hansa. La función empieza a las 20.00 h.

Robert: **Gut, treffen wir uns um Viertel vor acht am Hansa.**
(gut *tref*-fen via uns um *fia*-tel foa ajt am *jan*-sa)
Bien, quedamos a las ocho menos cuarto en el Hansa.

Antje: **Prima. Bis morgen dann.**
(*pri*-ma bis *moa*-guen dan)
Excelente. Entonces hasta mañana.

Palabras para recordar

das Kino	(das *qui*-no)	cine
der Spielfilm	(dea *shpiil*-film)	largometraje
die Vorstellung	(dii *foa*-shtel-lunc)	función
die Karte	(dii *car*-te)	entrada; tique
die Eintrittskarte	(dii *ain*-trits-car-te)	entrada; tique
der Platz	(dea plats)	silla; asiento
spannend	(*shpan*-nend)	de suspense
sehen	(*se*-jen)	ver
laufen	(*lau*-fen)	pasar/proyectar (películas)

¿Qué fue eso? El pasado simple de "sein"

Quizá ya estés familiarizado con el tiempo presente de **sein** (sain; ser o estar): **Ich bin/du bist** (ij bin du bist; yo soy [estoy]/tú eres[estás]), etc. (Para más información sobre el verbo **sein**, consulta el capítulo 2.) Cuando te quieras referir a acontecimientos pasados, como yo era/estuve, tú eras/estuviste, ellos/ellas eran/estuvieron, etc., debes utilizar el verbo **sein** en el tiempo pasado simple. (En alemán, el tiempo pasado simple se llama **Imperfekt** [*im*-pea-fect], así que te resultará fácil recordarlo ya que en español se llama pretérito imperfecto, aunque no es exactamente su equivalente porque mezcla el pretérito imperfecto y el indefinido.) El pasado simple del verbo **sein** es:

Conjugación	***Pronunciación***	***Español***
ich war	(ij var)	yo era/estuve
du warst	(du varst)	tú eras/estuviste
Sie waren	(sii *va*-ren)	usted era/estuvo
er/sie/es war	(ea sii es var)	él, ella era/estuvo
wir waren	(via *va*-ren)	nosotros éramos/estuvimos
ihr wart	(iia vart)	vosotros erais/estuvisteis
Sie waren	(sii *va*-ren)	ustedes eran/estuvieron
sie waren	(sii *va*-ren)	ellos/ellas eran/estuvieron

Puedes utilizar el pasado simple de **sein** para expresar muchas ideas y preguntas diferentes. Observa el pasado de **sein** en acción:

- **Ich war gestern im Kino.** (ij var *gues*-tean im *qui*-no; ayer estuve en el cine)
- **Vorgestern war Sonntag.** (*foa*-gues-tean var *son*-tac; anteayer era domingo)
- **Wie war der Film?** (vii var dea film; ¿cómo estuvo la película?)
- **Wir waren heute Morgen im Kunstmuseum.** (via *va*-ren *joi*-te *moa*-guen im *cunst*-mu-se-um; esta mañana estuvimos en el museo de arte)
- **Warts du letzte Woche in der Schule?** (varst du *lets*-te *vo*-je in dea *shu*-le; ¿estuviste en el colegio la semana pasada?)

» **Wo waren Sie am Freitag?** (vo *va*-ren sii am *frai*-tac; ¿dónde estuvo el viernes?)

Ir al museo

Alemania tiene una larga y fructífera tradición de museos, con muchas instituciones venerables dispersas por todo el país. Casi todos los museos alemanes reciben financiación estatal o federal, y esto se traduce en unos precios por entrada bastante módicos.

Si te gusta el arte, querrás ir al **Kunstmuseum** (*cunst*-mu-se-um; museo de arte). Si quieres saber más sobre los tesoros de una región en particular, ve al **Landesmuseum** (*lan*-des-mu-se-um) que se encuentra en la ciudad capital de cada estado.

Para los amantes de la historia está el **Historisches Museum** (jis-*to*-ri-shes mu-*se*-um; museo de historia), y si te fascina la historia natural debes buscar el **Naturgeschichtliches Museum** (na-*tua*-gue-shijt-li-jes mu-*se*-um; museo de historia natural). Hay museos para prácticamente cualquier cosa que te interese.

La próxima vez que alguien te pregunte qué quieres hacer, simplemente dile:

> **Ich möchte ins Museum gehen.** (ij *moej*-te ins mu-*se*-um *gue*-jen; me gustaría ir al museo)

Si quieres ver una exposición, **Ausstellung** (*aus*-shtel-lunc), te resultarán útiles algunas de las siguientes frases:

» **Ich möchte die... Ausstellung sehen.** (ij *moej*-te dii *aus*-shtel-lunc *se*-jen; me gustaría ver la exposición...)

» **In welchem Museum läuft die... Ausstellung?** (in *vel*-jem mu-*se*-um loift dii *aus*-shtel-lunc; ¿en qué museo muestran la exposición...?)

» **Ist das Museum sonntags geöffnet?** (ist das mu-*se*-um *son*-tacs gue-*oef*-net; ¿el museo está abierto los domingos?)

» **Um wie viel Uhr öffnet das Museum?** (um vii fiil uua *oef*-net das mu-*se*-um; ¿a qué hora abre el museo?)

» **Haben Sie eine Sonderausstellung?** (*ja*-ben sii *ai*-ne *son*-dea-aus-shtel-lunc; ¿tienen alguna exposición especial?)

CULTURA GENERAL

CERRADO LOS LUNES

Amantes de los museos, ¡atención! En Alemania (y, como ya sabes, en muchos otros países de la Unión Europea) los museos e instituciones culturales suelen cerrar los lunes: **montags geschlossen** (*mon*-tacs gue-*shlos*-sen). No olvides verificar el horario de apertura, **die Öffnungszeiten** (dii *oef*-nuncs-tsai-ten) antes de ir.

Hablando se entiende la gente

Jan y Mona planean ir a un museo. Han invitado a su amigo Ingo para que los acompañe.

Jan: **Hallo Ingo. Wir wollen morgen ins Städtische Museum.**
(*jal*-lo *in*-go via *vol*-len *moa*-guen ins *shtae*-ti-she mu-*se*-um)
Hola, Ingo. Mañana queremos ir al museo de la ciudad.

Mona: **Wir wollen uns die Ausstellung über die Bronzezeit ansehen.**
(via *vol*-len uns dii *aus*-shtel-lunc *iu*-bea dii *bron*-tse-tsait *an*-se-jen)
Queremos ver la exposición sobre la Edad de Bronce.

Kommst du mit?
(comst du mit)
¿Quieres venir?

Ingo: **Ich weiß nicht. Die Ausstellung habe ich gestern schon gesehen.**
(ij vais nijt dii *aus*-shtel-lunc *ja*-be ij *gues*-tean shon gue-*se*-jen)
No sé. Ya vi la exposición ayer.

Mona: **Hat sie dir gefallen?**
(jat sii dia gue-*fal*-len)
¿Te gustó?

Ingo: **Ja. Vielleicht komme ich noch einmal mit.**
(ia fiil-*laijt com*-me ij noj *ain*-mal mit)
Sí. Tal vez vuelva a verla.

Jan: **Wir wollen morgen um 10.00 Uhr in die Ausstellung.**
(via *vol*-len *moa*-guen um tseen uua in dii *aus*-shtellunc)
Queremos ir a la exposición mañana a las diez.

Ingo: **Gut. Ich treffe euch dort.**
(gut ij *tref*-fe oij doat)
Bien. Nos vemos allí.

Hablar sobre una acción en el pasado

Anteriormente en este capítulo te indicamos cómo usar el tiempo pasado simple del verbo **sein** para decir cosas como "ayer estuve en el museo". Para comunicar una amplia gama de acciones en el tiempo pasado, necesitas una serie de palabras diferentes.

El tiempo perfecto —**Perfekt** (*pea*-fect)— es justo lo que requieres. Para formar el tiempo perfecto necesitas dos cosas:

» La forma apropiada del tiempo presente, ya sea de **haben** (*ja*-ben) o **sein** (sain). Si la oración es una pregunta, este tiempo presente figura como primera palabra. Si se trata de una afirmación directa, es la segunda palabra de la oración.

» El participio pasado del verbo de acción, que va al final de la oración. La utilización de **haben** o **sein** con el participio pasado del verbo de acción depende del verbo de acción que emplees. Para simplificar, casi todos los verbos requieren **haben**, mientras que algunos usan **sein.** Tienes que memorizar qué verbos de acción usan **haben** y cuáles usan **sein.** (En la siguiente sección encontrarás más información sobre cómo formar el participio pasado de un verbo.)

RECUERDA

El tiempo perfecto es un verdadero salvavidas. En alemán, este tiempo es muy versátil y lo puedes utilizar para referirte a la mayoría de las acciones y situaciones que tuvieron lugar en el pasado. Hay muchos otros tiempos que puedes emplear para describir acciones ya pasadas, pero si tienes a mano el tiempo perfecto no necesitarás otros tiempos hasta que estés escribiendo tu primer libro en alemán o te estés preparando para dirigirte al Parlamento germano. ¿Por qué no? Podría suceder..., pero todavía no.

Formar el participio pasado

El participio pasado es una forma que convendría aprender con cada nuevo verbo. Sin embargo, hay unas cuantas reglas que te facilitan la vida. Para aplicarlas necesitas saber a qué categoría corresponde el verbo en cuestión.

Verbos débiles

Los verbos débiles, también conocidos como verbos regulares, conforman el grupo más grande de verbos alemanes. Para formar el participio pasado de un verbo débil utiliza la siguiente fórmula:

ge + raíz del verbo (el infinitivo sin -en) + **(e)t = participio pasado**

No te preocupes, ¡en realidad no es tan difícil como el álgebra! Observa cómo funciona la fórmula con el verbo **fragen** (*fra*-guen; preguntar).

ge + frag + t = gefragt

Ahora veamos un verbo que termina en **-et** en vez de en **-t,** como **reden** (*re*-den; hablar):

ge + red + et = geredet

En este caso, agregas **-et** para poder pronunciar la terminación de la palabra.

Otro verbo que sigue este mismo patrón es **öffnen** (*oef*-nen; abrir):

ge + öffn + et

Sin la letra **e** sería difícil pronunciar el conjunto de consonantes.

Verbos fuertes

Los denominados verbos fuertes, también conocidos como verbos irregulares, obedecen a un patrón diferente. Agregan **ge-** al comienzo y **-en** al final. Para formar el participio pasado de un verbo fuerte se procede de la siguiente manera:

ge + raíz del verbo (el infinitivo sin -en) + **en = participio pasado**

El verbo **kommen** (*com*-men; venir) es un buen ejemplo de esto:

ge + komm + en = gekommen

GRAMÁTICA

Como son palabras caprichosas, algunos verbos fuertes cambian su raíz cuando forman un participio pasado. Por ejemplo, la vocal de una raíz y a veces incluso la consonante de una raíz pueden cambiar.

El verbo **helfen** (*jel*-fen; ayudar) cambia la vocal de su raíz:

ge + holf + en = geholfen

El verbo **gehen** (*gue*-jen; ir) cambia una vocal y una consonante:

ge + gang + en = gegangen

Gehen, un verbo que indica un cambio de lugar, es uno de los verbos que se conjugan (o utilizan) con **sein.** Todos los verbos que se conjugan con **sein** son verbos fuertes. Por consiguiente, debes recordar un cambio de vocal y posiblemente de consonante para cada uno. Sin embargo, desde el punto de vista positivo, recuerda: un tiempo te lleva muy lejos en alemán, pues el tiempo perfecto se utiliza constantemente en el lenguaje hablado.

Usar "haben" en el tiempo perfecto

Como las formas de tiempo presente de **haben** son tan importantes para formar el tiempo perfecto con muchos verbos, a continuación te recordamos rápidamente la conjugación de **haben** en el tiempo presente:

Conjugación	***Pronunciación***
ich habe	(ij *ja*-be)
du hast	(du jast)
Sie haben	(sii *ja*-ben)
er/sie/es hat	(ea sii es jat)

wir haben	(via *ja*-ben)
ihr habt	(iia jabt)
Sie haben	(sii *ja*-ben)
sie haben	(sii *ja*-ben)

En la tabla 7-1 aparecen varios verbos alemanes corrientes que utilizan **haben** en el tiempo perfecto.

TABLA 7-1 Verbos que usan "haben" en el tiempo perfecto

Verbo	Participio pasado
hören (*joe*-ren; escuchar)	gehört
kaufen (*cau*-fen; comprar)	gekauft
lachen (*la*-jen; reír)	gelacht
lesen (*le*-sen; leer)	gelesen
nehmen (*nee*-men; tomar; coger)	genommen
sehen (*se*-jen; ver)	gesehen

Observa estos ejemplos sobre cómo el verbo **haben** se combina con un participio pasado para formar el tiempo perfecto:

- **Ich habe den Film gesehen.** (ij *ja*-be den film gue-*se*-jen; he visto la película)
- **Hast du eine Theaterkarte bekommen?** (jast du *ai*-ne te-*a*-tea-car-te be-*com*-men; ¿conseguiste una entrada para el teatro?)
- **Wir haben das Kino verlassen.** (via *ja*-ben das *qui*-no fea-*las*-sen; hemos salido del cine)
- **Habt ihr Karten für die Matinee gekauft?** (jabt iia *car*-ten fiua dii ma-ti-*nee* gue-*cauft*; ¿comprasteis entradas para la sesión de la mañana?)
- **Hat euch der Film gefallen?** (jat oij dea film gue-*fal*-len; ¿os gustó la película?)

Usar "sein" en el tiempo perfecto

Algunos verbos no utilizan el tiempo presente de **haben** para formar el tiempo perfecto, sino más bien emplean **sein.**

Como recordatorio, las siguientes son las formas en tiempo presente de **sein**:

Conjugación	***Pronunciación***
ich bin	(ij bin)
du bist	(du bist)
Sie sind	(sii sind)
er/sie/es ist	(ea sii es ist)
wir sind	(via sind)
ihr seid	(iia said)
Sie sind	(sii sind)
sie sind	(sii sind)

Los verbos en esa categoría incluyen el propio verbo **sein** y, por lo general, los verbos que indican un cambio de lugar o de estado. ¿Parece un poco teórico? La tabla 7-2 muestra algunos verbos corrientes que utilizan **sein** en el tiempo perfecto.

A propósito, todos los verbos que se conjugan con **sein** son verbos fuertes, lo que significa que sus participios pasados son irregulares. Cada vez que aprendas un nuevo verbo que se utiliza con **sein**, conviene que memorices su participio pasado.

TABLA 7-2 Verbos que utilizan "sein" en el tiempo perfecto

Verbo	Participio pasado
gehen (*gue*-jen; ir)	gegangen
fahren (*faa*-ren; conducir)	gefahren
fliegen (*flii*-guen; volar)	geflogen
kommen (*com*-men; venir)	gekommen
laufen (*lau*-fen; correr)	gelaufen
sein (sain; ser)	gewesen

Observa los siguientes ejemplos de verbos que forman el tiempo perfecto presente con el tiempo presente de **sein** y su participio pasado:

» **Ich bin ins Theater gegangen.** (ij bin ins te-*a*-tea gue-*gan*-guen; he ido al teatro)

» **Bist du mit dem Auto gekommen?** (bist du mit dem *au*-to gue-*com*-men; ¿has venido en coche?)

» **Sie ist mit dem Zug gefahren.** (sii ist mit dem tsuc gue-*faa*-ren; ella ha ido en tren)

» **Wir sind letzte Woche ins Kino gegangen.** (via sind *lets*-te *vo*-je ins *qui*-no gue-*gan*-guen; fuimos al cine la semana pasada)

» **Seid Ihr durch den Park gelaufen?** (said iia durj den parc gue-*lau*-fen; ¿habéis corrido por el parque?)

» **Sie sind gestern im Theater gewesen.** (sii sind *gues*-tean im te-*a*-tea gue-*ve*-sen; ayer estuvieron en el teatro)

¡Bravo!

En cualquier lugar de Alemania encontrarás fácilmente funciones de **Oper** (*o*-pea; ópera), **Konzert** (con-*tseat*; concierto) y **Theater** (te-*a*-tea; teatro). En Alemania abundan los centros de artes escénicas, de modo que si estás de humor festivo debes decir **Ich möchte heute Abend ausgehen** (ij *moej*-te *joi*-te *a*-bend *aus*-gue-jen; me gustaría salir esta noche).

CULTURA GENERAL

¿Te preocupa cómo ir vestido? Alemania es muy liberal, de modo que puedes ponerte lo que quieras. La gente a menudo se viste con elegancia para una **Premiere** (pre-*mie*-re; estreno) o una **Galavorstellung** (*ga*-la-foa-shtel-lunc; función de gala), pero aparte de eso, casi cualquier cosa queda bien.

Las siguientes palabras y frases te ayudarán cuando vayas a la ópera o al teatro:

» **Ich möchte ins Theater/Konzert gehen.** (ij *moej*-te ins te-*a*-tea/con-*tseat gue*-jen; me gustaría ir al teatro/a un concierto)

» **Ich möchte in die Oper gehen.** (ij *moej*-te in dii *o*-pea *gue*-jen; me gustaría ir a la ópera)

» **Gehen wir ins Theater/Konzert.** (*gue*-jen via ins te-*a*-tea/con-*tseat*; vayamos al teatro/a un concierto)

» **Gehen wir in die Oper.** (*gue*-jen via in dii *o*-pea; vayamos a la ópera)

» **Wann ist die Premiere von...?** (van ist dii pre-*mie*-re fon; ¿cuándo es el estreno de...?)

- **In welchem Theater spielt...?** (in *vel*-jem te-*a*-tea shpiilt; ¿en qué teatro presentan...?)
- **Gibt es noch Orchesterplätze für die Matinee?** (guibt es noj or-*ques*-tea-plaet-se fiua dii ma-ti-*nee*; ¿quedan butacas en platea para la sesión de la mañana?)

¿Cómo fue? Hablar sobre el tiempo de ocio

En lo que respecta al ocio, todo el mundo parece tener una opinión. Así pues, ¿por qué perderse la diversión?

Pedir tu opinión

Alguien te podría hacer alguna de las siguientes preguntas, o tú podrías hacérselas a alguien, con el fin de iniciar una conversación acerca de una exposición, una película o una función (la primera versión es para hablar con alguien formalmente; la segunda versión es informal):

- **Hat Ihnen die Ausstellung/der Film/die Oper gefallen?** (jat *ii*-nen dii *aus*-shtel-lunc/dea film/dii *o*-pea gue-*fal*-len; ¿le gustó la exposición/la película/la ópera?)
- **Hat dir die Ausstellung/der Film/die Oper gefallen?** (jat dia dii *aus*-shtel-lunc/dea film/dii *o*-pea gue-*fal*-len; ¿te gustó la exposición/la película/la ópera?)

Decirles a otros qué te pareció

Ahora empieza la parte divertida: decirle a otra persona qué te pareció una película o una función que acabas de ver. Para comenzar, puedes decir si te gustó o no. Intenta una de las siguientes frases:

- **Die Ausstellung/der Film/die Oper hat mir (sehr) gut gefallen.** (dii *aus*-shtel-lunc/dea film/dii *o*-pea jat mia sea gut gue-*fal*-len; me gustó [mucho] la exposición/la película/la ópera)
- **Die Ausstellung/der Film/die Oper hat mir (gar) nicht gefallen.** (dii *aus*-shtel-lunc/dea film/dii *o*-pea jat mia gar nijt gue-*fal*-len; no me gustó [nada] la exposición/la película/la ópera)

Palabras para recordar

das Theater	(das te-*a*-tea)	teatro
die Oper	(dii *o*-pea)	ópera
das Ballett	(das bal-*let*)	ballet
die Pause	(dii *pau*-se)	intermedio
der Sänger/	(dea *saen*-guea dii *saen*-gue-rin)	cantante die Sängerin
der Schauspieler/	(dea *shau*-shpii-lea dii *shau*-shpii-le-rin)	actor/actriz die Schauspielerin
der Tänzer/	(dea *taen*-tsea dii *taen*-tse-rin)	bailarín/bailarina die Tänzerin
singen	(*sin*-guen)	cantar
tanzen	(*tan*-tsen)	bailar
klatschen	(*clat*-shen)	aplaudir
der Beifall	(dea *bai*-fal)	aplauso
die Zugabe	(dii *tsu*-ga-be)	bis/¡otra!
die Kinokasse/	(dii *qui*-no-cas-se dii te-a-tea-cas-se)	taquilla Theaterkasse
der Platz	(dea plats)	butaca

Tal vez quieras dar una razón que sustente tu afirmación. Empieza diciendo:

> **Die Ausstellung/der Film/die Oper war wirklich…** (dii *aus*-shtel-lunc/dea film/dii ***o***-pea var ***virc***-lij; la exposición/la película/la ópera fue en verdad…)

Luego puedes terminar la idea con cualquiera de los siguientes adjetivos que podrían expresar lo que piensas. (Si lo deseas, también puedes unir varios de estos adjetivos con la conjunción **und** [und; y].)

- **aufregend** (*auf*-re-guend; emocionante)
- **wunderschön** (*vun*-dea-shoen; hermosa)

- **phantastisch** (fan-*tas*-tish; fantástica)
- **ausgezeichnet** (aus-gue-*tsaij*-net; excelente)
- **spannend** (*shpan*-nend; de suspenso)
- **unterhaltsam** (un-tea-*jalt*-sam; entretenida)
- **sehenswert** (*se*-jens-veat; vale la pena de ver)
- **enttäuschend** (ent-*toi*-shend; decepcionante)
- **langweilig** (*lang*-vai-lij; aburrida)

Hablando se entiende la gente

ESCUCHA

Pista 16: Anoche Frau Peters fue al teatro. Hoy, en la oficina, le cuenta a su colega Herr Krüger cómo estuvo la función.

Herr Krüger:	**Sind Sie nicht gestern im Theater gewesen?** (sind sii nijt *gues*-tean im te-*a*-tea gue-*ve*-sen) ¿No estuvo en el teatro anoche?
Frau Peters:	**Ich habe das neue Ballet gesehen.** (ij *ja*-be das noie bal-*let* gue-*se*-jen) Vi el nuevo ballet.
Herr Krüger:	**Wie hat es Ihnen gefallen?** (vii jat es *ii*-nen gue-*fal*-len) ¿Le gustó?
Frau Peters:	**Die Tänzer sind phantastisch. Die Vorstellung hat mir ausgezeichnet gefallen.** (dii *taen*-tsea sind fan-*tas*-tish dii *foa*-shtel-lunc jat mia *aus*-gue-tsaij-net gue-*fal*-len) Los bailarines son fantásticos. Me gustó mucho la función.
Herr Krüger:	**War es einfach, Karten zu bekommen?** (var es *ain*-faj *car*-ten tsu be-*com*-men) ¿Fue fácil conseguir entradas?
Frau Peters:	**Ja. Ich habe die Karte gestern Morgen an der Theaterkasse gekauft.**

(ia ij *ja*-be dii *car*-te *gues*-tean *moa*-guen an dea te-*a*-tea-cas-se gue-*cauft*)
Sí, compré la entrada en la taquilla ayer por la mañana.

Ir a una fiesta

La gente tiene diferentes ideas sobre qué es una buena fiesta. A algunas personas les gusta planear un evento con meses de anticipación y se esfuerzan para asegurarse de que todo salga bien. Otras prefieren las fiestas improvisadas, en las que el anfitrión no tiene ni idea de cómo saldrá la fiesta y cuyos invitados pueden ser simplemente amigos de amigos de amigos que se unen a la celebración.

En caso de que te inviten a una reunión más bien formal en la residencia privada de alguien, es cortés llevar un pequeño obsequio, como una botella de vino.

Si recibes una **Einladung** (*ain*-la-dunc; invitación) escrita, fíjate si se espera una respuesta de tu parte. En ese caso, la invitación podría incluir el mensaje críptico **U. A. w. g.**, que significa **Um Antwort wird gebeten** (um *ant*-vort vird gue-*be*-ten), que es una solicitud de responder a la invitación.

Si te invitan a una fiesta más bien informal que quizá incluya baile, es posible que tu anfitrión te pida que contribuyas con una botella. También puedes tomar la iniciativa y preguntar si debes llevar algo: **Soll ich etwas mitbringen?** (sol ij *et*-vas *mit*-brin-guen; ¿debo llevar algo?)

CULTURA GENERAL

Si te invitan a **Kaffee und Kuchen** (*caf*-fe und *cu*-jen; café y pastel) por la tarde, que es toda una institución alemana, no esperes que te pidan que te quedes a cenar. Puede suceder, pero no cuentes con ello.

Recibir una invitación

Si recibes una invitación —**die Einladung** (dii *ain*-la-dunc)— a una fiesta, es probable que escuches una de las siguientes frases:

- **Ich würde Sie gern zu einer Party einladen.** (ij *viur*-de sii guean tsu *ai*-nea *par*-ti *ain*-la-den; me gustaría invitarlo a una fiesta)
- **Wir wollen eine Party feiern. Hast du Lust zu kommen?** (via *vol*-len *ai*-ne *par*-ti *fai*-ean jast du lust tsu *com*-men; queremos hacer una fiesta, ¿te gustaría venir?)

Tal vez tengas que preguntar cuándo y dónde va a ser la fiesta antes de aceptar o declinar la invitación. Estas sencillas frases te procurarán la información que requieres:

- **Wann findet die Party statt?** (van *fin*-det dii *par*-ti shtat; ¿cuándo es la fiesta?)
- **Wo findet die Party statt?** (vo *fin*-det dii *par*-ti shtat; ¿dónde es la fiesta?)

Declinar la invitación

Si no puedes ir (o no quieres ir por alguna razón), puedes declinar cortésmente la invitación diciendo lo siguiente:

Nein, tut mir leid, ich kann leider nicht kommen. (nain tut mia laid ij can *lai*-dea nijt *com*-men; no, lo siento, lamentablemente no podré ir)

Nein, da kann ich leider nicht. Ich habe schon etwas anderes vor. (nain da can ij *lai*-dea nijt ij *ja*-be shon *et*-vas *an*-de-res foa; no, lamentablemente no podré ir, ya tengo otros planes)

Aceptar la invitación

Si el día, el lugar y tu estado de ánimo están bien, puedes aceptar la invitación con las siguientes frases:

- **Vielen Dank. Ich nehme die Einladung gern an.** (*fii*-len danc ij *nee*-me dii *ain*-la-dunc guean an; muchas gracias. Acepto gustoso la invitación)
- **Gut, ich komme gern. Soll ich etwas mitbringen?** (gut ij *com*-me guean sol ij *et*-vas *mit*-brin-guen; qué bien, me gustaría ir. ¿Llevo algo?)

A la pregunta sobre si debes llevar algo, tu anfitrión podría responder:

- **Nicht nötig. Für Essen und Trinken ist gesorgt.** (nijt *noe*-tij fiua *es*-sen und *trin*-quen ist gue-*sorct*; no es necesario. La comida y la bebida están previstas)
- **Es wäre schön, wenn Sie... mitbringen.** (es *vae*-re shoen ven sii *mit*-brin-guen; estaría bien si trae...)
- **Es wäre schön, wenn du... mitbringst.** (es *vae*-re shoen ven du *mit*-bringst; estaría bien si trajeras...)

Hablar sobre una fiesta

Si alguien te pregunta **Wie war die Party am Samstag?** (vii var dii *par*-ti am *sams*-tac; ¿cómo estuvo la fiesta del sábado?), las siguientes son algunas respuestas posibles:

- **Toll, wir haben bis... Uhr gefeiert.** (tol via *ja*-ben bis uua gue-*fai*-eat; fabulosa. Estuvimos hasta las...)
- **Wir haben uns ausgezeichnet unterhalten.** (via *ja*-ben uns *aus*-gue-tsaij-net un-tea-*jal*-ten; mantuvimos una excelente conversación)
- **Die Party war...** (dii *par*-ti var; la fiesta estuvo...)

Revisa la lista de adjetivos en la sección "Decirles a otros qué te pareció", anteriormente en este capítulo, para terminar la frase con las descripciones apropiadas.

Juegos y ejercicios divertidos

En las siguientes oraciones quieres hablar sobre algo divertido que tú u otra persona habéis hecho en el pasado. Usa las formas apropiadas de **haben** o **sein**, escogiendo de la siguiente lista:

habe   hat   haben   seid   hast   sind

1. Wir _______ letzte Woche eine Party gefeiert.
2. _______ du schon den neuen Western in Kino gesehen?
3. _______ ihr am Wochenende im Kino gewesen?
4. Ich _______ mir die Sonderausstellung im Museum angesehen.
5. Herr und Frau Munster ______ ins Theater gegangen.
6. Alexander _______ eine Kinokarte gekauft.

Respuestas: 1. haben 2. Hast 3. Seid 4. habe 5. sind 6. hat

EN ESTE CAPÍTULO

Hablar sobre pasatiempos e intereses

Practicar deportes

Explorar la naturaleza: animales y plantas

Capítulo 8

Ocio y actividades al aire libre

En este capítulo nos centraremos en las cosas divertidas que hacen las personas cuando no están trabajando. Los alemanes tienen en promedio entre veinticinco y treinta días de vacaciones por año, y les gusta aprovecharlos al máximo. Les gusta visitar países extranjeros, así como muchos lugares atractivos de su propio país. Ya sea navegando en uno de los muchos lagos, esquiando en las montañas o simplemente disfrutando de la naturaleza en los numerosos trayectos para practicar senderismo, a los alemanes les gusta mantenerse ocupados incluso en sus momentos de ocio y les encanta divertirse.

Hablar sobre pasatiempos e intereses

En el transcurso de una conversación a menudo se tratan los diversos intereses de la gente, como coleccionar cosas y otros pasatiempos. En esta sección te decimos lo que necesitas saber para participar en una conversación de este tipo.

Coleccionar

A la gente le gusta coleccionar todo tipo de cosas. Quizá tú también te sientas inspirado o a lo mejor ya eres un coleccionista ávido. Puedes contarles a los demás sobre tu área de interés particular diciendo una de las siguientes frases:

- **Ich sammele...** (ij *sam*-me-le; yo colecciono...)
- **Ich interessiere mich für...** (ij in-te-res-*sii*-re mij fiua; me intereso por...)

Menciona al final de estas frases lo que te gusta coleccionar. Por ejemplo, podrías terminar con cualquiera de estas opciones:

- **Briefmarken** (*briif*-mar-quen; sellos)
- **Münzen und Medaillen** (*miun*-tsen und me-*dal*-lien; monedas y medallas)
- **antikes Glas und Porzellan** (an-*ti*-ques glas und por-tse-*lan*; cristales y porcelanas antiguos)
- **Antiquitäten und Trödel** (an-ti-cvi-*tae*-ten und *troe*-del; antigüedades y trastos viejos)
- **Puppen** (*pup*-pen; muñecas)

Hablar sobre tu pasatiempo

A algunas personas les gusta hacer cosas con las manos. Ya se trate de algo para comer o de algo para decorar, basta decir esta sencilla frase para introducir el tema:

Mein Hobby ist... (main *job*-bi ist; mi pasatiempo es...)

Al final de esta frase, das la información necesaria. Por ejemplo:

- **Basteln** (*bas*-teln; manualidades)
- **Malen** (*ma*-len; pintura)
- **Kochen** (*co*-jen; cocina)
- **Gärtnerei** (gaert-ne-*rai*; jardinería)

Reflexionar sobre los verbos reflexivos

GRAMÁTICA

Los verbos alemanes tienen fama de actuar de manera un poco extraña. Hacen cosas que los verbos en otros idiomas no suelen hacer. Por ejemplo, los verbos alemanes pueden ir al final de una oración. ¡Y a veces se dividen en dos, y solo una parte del verbo se traslada al final de la frase! (Para mayor información sobre los verbos que se dividen, consulta el capítulo 14.) Atención: Te vamos a contar algo sobre los verbos alemanes que seguramente te parecerá fascinante.

Algunos verbos alemanes simplemente no pueden sobrevivir solos. Ciertos verbos siempre necesitan un asistente en la frase para que funcionen. Siempre vienen acompañados por un pronombre en el caso acusativo. El pronombre se refleja (como un espejo) sobre el sujeto. Por eso estos verbos se llaman *verbos reflexivos* y los pronombres se conocen como *pronombres reflexivos*.

Pronombres en el acusativo

¡Un momento! ¿Cuáles son esos pronombres reflexivos en el caso acusativo? Pues bien, la mayoría seguramente te resultarán familiares.

La tabla 8-1 muestra los pronombres reflexivos acusativos (o del objeto directo).

TABLA 8-1 Pronombres reflexivos acusativos

Pronombre personal	Pronombre reflexivo
ich	mich (mij)
du	dich (dij)
Sie	sich (sij)
er	sich (sij)
sie	sich (sij)
es	sich (sij)
wir	uns (uns)
ihr	euch (oij)

(continúa)

(continuación)

Pronombre personal	Pronombre reflexivo
Sie	sich (sij)
sie	sich (sij)

En una oración corriente en alemán, el pronombre reflexivo va después del verbo conjugado. En una pregunta que empieza con un verbo, el pronombre reflexivo va después del sujeto (para más información sobre cómo hacer preguntas en alemán, consulta el capítulo 2). Observa cómo actúan algunos de estos verbos reflexivos y pronombres reflexivos acusativos en las siguientes oraciones:

- **Ich interessiere *mich* für Bildhauerei.** (ij in-te-res-*sii*-re mij fiua bild-jau-*erai*; *me* interesa la escultura) Literalmente, esta frase se traduce como: "me intereso en la escultura". El sujeto **ich** (yo) se refleja en el pronombre **mich** (me; a mí).
- **Freust du *dich* auf deinen Urlaub?** (froist du dij auf *dai*-nen *ua*-laub; ¿te alegras de que lleguen tus vacaciones?)
- **Herr Grobe meldet *sich* für einen Fotokurs an.** (jea *gro*-be *mel*-det sij fiua *ai*-nen *fo*-to-curs an; el señor Grobe *se* inscribe para un curso de fotografía)
- **Herr und Frau Weber erholen *sich* im Urlaub an der Küste.** (jea und frau *ve*-bea ea-*jo*-len sij im *ua*-laub an dea *kius*-te; el señor y la señora Weber *se* relajan durante sus vacaciones en la costa)
- **Stellen Sie *sich* vor, wen ich gerade getroffen habe!** (*shtel*-len sii sij foa ven ij gue-*ra*-de gue-*trof*-fen *ja*-be; ¡imagíne*se* con quién me acabo de encontrar!)

Algunos verbos reflexivos comunes

Como algunos verbos que son reflexivos en español no son reflexivos en alemán —por ejemplo el verbo "llamarse" es reflexivo en español pero no en alemán (**heißen**)—, seguramente te estarás preguntando cómo demonios se supone que vas a saber qué verbos son refexivos y cuáles no lo son. Es una excelente pregunta. Lamentablemente, nuestra respuesta quizá no te guste: los tienes que memorizar, no hay otra.

Para ayudarte un poco, te podemos decir cuáles son algunos de los verbos reflexivos más comunes con los que posiblemente te topes. Por suerte, eso sí, la mayoría son reflexivos en ambos idiomas. Está, por ejemplo, **sich freuen** (sij *froi*-en; alegrarse), que en español también es reflexivo.

Conjugación	***Pronunciación***
ich freue mich	(ij froie mij)
du freust dich	(du froist dij)
Sie freuen sich	(sii *froi*-en sij)
er/sie/es freut sich	(ea/sii/es froit sij)
wir freuen uns	(via *froi*-en uns)
ihr freut euch	(iia froit oij)
Sie freuen sich	(sii *froi*-en sij)
sie freuen sich	(sii *froi*-en sij)

Otros verbos reflexivos muy comunes son:

- **sich aufregen** (sij *auf*-re-guen; excitarse/agitarse)
- **sich beeilen** (si be-*ai*-len; apresurarse)
- **sich entscheiden** (sij ent-*shai*-den; decidirse)
- **sich erinnern** (sij ea-*in*-nean; acordarse)
- **sich gewöhnen an** (sij gue-*voe*-ne an; acostumbrarse a)
- **sich interessieren für** (sij in-te-res-*sii*-ren fiua; interesarse por)
- **sich setzen** (sij *set*-tsen; sentarse)
- **sich unterhalten** (sij un-tea-*jal*-ten; hablar, conversar)
- **sich verspäten** (sij fea-*shpae*-ten; retrasarse)
- **sich vorstellen** (sij *foa*-shtel-len; presentarse, imaginarse)

Hablando se entiende la gente

ESCUCHA

Pista 17: Anke se encuentra con su amigo Jürgen en el supermercado. Conversan sobre los planes de vacaciones de Anke.

Jürgen: **Hallo Anke. Wie gehts? Wir haben uns lange nicht gesehen.**
(*jal*-lo *an*-que vii gueets via *ja*-ben uns *lan*-gue nijt gue-*se*-jen)
Hola, Anke. ¿Cómo estás? No nos vemos desde hace mucho tiempo.

Anke: **Ich hatte viel zu tun. Aber jetzt habe ich endlich Urlaub.**
(ij *jat*-te viil tsu tun *a*-bea ietst *ja*-be ij end-lij *ua*-laub)
Tenía mucho trabajo. Pero ahora finalmente tengo vacaciones.

Jürgen: **Wie schön. Hast du was vor?**
(vii shoen jast du vas foa)
Qué bien. ¿Tienes algún plan?

Anke: **Ich fahre in die Toskana. Ich nehme an einem Malkurs teil.**
(ij *faa*-re in dii tos-*ca*-na ij *nee*-me an *ai*-nem *mal*-curs tail)
Iré a la Toscana. Voy a tomar un curso de pintura.

Jürgen: **Wie lange bleibst du?**
(vii *lan*-gue blaibst du)
¿Cuánto tiempo estarás allí?

Anke: **Zwei Wochen. Ich freue mich riesig auf den Kurs.**
(tsvai *vo*-jen ij froie mij *rii*-sij auf den curs)
Dos semanas. Espero este curso con muchísimo interés.

Jürgen: **Ich hoffe, du erholst dich gut.**
(ij *jof*-fe du ea-*jolst* dij gut)
Espero que descanses bastante.

Practicar deportes

A semejanza de la mayoría de la gente en el mundo, los alemanes han ido tomando cada vez más conciencia de su salud. Muchas personas procuran comer alimentos más saludables y hacer más ejercicio. Quieren mantenerse en forma, ya signifique eso golpear pelotas, pedalear en colinas empinadas o mantener el equilibrio y sentir la espuma del surf contra su cuerpo. Con las palabras y frases que te mostramos en esta sección podrás compartir tu interés por los deportes con otra gente.

Palabras para recordar

teilnehmen an	(*tail*-nee-men an)	participar; tomar parte
sich für etwas	(sij fiua *et*-vas in-te-res-*sii*-ren)	interesarse por interessieren algo
sich auf etwas	(sij auf *et*-vas *froi*-en)	esperar algo con freuen agrado/interés
sich sehen	(sij *se*-jen)	verse con alguien
dauern	(*dau*-ean)	durar
der Malkurs	(dea *mal*-curs)	curso de pintura

Jugar con el verbo "spielen"

Puedes manifestar tu interés por la práctica de numerosos deportes con el verbo **spielen** (*shpii*-len; jugar), como en la siguiente frase:

Ich spiele gern... (ij *shpii*-le guean; me gusta jugar...)

Al final de la frase insertas los nombres de los siguientes deportes, ¡y que empiece la partida!

» **Fußball** (*fuus*-bal; fútbol)

» **Handball** (*jand*-bal; balonmano)

» **Basketball** (*bas*-quet-bal; baloncesto)

» **Golf** (golf; golf)

» **Tennis** (*ten*-nis; tenis)

Verbos deportivos

Utiliza la siguiente expresión para comunicar lo que deseas hacer:

Ich möchte gern... (ij *moej*-te guean; me gustaría...)

He aquí algunas actividades que puedes agregar al final de la frase anterior:

- **joggen** (*io*-guen; correr/hacer jogging)
- **Fahrrad fahren** (*faa*-rad faa-ren; montar en bicicleta)
- **Ski laufen** (shi *lau*-fen; esquiar)
- **schwimmen** (*shvim*-men; nadar)
- **segeln** (*se*-gueln; navegar)
- **Wind surfen** (vind *soer*-fen; hacer windsurf)

Esta construcción te permitirá llegar lejos cuando converses sobre tus actividades favoritas:

Ich… gern (ij guean; me gusta…)

Tienes que acordarte de conjugar el verbo que agregas. Observa:

- **Ich schwimme gern.** (ij *shvim*-me guean; me gusta nadar)
- **Ich fahre gern Fahrrad.** (ij *faa*-re guean *faa*-rad; me gusta montar en bicicleta)

Invitar a alguien a practicar un deporte

Si quieres invitar a alguien a que realice una actividad contigo, utiliza una de las siguientes expresiones:

- **Lass uns… gehen!** (las uns *gue*-jen; ¡vamos a…!)
- **Spielst du…?** (shpiilst du; ¿juegas…?)

Hablando se entiende la gente

Karl va al bar para encontrarse con su amigo Michael.

Karl:	**Hallo Michael.** (*jal*-lo *mi*-ja-el) Hola, Michael.
Michael:	**Grüß dich Karl. Du humpelst ja!** (grius dij carl du *jum*-pelst ia) Hola, Karl. ¡Pero si estás cojeando!

Karl:	**Ich habe mich gestern beim Fußballspiel verletzt.** (ij *ja*-be mij *gues*-tean baim *fuus*-bal-shpiil fea-*letst*) Me lesioné ayer en el partido de fútbol.
Michael:	**Das tut mir leid. Wie habt ihr denn gespielt?** (das tut mia laid vii jabt iia den gue-*shpiilt*) Lo siento. ¿Cómo quedasteis?
Karl:	**Wir haben 2 zu 0 gewonnen.** (via *ja*-ben tsvai tsu nul gue-*von*-nen) Ganamos dos a cero.
Michael:	**Da gratuliere ich natürlich. Bisher habt ihr nicht so gut gespielt, oder?** (da gra-tu-*lii*-re ij na-*tiur*-lij bis-*jea* jabt iia nijt so gut gue-*shpiilt* *o*-dea) Te felicito, por supuesto. Hasta ahora no habíais jugado muy bien, ¿verdad?
Karl:	**Bis gestern hat unsere Mannschaft jedes Spiel verloren.** (bis *gues*-tean jat *un*-se-re *man*-shaft *ie*-des shpiil fea-*lo*-ren) Hasta ayer nuestro equipo había perdido todos los partidos.
Michael:	**Da habt ihr euch sicher besonders gefreut.** (da jabt iia oij *si*-jea be-*son*-deas gue-*froit*) Entonces seguramente os alegrasteis mucho.

Palabras para recordar

das Spiel	(das shpiil)	partido/juego
sich verletzen	(sij fea-*let*-tsen)	lesionarse
tut mir leid	(tut mia laid)	lo siento
gewinnen	(gue-*vin*-nen)	ganar
die Mannschaft	(dii *man*-shaft)	equipo

Explorar la naturaleza

¿Has tenido una semana laboral agotadora? ¿Estás cansado de esperar tu turno en la ducha después del partido de fútbol? Tal vez quieras desconectar un rato y rodearte de naturaleza a solas (o con tu familia y amigos). Así pues, es hora de que te pongas las botas de caminar y cojas tus prismáticos y la guía turística. Y no olvides llevar algo para el almuerzo, porque a lo mejor no hay ningún restaurante al final del camino.

Salir al aire libre

Si quieres caminar y salir de excursión, encontrarás útiles las siguientes frases:

» **Wollen wir spazieren/wandern gehen?** (*vol*-len via shpa-*tsii*-ren *van*-dean *gue*-jen; ¿vamos a pasear/hacer una excursión?)

» **Ich möchte spazieren/wandern gehen.** (ij *moej*-te shpa-*tsii*-ren *van*-dean *gue*-jen; me gustaría ir a pasear/hacer una excursión)

Cosas para ver en el camino

Cuando regreses de tu excursión al aire libre, puedes contarles a los demás lo que has visto, diciendo:

» **Ich habe... gesehen** (ij *ja*-be gue-*se*-jen; he visto...)

» **Ich habe... beobachtet** (ij *ja*-be be-*o*-baj-tet; estuve observando...)

Solo rellena los espacios en blanco. Es posible que en tu excursión te topes con algunas de las siguientes cosas:

» **der Vogel** (dea *fo*-guel; pájaro)

» **der Baum** (dea baum; árbol)

» **der Berg** (dea beac; montaña)

» **das Gebirge** (das gue-*bir*-gue; cadena montañosa)

» **der Fluss** (dea flus; río)

» **das Meer** (das mea; mar/océano)

» **der See** (dea see; lago)

- **die Kuh** (dii cuu; vaca)
- **das Pferd** (das pfead; caballo)
- **das Reh** (das ree; ciervo)
- **das Schaf** (das shaaf; oveja)

GRAMÁTICA

Recuerda que tendrás que usar el caso acusativo cuando completes estas oraciones (para más información sobre el caso acusativo, consulta el capítulo 2). Así es como funciona con sustantivos masculinos:

> **Ich habe einen Vogel gesehen.** (ij *ja*-be *ai*-nen *fo*-guel gue-*se*-jen; he visto un pájaro)

Con sustantivos femeninos:

> **Ich habe eine Kuh gesehen.** (ij *ja*-be *ai*-ne cuu gue-*se*-jen; he visto una vaca)

Con sustantivos neutros:

> **Ich habe ein Reh gesehen.** (ij *ja*-be ain ree gue-*se*-jen; he visto un ciervo)

O puedes usar el plural, que por lo general es más fácil:

> **Ich habe Vögel gesehen.** (ij *ja*-be *foe*-guel gue-*se*-jen; he visto pájaros)

Hablando se entiende la gente

ESCUCHA

Pista 18: El Sr. y la Sra. Paulsen están en un pueblo de montaña. Hoy quieren salir de excursión. Están hablando con Frau Kreutzer, en la oficina de información turística local, para informarse sobre algunos senderos de la zona.

Frau Paulsen: **Guten Morgen. Wir möchten eine Wanderung machen.**
(*gu*-ten *moa*-guen via *moej*-ten *ai*-ne *van*-de-runc *ma*-jen)
Buenos días. Quisiéramos salir de excursión.

Frau Kreutzer: **Ich kann Ihnen eine Wanderkarte für diese Gegend geben.**
(ij can *ii*-nen *ai*-ne *van*-dea-car-te fiua *dii*-se *gue*-guend *gue*-ben)

	Les puedo dar un mapa de senderos para caminar por la zona.
Herr Paulsen:	**Das ist genau das, was wir brauchen.** (das ist gue-*nau* das vas via *brau*-jen) Eso es exactamente lo que necesitamos.
Frau Kreutzer:	**Wie wäre es mit dem Blauen See. Und wenn Sie Lust haben, können Sie sogar schwimmen gehen.** (vii *vae*-re es mit dem *blau*-en see und ven sii lust *ja*-ben *coen*-nen sii so-*gar shvim*-men *gue*-jen) ¿Qué tal el lago Azul? Y si lo desean, incluso pueden ir a nadar.
Herr Paulsen:	**Das klingt gut. Können Sie uns den Weg auf der Karte markieren?** (das clinct gut *coen*-nen sii uns den veec auf dea *car*-te mar-*quii*-ren) Eso suena bien. ¿Nos puede marcar el sendero en el mapa?
Frau Kreutzer:	**Ja natürlich.** (ia na-*tiur*-lij) Sí, por supuesto.
Frau Paulsen:	**Vielen Dank für ihre Hilfe.** (*fii*-len danc fiua *ii*-re *jil*-fe) Muchas gracias por su ayuda.

Ir a la montaña

Si planeas ir a los siempre sorprendentes Alpes o a otra cadena montañosa, seguramente acabarás hablando con la gente de la zona, porque divertirse en las montañas es, sin duda, su pasatiempo favorito. Antes de unirte a ellos, aprende un poco de vocabulario útil:

- **Wir fahren in die Berge.** (via *faa*-ren in dii *bea*-gue; vamos a ir a las montañas)
- **Wir wollen wandern gehen.** (via *vol*-len *van*-dean *gue*-jen; queremos ir de excursión)

- **Ich will bergsteigen.** (ij vil *beac*-shtai-guen; quiero escalar montañas)
- **der Berg** (dea beac; montaña)
- **das Gebirge** (das gue-*bir*-gue; cadena montañosa)
- **der Gipfel** (dea *guip*-fel; cumbre)
- **der Hügel** (dea *jiu*-guel; cerro, loma)
- **das Tal** (das tal; valle)
- **das Naturschutzgebiet** (das na-*tua*-shuts-gue-biit; reserva natural)

Palabras para recordar

wandern	(*van*-dean)	ir de excursión
spazieren gehen	(shpa-*tsii*-ren *gue*-jen)	pasear
die Wanderung	(dii *van*-de-runc)	excursión
die Karte	(dii *car*-te)	mapa
der Weg	(dea veec)	sendero, camino
die Gegend	(dii *gue*-guend)	área, zona

Hablando se entiende la gente

ESCUCHA

Pista 19: Herr Mahler se encuentra con Frau Pohl de camino a casa después del trabajo. Empiezan a conversar sobre sus planes de viaje.

Frau Pohl: **Tag Herr Mahler. Na, haben Sie schon Urlaubspläne gemacht?**
(taac jea *maa*-lea na *ja*-ben sii shon *ua*-laubs-plae-ne gue-*majt*)
Hola, Sr. Mahler. ¿Ya hizo planes para sus vacaciones?

Herr Mahler: **Aber ja, meine Frau und ich werden wieder in die Berge fahren.**

(*a*-bea ia *mai*-ne frau und ij *vea*-den *vii*-dea in dii *bea*-gue *faa*-ren)
Ah, sí, mi esposa y yo iremos nuevamente a las montañas.

Frau Pohl: **Wieder in die Alpen?**
(*vii*-dea in dii *al*-pen)
¿Nuevamente a los Alpes?

Herr Mahler: **Nein, diesmal gehen wir in den Pyrenäen wandern. Und Sie?**
(nain *diis*-mal *gue*-jen via in den pi-re-*neen van*-dean und sii)
No, esta vez iremos de excursión a los Pirineos. ¿Y usted?

Frau Pohl: **Wir wollen im Herbst in die Dolomiten zum Bergsteigen.**
(via *vol*-len im jerbst in dii do-lo-*mi*-ten tsum *beac*-shtai-guen)
En otoño queremos hacer montañismo en los Alpes Dolomitas.

Herr Mahler: **Haben Sie schon ein Hotel gebucht?**
(*ja*-ben sii shon ain jo-*tel* gue-*bujt*)
¿Ya reservaron hotel?

Frau Pohl: **Nein, wir werden in Berghütten übernachten.**
(nain via *vea*-den in *beac*-jiut-ten iu-bea-*naj*-ten)
No, vamos a dormir en las cabañas de la montaña.

Ir al campo

¿No te entusiasma la montaña? Entonces, ¿qué tal un poco de aire fresco del campo? Pese a tener una población de cerca de ochenta millones, en Alemania encontrarás zonas rurales tranquilas y lugares apartados, algunos sorprendentemente cercanos a bulliciosos centros urbanos. Y sobra decir que encontrarás paz y tranquilidad en las áreas rurales de Austria y Suiza. Lo único que necesitas para emprender el camino es el lenguaje apropiado:

- **Wir fahren aufs Land.** (via *faa*-ren aufs land; vamos a ir al campo)
- **Wir machen Urlaub auf dem Bauernhof.** (via *ma*-jen *ua*-laub auf dem *bau*-ean-jof; vamos a ir de vacaciones a una granja)
- **Ich gehe im Wald spazieren.** (ij *gue*-je im vald shpa-*tsii*-ren; voy a pasear por el bosque)
- **das Land** (das land; campo)
- **der Wald** (dea vald; bosque)
- **das Dorf** (das doaf; pueblo)
- **das Feld** (das feld; finca)
- **die Wiese** (dii *vii*-se; pradera)
- **der Bauernhof** (dea *bau*-ean-jof; granja)

Hablando se entiende la gente

Daniel se encuentra con su amiga Ellen. Después de saludarse, Daniel le cuenta a Ellen sus planes para las próximas vacaciones.

Daniel: **Ich werde im Oktober eine Woche aufs Land fahren.**
(ij *vea*-de im oc-*to*-bea *ai*-ne *vo*-je aufs land *faa*-ren)
Voy a ir al campo durante una semana en octubre.

Ellen: **Fährst du allein?**
(faerst du al-*lain*)
¿Vas a ir solo?

Daniel: **Nein, ich werde zusammen mit meiner Schwester und ihren Kindern verreisen.**
(nain ij *vea*-de tsu-*sam*-men mit *mai*-nea *shves*-tea und *ii*-ren *quin*-dean fea-*rai*-sen)
No, voy a viajar con mi hermana y sus hijos.

Ellen: **Habt ihr eine Ferienwohnung gemietet?**
(jabt iia *ai*-ne *fe*-rien-voo-nunc gue-*mii*-tet)
¿Habéis alquilado un apartamento?

Daniel: **Wir werden auf einem Bauernhof in einem kleinen Dorf übernachten.**
(via *vea*-den auf *ai*-nem *bau*-ean-jof in *ai*-nem *clai*-nen doaf iu-bea-*naj*-ten)
Vamos a quedarnos en una granja en un pequeño pueblo.

Ellen: **Die Kindern freuen sich sicher.**
(dii *quin*-dea *froi*-en sij *si*-jea)
Los niños deben estar muy contentos.

Daniel: **Und wie.**
(und vii)
Oh, sí.

Ir a la playa

Si todo esto te parece demasiado tranquilo, quizá lo que necesitas son vientos fuertes y olas rompiendo a tu alrededor. Ya sea que decidas aventurarte en el revoltoso mar del Norte o que prefieras el más tranquilo mar Báltico, disfrutarás de la naturaleza y podrás conocer gente si te aprendes las siguientes palabras:

» **das Meer** (das mea; mar)
» **die Ostsee** (dii *ost*-see; mar Báltico)
» **die Nordsee** (dii *noad*-see; mar del Norte)
» **die Küste** (dii *quius*-te; costa)
» **der Wind** (dea vind; viento)
» **der Sturm** (dea shtuam; tormenta)
» **die Welle** (dii *vel*-le; ola)
» **die Gezeiten** (dii gue-*tsai*-ten; mareas)
» **die Ebbe** (dii *eb*-be; marea baja)
» **die Flut** (dii flut; marea alta)

Hablando se entiende la gente

Udo y Karin están hablando sobre sus planes de vacaciones. A ambos les gusta la playa pero tienen ideas diferentes sobre lo que consideran divertido.

Udo: **Wir wollen dieses Jahr an die Ostsee.**
(via *vol*-len *dii*-ses iaar an dii *ost*-see)
Queremos ir al mar Báltico este año.

Karin: **Werdet ihr mit dem Auto fahren?**
(*vea*-det iia mit dem *au*-to *faa*-ren)
¿Iréis en coche?

Udo: **Nein, wir haben eine Pauschalreise mit dem Bus gebucht.**
(nain via *ja*-ben *ai*-ne pau-*shal*-rai-se mit dem bus gue-*bujt*)
No, hemos contratado un paquete turístico en bus.

Karin: **Wir werden auf eine Nordseeinsel fahren. Wir wollen im Watt wandern gehen.**
(via *vea*-den auf *ai*-ne *noad*-see-in-sel *faa*-ren via *vol*-len im vat *van*-dean *gue*-jen)
Nosotros iremos a una isla en el mar del Norte. Queremos caminar en la marisma.

Udo: **Ist das nicht gefährlich?**
(ist das nijt gue-*faer*-lij)
¿Eso no es peligroso?

Karin: **Nein, man geht bei Ebbe los, und dann hat man einige Stunden Zeit, bevor die Flut kommt.**
(nain man gueet bai *eb*-be los und dan jat man *ai*-ni-gue *shtun*-den tsait be-*foa* dii flut comt)
No, sales cuando la marea está baja y tienes varias horas antes de que suba la marea.

Juegos y ejercicios divertidos

Llena las casillas con las palabras en alemán correctas. Encontrarás las respuestas en el apéndice D.

Horizontales

1. Costa
5. Tú
7. Hola
8. Vaca
9. Sí
10. Océano
12. Manualidades
14. Bien
15. Lago
18. Yo
19. Esquí
20. Sendero

Verticales

2. Y
3. Artículo (neutro)
4. Cocina
6. Vacaciones
8. Clase
10. Moneda
11. Artículo (masculino)
13. Antigüedad
15. Ella
16. Pronombre neutro
17. Consejo

EN ESTE CAPÍTULO

- Preguntar por personas y pedir información
- Pedir citas
- Dejar mensajes
- Enviar una carta, un fax y un correo electrónico

Capítulo 9

Hablar por teléfono y enviar correo

Hablar cara a cara con alguien es tan solo un aspecto de la comunicación: también querrás dominar todo lo relacionado con el mundo de las telecomunicaciones, ya se trate de hablar con gente por teléfono o de enviar un fax y un correo electrónico (sin olvidarnos, claro, del correo postal convencional). La conversación telefónica abarca bastantes temas, desde pedir citas y dejar mensajes hasta utilizar las tarjetas telefónicas.

Llamadas telefónicas sin problemas

Cuando los alemanes cogen **das Telefon** (das *te*-le-fon; el teléfono) por lo general responden diciendo su apellido, sobre todo si están en la oficina. Si llamas a alguien a su casa, es posible que a veces escuches un sencillo **Hallo?** (*jal*-lo; ¿hola?/¿diga?).

Si quieres manifestar que vas a llamar a alguien o que quieres que alguien te llame, utilizas el verbo **anrufen** (*an*-ru-fen). Es un verbo que se puede dividir, de modo que cuando lo conjugas, el prefijo **an** (an) queda separado de la raíz **rufen** (*ru*-fen):

Conjugación	***Pronunciación***
ich rufe an	(ij *ru*-fe an)
du rufst an	(du rufst an)
Sie rufen an	(sii *ru*-fen an)
er/sie/es ruft an	(ea sii es ruft an)
wir rufen an	(via *ru*-fen an)
ihr ruft an	(iia ruft an)
Sie rufen an	(sii *ru*-fen an)
sie rufen an	(sii *ru*-fen an)

Preguntar por alguien

Si la persona con quien deseas hablar no es quien descuelga el teléfono, tendrás que preguntar por ella. Existen varias opciones para decir que quieres hablar con alguien:

» **Ich möchte gern Herrn/Frau... sprechen.** (ij *moej*-te guean jean frau *shpre*-jen; quisiera hablar con el Sr./la Sra...)

» **Ist Herr/Frau... zu sprechen?** (ist jea frau tsu *shpre*-jen; ¿se puede poner el Sr./la Sra...?)

» **Kann ich bitte mit Herrn/Frau... sprechen?** (can ij *bit*-te mit jean frau *shpre*-jen; ¿puedo hablar con el Sr./la Sra...?)

» **Herrn/Frau..., bitte.** (jean frau *bit*-te; el Sr. / la Sra..., por favor)

Si tu interlocutor habla demasiado rápido y no le entiendes, puedes pedirle:

» **Können Sie bitte langsamer sprechen?** (*coen*-nen sii *bit*-te *lanc*-sa-mea *shpre*-jen; ¿podría hablar más despacio, por favor?)

» **Können Sie das bitte wiederholen?** (*coen*-nen sii das *bit*-te vii-dea-*jo*-len; ¿podría repetir eso, por favor?)

Y si la persona al otro lado de la línea empieza a hablar español como respuesta a tu pregunta, no te lo tomes como un fracaso tuyo..., ¡solo significa que tu interlocutor quiere practicar su español!

CULTURA GENERAL

DESPEDIRSE POR TELÉFONO

¿Te resulta familiar la expresión **auf Wiederhören** (auf *vii*-dea-joe-ren)? Es el equivalente telefónico de **auf Wiedersehen** (auf *vii*-dea-se-jen), la expresión que se utiliza para despedirse de alguien a quien se ha visto en persona. **Auf Wiedersehen** combina **wieder** (*vii*-dea; de nuevo) con el verbo **sehen** (*se*-jen; ver) y **auf Wiederhören** utiliza el verbo **hören** (*joe*-ren; escuchar), de modo que literalmente significa "hasta que lo escuche de nuevo".

Establecer la conexión

Después de preguntar por determinada persona, puedes escuchar una amplia variedad de respuestas, dependiendo de a quién estés llamando y dónde esté esa persona:

- » **Am Apparat.** (am ap-pa-*rat*; al habla)
- » **Einen Moment bitte, ich verbinde.** (*ai*-nen mo-*ment bit*-te ij *fea*-bin-de; un momento por favor, ahora le paso)
- » **Er/sie telefoniert gerade.** (ea sii te-le-fo-*niiat* gue-*ra*-de; él/ella está hablando por teléfono en este momento)
- » **Die Leitung ist besetzt.** (dii *lai*-tunc ist be-*setst*; la línea está ocupada)
- » **Können Sie später noch einmal anrufen?** (*coen*-nen sii *shpae*-tea noj *ain*-mal *an*-ru-fen; ¿podría llamar de nuevo más tarde?)
- » **Kann er/sie zurückrufen?** (can ea sii tsu-*riuc*-ru-fen; ¿le puede él/ella devolver la llamada?)
- » **Hat er/sie Ihre Telefonnummer?** (jat ea sii *ii*-re te-le-*fon*-num-mea; ¿tiene él/ella su número de teléfono?)

Las siguientes expresiones podrían ser útiles si ha habido problemas con la llamada.

- » **Es tut mir leid. Ich habe mich verwählt.** (es tut mia laid ij *ja*-be mij fea-*vaelt*; lo siento. Marqué el número equivocado)
- » **Ich kann Sie schlecht verstehen.** (ij can sii shlejt fea-*shte*-jen; no le entiendo muy bien)

» **Er/sie meldet sich nicht.** (ea sii *mel*-det sij nijt; él/ella no contesta al teléfono)

Hablando se entiende la gente

ESCUCHA

Pista 20: Esta es una conversación entre Frau Bauer, la secretaria de Herr Huber, y Herr Meißner, un cliente potencial de la empresa.

Frau Bauer: **Firma TransEuropa, Bauer. Guten Morgen!**
(*Fia*-ma trans-oi-*ro*-pa *bau*-ea *gu*-ten *moa*-guen)
Compañía TransEuropa, habla Bauer. ¡Buenos días!

Herr Meißner: **Guten Morgen! Herrn Huber, bitte.**
(*gu*-ten *moa*-guen jean ju-bea *bit*-te)
Buenos días. Con el Sr. Huber, por favor.

Frau Bauer: **Tut mir leid. Herr Huber ist in einer Besprechung. Kann er Sie zurückrufen?**
(tut mia laid jea *ju*-bea ist in *ai*-nea be-*shpre*-junc can ea sii tsu-*riuc*-ru-fen)
Lo siento. El Sr. Huber está en una reunión. ¿Puede devolverle la llamada?

Herr Meißner: **Selbstverständlich.**
(selbst-fea-*shtaend*-lij)
Desde luego.

Frau Bauer: **Wie ist noch einmal Ihr Name?**
(vii ist noj *ain*-mal iia *na*-me)
¿Me repite su nombre?

Her Meißner: **Meißner, mit ß.**
(*mais*-nea mit es-*tset*)
Meißner, con ß.

Frau Bauer: **Gut, Herr Meißner.**
(gut jea *mais*-nea)
Muy bien, Sr. Meißner.

Her Meißner: **Vielen Dank. Auf Wiederhören!**
(*fii*-len danc auf *vii*-dea-joe-ren)
Muchas gracias. ¡Adiós!

CULTURA GENERAL

TARJETAS TELEFÓNICAS

Si quieres llamar con un teléfono público —**die Telefonzelle** (dii te-le-*fon*-tsel-le)— en Alemania, debes estar preparado. Hoy en día solo unos pocos aceptan monedas. La mayoría solo admite tarjetas telefónicas o **Telefonkarten** (te-le-*fon*-car-ten). Puedes comprar estas tarjetas en la oficina de correos o en pequeñas máquinas expendedoras que se encuentran junto a los buzones públicos. Admiten monedas y billetes y en estas máquinas puedes comprar tanto tarjetas telefónicas como sellos. En algunos grandes almacenes y quioscos de revistas también venden tarjetas telefónicas.

Palabras para recordar

das Telefon	(das *te*-le-fon)	teléfono
anrufen	(*an*-ru-fen)	llamar; telefonear
zurückrufen	(tsu-*riuc*-ru-fen)	devolver la llamada
auf Wiederhören!	(auf *vii*-dea-joe-ren)	¡adiós! (por teléfono)
das Telefonbuch	(das te-le-*fon*-buj)	listín telefónico
das Telefongespräch	(das te-le-*fon*-gue-shpraej)	llamada telefónica
die Telefonnummer	(dii te-le-*fon*-num-mea)	número telefónico
der Anrufbeantworter	(dea *an*-ruf-be-ant-vor-tea)	contestador automático

Pedir una cita

Es difícil quedar con alguien (con un amigo, tu dentista, etc.) sin concertar primero una cita, de modo que conviene aprender algo de vocabulario que te permita traspasar el umbral:

- **Ich möchte gern einen Termin machen.** (ij *moej*-te guean *ai*-nen tea-*min* *ma*-jen; quisiera pedir una cita)
- **Kann ich meinen Termin verschieben?** (can ij *mai*-nen tea-*min* fea-*shii*-ben; ¿puedo cambiar mi cita?)

Y estas son algunas de las respuestas que podrías escuchar:

- **Wann passt es Ihnen?** (van past es *ii*-nen; ¿cuándo le va bien?)
- **Wie wäre es mit…?** (vii *vae*-re es mit; ¿qué le parece…?)
- **Heute ist leider kein Termin mehr frei.** (*joi*-te ist *lai*-dea cain tea-*min* mea frai; lamentablemente hoy no tenemos citas disponibles)

Hablando se entiende la gente

ESCUCHA

Pista 21: Frau Bauer tiene que pedir una cita con su médico. Habla con Liza, la asistente del médico.

Liza: **Praxis Dr. Eggert.**
(*prac*-sis *doc*-toa *eg*-gueat)
Consultorio del Dr. Eggert.

Frau Bauer: **Guten Tag, Anita Bauer. Ich möchte einen Termin für nächste Woche machen.**
(*gu*-ten taac a-*ni*-ta *bau*-ea ij *moej*-te *ai*-nen tea-*min* fiua *naejs*-te *vo*-je *ma*-jen)
Buenos días. Soy Anita Bauer. Quisiera una cita para la próxima semana.

Liza: **Wann passt es Ihnen?**
(van past es *ii*-nen)
¿Cuándo le va bien?

Frau Bauer: **Mittwoch wäre gut.**
(*mit*-voj *vae*-re gut)
El miércoles estaría bien.

Liza: **Mittwoch ist leider kein Termin mehr frei. Wie wäre es mit Donnerstag?**
(*mit*-voj ist *lai*-dea cain tea-*min* mea frai vii *vae*-re es mit *don*-ners-tac)
Lamentablemente no hay citas disponibles para el miércoles. ¿Le parece bien el jueves?

Frau Bauer: **Donnerstag ist auch gut. Geht fünfzehn Uhr?**
(*don*-ners-tac ist auj gut gueet *fiunf*-tseen uua)
El jueves también está bien. ¿Es posible a las 15.00 h?

Liza: **Kein Problem. Dann bis Donnerstag!**
(cain pro-*blem* dan bis *don*-ners-tac)
No hay problema. ¡Hasta el jueves!

Frau Bauer: **Bis dann. Auf Wiederhören.**
(bis dan auf *vii*-dea-joe-ren)
Entonces nos vemos. Adiós.

Dejar mensajes

Por desgracia, a veces es imposible hablar con quien uno quiere y tiene que dejar un mensaje. En ese caso, algunas de las siguientes expresiones podrían serte útiles. (En algunas de estas frases se utilizan pronombres dativos; puedes leer sobre ellos en la siguiente sección.)

- » **Kann ich ihm/ihr eine Nachricht hinterlassen?** (can ij iim iia *ai*-ne *naj*-rijt jin-tea-*las*-sen; ¿puedo dejarle [a él/a ella] un mensaje?)
- » **Kann ich ihm etwas ausrichten?** (can ij iim *et*-vas *aus*-rij-ten; ¿le puedo dejar un mensaje?)
- » **Möchten Sie eine Nachricht hinterlassen?** (*moej*-ten sii *ai*-ne *naj*-rijt jin-tea-*las*-sen; ¿quiere dejar un mensaje?)
- » **Ich bin unter der Nummer... zu erreichen.** (ij bin *un*-tea dea *num*-mea tsu ea-*rai*-jen; me puede localizar en el número...)

Los pronombres dativos

Ihm (iim) e **ihr** (iia) son pronombres personales que están en dativo (en el caso dativo). En alemán se utiliza el dativo de estos pronombres para expresar que quieres conversar o hablar con una persona (él o ella):

> **Ich möchte gern mit ihm/ihr sprechen.** (ij *moej*-te guean mit iim/iia *shpre*-jen; quiero hablar con él/ella)

GRAMÁTICA

Pero ¡atención! En alemán no dejas un mensaje *para* alguien; solo le dejas a alguien un mensaje:

> **Ich hinterlasse Ihnen/dir/ihm/ihr eine Nachricht.** (ij jin-tea-*las*-se *ii*-nen/dia/iim/iia *ai*-ne *naj*-rijt; estoy dejando un mensaje para usted/ti/él/ella)

Hablando se entiende la gente

Frau Bauer, que trabaja como asistente en la compañía TransEuropa, contesta una llamada telefónica de Hans Seibold, un viejo amigo de Herr Huber.

Frau Bauer: **Firma TransEuropa, guten Tag!**
(*fia*-ma trans-oi-*ro*-pa *gu*-ten taac)
Compañía TransEuropa, ¡buenos días!

Her Seibold: **Guten Tag, Seibold hier. Kann ich bitte mit Herrn Huber sprechen?**
(*gu*-ten taac *sai*-bold jia can ij *bit*-te mit jean *ju*-bea *shpre*-jen)
Buenos días, soy Seibold. ¿Puedo hablar con el Sr. Huber, por favor?

Frau Bauer: **Guten Tag, Herr Seibold. Einen Moment bitte, ich verbinde.**
(*gu*-ten taac jea *sai*-bold *ai*-nen mo-*ment bit*-te ij fea-*bin*-de)
Buenos días, Sr. Seibold. Un momento, por favor, le paso.

(Al cabo de unos instantes...)

	Herr Seibold? Herr Huber spricht gerade auf der anderen Leitung. Möchten Sie ihm eine Nachricht hinterlassen? (jea *sai*-bold jea *ju*-bea shprijt gue-*ra*-de auf dea *an*-de-ren *lai*-tunc *moej*-ten sii iim *ai*-ne *naj*-rijt jin-tea-*las*-sen) ¿Sr. Seibold? El Sr. Huber está en la otra línea. ¿Le quiere dejar un mensaje?
Herr Seibold:	**Ja bitte. Ich bin unter der Nummer 57 36 48 zu erreichen.** (ia *bit*-te ij bin *un*-tea dea *num*-mea *sii*-ben-und-fiunf-tsic *secs*-und-drai-sic *ajt*-und *fiia*-tsic tsu ea-*rai*-jen) Sí, por favor. Me puede localizar en el número 57 36 48.
Frau Bauer:	**Ich werde es ausrichten!** (ij *vea*-de es *aus*-rij-ten) ¡Le daré el mensaje!
Herr Seibold:	**Vielen Dank! Auf Wiederhören!** (*fii*-len danc auf *vii*-dea-joe-ren) ¡Muchas gracias! ¡Adiós!

Enviar una carta, un fax o un correo electrónico

Por mucho que se hayan popularizado los teléfonos, hoy en día, cuando todo el mundo tiene por lo menos un móvil, a veces la gente prefiere, y requiere, enviar correspondencia por escrito.

Como en cualquier otro idioma, en alemán existen ciertas convenciones que la gente utiliza para escribir cartas. Por ejemplo, la frase que se suele utilizar para finalizar una carta es **Mit freundlichen Grüßen** (mit *froind*-li-jen *griu*-sen; un saludo cordial).

Se han escrito libros enteros sobre el arte de escribir cartas en alemán; aquí solo te daremos suficiente información como para que puedas enviar tu correspondencia al lugar correcto.

Enviar una carta o una postal

En los países de habla alemana las oficinas de correo suelen ser lugares de gran actividad, pues además del envío de cartas también ofrecen otros servicios.

Como es probable que haya gente haciendo cola detrás de ti, vale la pena tener preparadas unas cuantas frases sencillas que te permitirán entrar y salir de la oficina de correos, **das Postamt** (das *post*-amt), lo más rápidamente posible habiendo conseguido enviar con éxito tu carta, **der Brief** (dea briif), tu postal, **die Postkarte** (dii *post*-car-te) o tu paquete, **das Paket** (das pa-*quet*).

Comprar sellos

En Alemania, normalmente los sellos —**die Briefmarke/die Briefmarken** (dii *briif*-mar-que/dii *briif*-mar-quen; sello/sellos)— se compran en la oficina de correos. (También se pueden comprar en pequeñas máquinas expendedoras situadas junto a los buzones públicos.) Para conseguir tus sellos, le puedes decir esto al empleado postal:

> **Ich möchte gern Briefmarken kaufen.** (ij *moej*-te guean *briif*-marquen *cau*-fen; quiero comprar sellos)

Para especificar cuántos y de qué valor, puedes decirle lo siguiente (especificándole el número de sellos y sus valores):

> **5-mal 1 €, 10-mal 20 Cent, und 6-mal 50 Cent.** (fiunf mal ain oiro tseen mal *tsvan*-tsic sent und secs mal *fiunf*-tsic sent; 5 de un euro, 10 de 20 céntimos y 6 de 50 céntimos)

Echar tu correo en el buzón

Puedes darle tu correo al empleado, echarlo en uno de los buzones de la oficina de correos (busca las ranuras en la pared) o depositarlo en uno de los buzones amarillos —**Briefkästen** (*briif*-caes-ten; [plural])/**der Briefkasten** (dea *briif*-cas-ten)— que encontrarás en las esquinas de las calles o frente a las oficinas de correos. A veces hay buzones separados para la ciudad en la que estás y sus alrededores, y para otras ciudades. Así pues, los buzones podrían tener letreros que digan, por ejemplo, **Köln und Umgebung** (coeln und um-*gue*-bunc; Colonia y alrededores) y **andere Orte** (*an*-de-re *oa*-te; otros lugares).

Solicitar servicios especiales

Si quieres enviar una carta por correo urgente, correo aéreo, correo certificado, o tal vez un paquete, debes conocer estas palabras:

- **der Eilbrief** (dea *ail*-briif; correo urgente)
- **die Luftpost** (dii *luft*-post; correo aéreo)
- **das Einschreiben** (das *ain*-shrai-ben; correo certificado)
- **das Paket** (das pa-*quet*; paquete)

Para enviar este tipo de correo, debes decirle al empleado:

- **Ich möchte diesen Brief per Eilzustellung/per Luftpost/per Einschreiben schicken.** (ij *moej*-te *dii*-sen briif pea *ail*-tsu-shtel-lunc/ pea *luft*-post/pea *ain*-shrai-ben *shi*-quen; quiero enviar esta carta por correo urgente/por correo aéreo/por correo certificado)
- **Ich möchte dieses Paket aufgeben.** (ij *moej*-te *dii*-ses pa-*quet* *auf*-gue-ben; quiero enviar este paquete)

Las siguientes palabras te serán útiles cuando quieras enviar correo (y también las encontrarás en el formulario que debes rellenar si envías correo certificado):

- **der Absender** (dea *ab*-sen-dea; remitente)
- **der Empfänger** (dea em-*pfaen*-guea; destinatario)
- **das Porto** (das *poa*-to; porte)

Enviar un fax

Si no vas a Alemania en viaje de negocios y no te resulta fácil utilizar el fax —**das Faxgerät** (das *facs*-gue-raet)— de otra persona, podrás enviar un fax —**das Fax** (das facs)— desde la mayoría de los hoteles y las oficinas de correo. Simplemente acércate a la recepción o al mostrador y dile al recepcionista o al empleado postal:

Ich möchte etwas faxen. (ij *moej*-te *et*-vas *fa*-csen; quiero enviar un fax)

Después de que hayas encontrado un lugar donde puedas enviar tu fax, la persona que opera el aparato te pedirá el número de fax: **die Faxnummer** (dii *facs*-num-mea). Hazte un favor: si planeas enviar un fax, escribe de antemano el número en un papel, de modo que cuando te lo pregunten puedas simplemente entregarlo con una sonrisa.

Como en cualquier otro lugar, es una señal de cortesía llamar al destinatario del fax e informarle (o informar a su secretaria) que el fax está en camino (para saber cómo hacer una llamada telefónica y preguntar por alguien, consulta la sección "Llamadas telefónicas sin problemas", al comienzo de este capítulo). Para informar a alguien sobre la inminente llegada de un fax, di tan solo:

> **Ich schicke Ihnen ein Fax.** (ij *shi*-que *ii*-nen ain facs; le estoy enviando un fax)

Enviar un correo electrónico

Si quieres enviar un correo electrónico y no tienes un ordenador contigo, puedes preguntar dónde queda el café Internet más cercano. Obviamente es posible que en los hoteles más grandes también ofrezcan acceso a Internet.

Lo maravilloso del correo electrónico y de Internet es que manejan un lenguaje internacional: el lenguaje de los ordenadores. Si entiendes ese lenguaje, sabes lo suficiente como para enviar un correo electrónico desde prácticamente cualquier país del mundo. Aun así es útil conocer algunas palabras relacionadas con el tema:

- **der Computer** (dea com-*piu*-tea; ordenador)
- **das Internet** (das *in*-tea-net; Internet)
- **die E-mail** (dii *i*-meil; correo electrónico)
- **die E-mail-Adresse** (dii *i*-meil-a-dres-se; dirección de correo electrónico)
- **Ich schicke eine E-mail.** (ij *shi*-que *ai*-ne *i*-meil; voy a enviar un correo electrónico)

Hablando se entiende la gente

La jornada laboral de Frau Bauer está a punto de terminar; solo le falta enviar una carta en la oficina de correos. Esta es su conversación con **der Postbeamte** (dea *post*-be-am-te; empleado postal).

Frau Bauer: **Guten Tag. Ich möchte den Einschreibebrief hier aufgeben. Wann kommt der Brief in München an?**

(*gu*-ten taac ij *moej*-te den *ain*-shrai-be-briif jia *auf*-gue-ben van comt dea briif in *miun*-jen an)
Buenos días. Quiero enviar esta carta por correo certificado. ¿Cuándo llegará a Múnich?

Der Postbeamte: **Heute ist Dienstag — vielleicht am Donnerstag, aber ganz bestimmt am Freitag.**
(*joi*-te ist *diins*-tac fiil-*laijt* am *don*-ners-tac *a*-bea gants be-*shtimt* am *frai*-tac)
Hoy es martes; quizá el jueves, pero con toda seguridad el viernes.

Frau Bauer: **Das ist zu spät. Kommt er übermorgen an, wenn ich ihn als Eilbrief schicke?**
(das ist tsu shpaet comt ea *iu*-bea-moa-guen an ven ij iin als *ail*-briif *shic*-que)
Es demasiado tarde. ¿Llegará pasado mañana si la envío por correo urgente?

Der Postbeamte: **Garantiert!**
(ga-ran-*tiiat*)
Garantizado.

Frau Bauer: **Gut, dann schicken Sie das Einschreiben bitte per Eilzustellung.**
(gut dan *shi*-quen sii das *ain*-shrai-ben *bit*-te pea *ail*-tsu-shtel-lunc)
Bien, por favor envíe la carta certificada por correo urgente.

Der Postbeamte: **In Ordnung.**
(in *ord*-nunc)
Muy bien.

Juegos y ejercicios divertidos

Rellena las casillas con las palabras alemanas correctas. Encontrarás las respuestas en el apéndice D.

Horizontales

1. Correo
2. Paquete
5. Empresa
6. Entonces
7. Problema
10. Enviar
12. Señora
13. Nombre
15. Aquí
16. Por favor

Verticales

1. Porte
3. Puede
4. Teléfono
6. Marco alemán (abreviatura), antigua moneda alemana
8. Línea
9. En
11. Ciudad alemana
12. Libre
14. Con

Juegos y ejercicios divertidos

Acabas de llamar a las oficinas de una empresa pero te ha salido el contestador automático. Completa el mensaje del contestador con las siguientes palabras.

schicken Fax rufen Anrufbeantworter hinterlassen Nummer Nachricht

Guten Tag, hier ist der ______________ der Firma TransEuropa. Bitte ______________ Sie eine ______________ oder ______________ Sie ein ______________ an die ______________ 68 74 93. Wir ______________ Sie zurück.

Respuesta: Anrufbeantworter – hinterlassen – Nachricht – schicken – Fax – Nummer – rufen

EN ESTE CAPÍTULO

- Alquilar un piso
- Trabajar en una oficina

Capítulo 10

En la oficina y en casa

En este capítulo le echamos una ojeada a la sección de bienes inmuebles de un periódico, vemos qué pisos o casas alquilan y aprendemos lo básico de la vida de oficina.

Alquilar un apartamento o una casa

Si quieres alquilar un lugar para vivir puedes buscar en la sección de anuncios sobre bienes inmuebles en los periódicos o contratar los servicios de un agente inmobiliario, que es más costoso. Por lo general no es difícil encontrar un piso o una casa, pero conseguir uno a buen precio sí puede ser bastante complicado, sobre todo si lo prefieres en el centro de una ciudad grande. Por ejemplo, si estás buscando un lugar en el centro de Berlín, Francfort o Hamburgo, debes estar dispuesto a pagar un precio considerable por el alquiler. Las casas individuales en los centros urbanos son muy escasas, pero podrás alquilar una en los suburbios, en ciudades más pequeñas o en áreas rurales.

Describir lo que estás buscando

Buscar un lugar para vivir es un trabajo duro incluso cuando conoces el idioma, de modo que imagina cómo debe ser tratar de encontrar una vivienda a tu gusto si ni siquiera puedes describir qué quieres. Pero para eso estamos aquí, ¿verdad? Aquí tienes el vocabulario que necesitarás para describir el tipo de casa o piso que deseas:

» **die Wohnung** (dii *voo*-nunc; piso)

» **das Zimmer** (das *tsim*-mea; habitación)

» **die 2-Zimmer-Wohnung** (dii tsvai *tsim*-mea *voo*-nunc; piso de dos habitaciones)

» **der Quadratmeter/die Quadratmeter** (dea cva-*drat*-me-tea/dii cva-*drat*-me-tea; metro cuadrado/metros cuadrados)

» **die Nebenkosten** (dii *ne*-ben-cos-ten; costos adicionales como la luz y el gas)

» **ab sofort/sofort frei** (ab so-*foat*/so-*foat* frai; disponible/libre de inmediato)

» **möbliert** (moe-*bliiat*; amueblado)

» **das Bad** (das bad; baño)

» **der Balkon** (dea bal-*con*; balcón)

» **die Küche** (dii *quiu*-je; cocina)

» **das Esszimmer** (das *es*-tsim-mea; comedor)

» **das Wohnzimmer** (das *voon*-tsim-mea; sala de estar)

» **das Schlafzimmer** (das *shlaf*-tsim-mea; dormitorio)

Descifrar los anuncios clasificados

Si ya de por sí resulta difícil leer un anuncio en tu propio idioma, **die Anzeige** (dii *an*-tsai-gue), ¡inténtalo en un idioma que no conoces...! Lo que complica la lectura de los anuncios clasificados son esas molestas abreviaturas. En la tabla 10-1 desvelamos el misterio de estas abreviaturas para que las descifres sin problemas (para la pronunciación y las traducciones de las versiones completas de estas palabras, consulta la sección anterior).

CULTURA GENERAL

CONTAR HABITACIONES

En lo que respecta a contar y mencionar las habitaciones que tiene un piso, los alemanes tienen su propio método. Lo que en otros lugares se describiría como un piso de una habitación, en Alemania es un **2-Zimmer-Wohnung** (tsvai *tsim*-mea *voo*-nunc), un piso de dos habitaciones. Se cuentan todas las habitaciones, salvo la cocina y el baño. En lo referente a la cocina, ¡atención! Las cocinas alemanas generalmente no vienen completas con alacenas, la cocina propiamente dicha, la nevera, microondas, lavavajillas, etc. ¡Tienes que llevar tus electrodomésticos y muebles! Si consigues un piso con cocina completa, generalmente puedes comprársela al dueño anterior.

TABLA 10-1 Abreviaturas comunes en los anuncios de departamentos

Abreviatura	Palabra completa
Blk.	**der Balkon**
Kü	**die Küche**
möbl.	**möbliert**
qm/m^2	**der Quadratmeter**
sof.	**sofort**
2 Zi. Whg. / 2-ZW	**2-Zimmer-Wohnung**

Hacer las preguntas correctas

No hay nada más deprimente que ir a ver un piso solo para descubrir que ya ha sido alquilado o que el alquiler, **die Miete** (dii *mii*-te), es demasiado alto, o que el precio no incluye la calefacción ni el agua caliente (algo usual en Alemania). Este tipo de información se puede obtener fácilmente por teléfono (si el anuncio no la incluye). Esto es lo que podrías decir si estás llamando por un anuncio clasificado de un piso:

» **Ich interessiere mich für Ihre Wohnung.** (ij in-te-res-*sii*-re mij fiua *ii*-re *voo*-nunc; me interesa su piso)

- **Ist die Wohnung noch frei?** (ist dii *voo*-nunc noj frai; ¿el piso todavía está libre?)
- **Ist die Wohnung schon vermietet?** (ist dii *voo*-nunc shon fea-*mii*-tet; ¿el piso ya está alquilado?)
- **Wie hoch ist die Miete?** (vii joj ist dii *mii*-te; ¿a cuánto asciende el alquiler?)
- **Wie hoch sind die Nebenkosten?** (vii joj sind dii *ne*-ben-cos-ten; ¿a cuánto ascienden los costos adicionales de calefacción y electricidad?)
- **Wann wird die Wohnung frei?** (van vird dii *voo*-nunc frai; ¿cuándo estará libre el piso?)
- **Kann ich mir die Wohnung ansehen?** (can ij mia dii *voo*-nunc *an*-se-jen; ¿puedo ver el piso?)

Hablar sobre un piso

Posiblemente escuches o digas lo siguiente sobre un piso:

- **Die Wohnung hat eine schöne Lage.** (dii *voo*-nunc jat *ai*-ne *shoe*-ne *la*-gue; el piso está bien situado)
- **Die Wohnung liegt zentral.** (dii *voo*-nunc liict tsen-*tral*; el piso es céntrico)
- **Die Wohnung kostet... im Monat kalt.** (dii *voo*-nunc *cos*-tet oiro im *mo*-nat calt; el piso cuesta... euros mensuales frío = sin calefacción ni electricidad)
- **Die Wohnung ist zu klein/zu dunkel/zu teuer.** (dii *voo*-nunc ist tsu clain/tsu *dun*-quel/tsu *toi*-ea; el piso es demasiado pequeño/demasiado oscuro/demasiado caro)

Si te gusta el piso y lo quieres alquilar, puedes decir:

- **Ich nehme die Wohnung.** (ij *nee*-me dii *voo*-nunc; me quedaré con el piso)
- **Ich möchte die Wohnung gern mieten.** (ij *moej*-te dii *voo*-nunc guean *mii*-ten; quisiera alquilar el piso)

Cerrar el trato

Cuando decidas alquilar un piso, el arrendador o la arrendadora —**der Vermieter/die Vermieterin** (dea fea-*mii*-tea dii fea-*mii*-te-rin)— te pedirán que firmes el contrato de alquiler, que se denomina **der Mietvertrag** (dea *miit*-fea-trac). Necesitarás la ayuda de alguien que hable alemán para entender bien el contrato. Como en cualquier otro idioma, en alemán los contratos de alquiler están repletos de terminología legal que incluso a nosotras nos cuesta trabajo entender.

Si necesitas un poco de tiempo para revisar el contrato, puedes decir **Ich möchte mir den Vertrag gern noch einmal genauer ansehen** (ij *moej*-te mia den fea-*trac* guean noj *ain*-mal gue-*nau*-ea *an*-se-jen; quisiera leer el contrato con más detalle).

Hablando se entiende la gente

ESCUCHA

Pista 22: Paul Fraser está buscando piso. Llama a los números de teléfono de varios lugares que vio anunciados en el periódico.

Vermieter: **Köbel.**
(*coe*-bel)
Köbel.

Paul: **Guten Tag, mein Name ist Paul Fraser. Sie haben eine Anzeige in der Zeitung. Ist die Wohnung noch frei?**
(*gu*-ten taac main *na*-me ist paul *fra*-sea sii *ja*-ben *ai*-ne *an*-tsai-gue in dea *tsai*-tunc ist dii *voo*-nunc noj frai)
Buenos días, mi nombre es Paul Fraser. Tienen un anuncio en el periódico. ¿Está todavía disponible el piso?

Vermieter: **Es tut mir leid, aber die Wohnung ist schon weg.**
(es tut mia laid *a*-bea dii *voo*-nunc ist shon vec)
Lo siento, pero el piso ya está alquilado.

Paul: **Schade. Vielen Dank. Auf Wiederhören.**
(*sha*-de *fii*-len danc auf *vii*-dea-joe-ren)
¡Qué lástima! Muchas gracias. Adiós.

Palabras para recordar

die Wohnung	(dii *voo*-nunc)	piso
das Zimmer	(das *tsim*-mea)	habitación
die Anzeige	(dii *an*-tsai-gue)	anuncio
der Mietvertrag	(dea *miit*-fea-trac)	contrato de alquiler
der Mieter/ die Mieterin	(dea *mii*-tea dii *mii*-te-rin)	inquilino/ inquilina
mieten	(*mii*-ten)	para alquilar
vermieten	(fea-*mii*-ten)	alquilar

Pista 23: ¡Qué contratiempo! Pero hay más anuncios de pisos para alquilar. Paul llama a otro número.

Vermieterin: **Albrecht.**
(*al*-brejt)
Albrecht.

Paul: **Fraser. Guten Tag! Ich interessiere mich für die Wohnung in der Zeitung.**
(*fra*-sea *gu*-ten taac ij in-te-res-*sii*-re mij fiua dii *voo*-nunc in dea *tsai*-tunc)
Fraser. ¡Buenos días! Me interesa el piso del periódico.

Vermieterin: **Möchten Sie die Wohnung sehen?**
(*moej*-ten sii dii *voo*-nunc *se*-jen)
¿Quiere ver el piso?

Paul: **Ja. Wann passt es Ihnen?**
(ia van past es *ii*-nen)
Sí. ¿Cuándo le va bien?

Vermieterin: **Sagen wir heute abend um halb 7?**
(*sa*-guen via *joi*-te *a*-bend um jalb *sii*-ben)
¿Le parece esta tarde a las seis y media?

Paul: **Gut. Bis heute abend. Auf Wiederhören!**
(gut bis *joi*-te *a*-bend auf *vii*-dea-joe-ren)
Bien. Entonces hasta esta tarde. ¡Adiós!

Entenderse en la oficina

CULTURA GENERAL

Los alemanes tienen fama de ser bastante productivos y eficientes, pero quizá te sorprenda constatar que, desde el punto de vista estadístico, no trabajan tanto como en otros países. Eso no quiere decir que la gente nunca trabaje hasta tarde, pero en muchas oficinas, y sobre todo en las oficinas estatales y gubernamentales, se ciñen a un horario estricto de 9.00 a 17.00. Además, los viernes en muchas empresas se sale más temprano.

Si estás trabajando en una oficina —**das Büro** (das biu-*ro*)— donde se habla alemán, encomendarás a otros o te encomendarán a ti tareas: **die Büroarbeit** (dii biu-*ro*-ar-bait; trabajo de oficina).

Necesitas conocer cierto vocabulario básico, como los nombres de todos esos elementos en tu escritorio y los objetos que se guardan en el armario de artículos de oficina. Cuando te sepas estas palabras, tienes que saber cómo describir lo que se hace con ellas. Ahora sí, ¡a trabajar!

Dominar el material de escritorio y los artículos de oficina

Por lo general encontrarás, o por lo menos esperamos que encuentres, los siguientes artículos en tu escritorio —**der Schreibtisch** (dea *shraib*-tish)— o cerca de él:

- **das Telefon** (das *te*-le-fon; teléfono)
- **der Computer** (dea com-*piu*-tea; ordenador)
- **das Faxgerät** (das *facs*-gue-raet; fax)
- **der Kopierer** (dea co-*pii*-rea; fotocopiadora)
- **die Unterlagen** (dii *un*-tea-la-guen; documentos/carpetas)
- **der Brief** (dea briif; carta)

RECUERDA

No olvides la pregunta **Wo ist...?** (vo ist; ¿dónde está...?) si necesitas que alguien te ayude a buscar algo en la oficina.

Tarde o temprano te hará falta alguno de los siguientes artículos de oficina:

» **der Briefbogen** (dea *briif*-bo-guen; papel con membrete)

» **das Papier** (das pa-*piia*; papel)

» **der Bleistift** (dea *blai*-shtift; lápiz)

» **der Kugelschreiber** (dea *cu*-guel-shrai-bea; bolígrafo)

» **der Umschlag** (dea *um*-shlac; sobre)

Si necesitas alguno de estos artículos y no los encuentras, puedes pedirle a un colega que te ayude:

» **Haben Sie einen Kugelschreiber/einen Umschlag für mich?** (*ja*-ben sii *ai*-nen *cu*-guel-shrai-bea/*ai*-nen *um*-shlac fiua mij; ¿me podría dar un bolígrafo/sobre? Literalmente: ¿tiene un lápiz/sobre para mí?)

» **Können Sie mir sagen, wo ich Umschläge/Briefbögen/Papier finde?** (*coen*-nen sii mia *sa*-guen vo ij *um*-shlae-gue/*briif*-boe-guen/pa-*piia fin*-de; ¿me podría decir dónde puedo encontrar sobres/papel con membrete/papel?)

En oficinas ajenas...

Como en otras partes, los países de lengua alemana tienen una determinada cultura empresarial con un lenguaje especializado. Los no nativos estudian durante muchos años, con cursos especiales sobre cómo escribir cartas comerciales y hacer presentaciones, a fin de poder hacer negocios en alemán. Como es lógico, no disponemos del espacio requerido (ni tú probablemente dispongas del tiempo requerido) para enseñarte suficiente alemán para que puedas comunicarte a nivel empresarial. No obstante, si planeas hacer negocios con personas de habla alemana, te sugerimos lo siguiente:

» **Llama antes (consulta el capítulo 9) y pregunta si te pueden facilitar un traductor/traductora,** que se denomina **der Übersetzer/die Übersetzerin** (dea iu-bea-*set*-sea/dii iu-bea-*set*-se-rin). Asegúrate de que el traductor tome notas —**die Notizen** (dii no-*ti*-tsen)— en tu idioma en las reuniones para que tengas un registro escrito de lo acontecido. No te sientas mal por pedir un traductor. Los empresarios del mundo entero respetan a alguien que sabe cuándo conviene delegar.

» **Estudia las presentaciones formales que te indicamos en el capítulo 3.** Si dominas las presentaciones, estás manifestando tu interés en los procedimientos, incluso si no entiendes ninguna otra palabra de lo que se está diciendo.

» **Lee la sección "Describir tu trabajo", en el capítulo 4.** Te aportará algo del vocabulario indispensable para hablar brevemente sobre lo que haces.

» **Apréndete los términos y las frases que te indicamos en la sección anterior, "Dominar el material de escritorio y los artículos de oficina", así como la siguiente sección, "Dominar el arte de mandar".**

» **Familiarízate con los siguientes términos de oficina:**

- **die Besprechung** (dii be-*shpre*-junc; reunión)
- **der Termin** (dea tea-*min*; cita)
- **die Sekretärin/der Sekretär** (dii se-cre-*tae*-rin/dea se-cre-*taea*; secretaria/secretario)
- **der Chef/die Chefin** (dea shef/dii *she*-fin; jefe/jefa)
- **der Direktor/die Direktorin** (dea di-*rec*-toa/dii di-rec-*to*-rin; director/directora)
- **der Mitarbeiter/die Mitarbeiterin** (dea *mit*-ar-bai-tea/dii *mit*-ar-bai-te-rin; colega, empleado/empleada)
- **anrufen** (*an*-ru-fen; llamar por teléfono)
- **diktieren** (dic-*tii*-ren; dictar)
- **faxen** (*fa*-csen; enviar un fax)
- **kopieren** (co-*pii*-ren; copiar/fotocopiar)
- **schicken** (*shi*-quen; enviar)

Dominar el arte de mandar

El trabajo de oficina implica tareas y funciones que tal vez te asignen o que tú tengas que asignar a otros. La *forma de mando* del verbo, el imperativo, o **Imperativ** (*im*-pe-ra-tif) en alemán, se utiliza a menudo en tales circunstancias.

CULTURA GENERAL

EL PARAÍSO DE LOS VERANEANTES

Los alemanes tienen más tiempo de vacaciones que los empleados de casi todos los demás países: no es raro que disfruten de treinta días hábiles de vacaciones además de fiestas remuneradas, lo que equivale a casi seis semanas. Sin embargo, un problema alemán típico es encontrar el tiempo para tomarte las vacaciones que te corresponden. A menudo, las vacaciones se dejan para el año siguiente, a la espera de poderlas disfrutar entonces.

El verbo en imperativo siempre va antes del pronombre personal. Con el fin de no parecer descortés, conviene agregar siempre **bitte** a estas órdenes. Así funciona:

- **Bitte, kopieren sie den Brief!** (*bi*-te co-*pii*-ren sii den briif; por favor, fotocopie la carta)
- **Bitte, schicken Sie das Fax!** (*bi*-te *shi*-quen sii das facs; por favor, envíe el fax)
- **Bitte, übersetzen Sie das für mich!** (*bi*-te iu-bea-*set*-tsen sii das fiur mij; por favor, tradúzcame eso)

Hablando se entiende la gente

ESCUCHA

Pista 24: Escuchemos una conversación entre Kurt Seifert y su secretaria, la Sra. Remmert. Herr Seifert llega hoy a la oficina más temprano que de costumbre porque tiene una reunión importante.

Herr Seifert:	**Guten Morgen, Frau Remmert.** (*gu*-ten *moa*-guen frau *rem*-meat) Buenos días, Sra. Remmert.
Frau Remmert:	**Guten Morgen, Herr Seifert.** (*gu*-ten *moa*-guen jea *sai*-feat) Buenos días, Sr. Seifert.
Herr Seifert:	**Wissen Sie, ob Herr Krause heute im Hause ist?** (*vis*-sen sii ob jea *crau*-se *joi*-te im *jau*-se ist) ¿Sabe si el Sr. Krause está en la oficina hoy?

Frau Remmert: **Ich glaube ja.**
(ij *glau*-be ia)
Creo que sí.

Herr Seifert: **Ich muss dringend mit ihm sprechen.**
(ij mus *drin*-guend mit iim *shpre*-jen)
Tengo que hablar urgentemente con él.

Frau Remmert: **In Ordnung.**
(in *ord*-nunc)
Muy bien.

Ach ja, Frau Hoffmann von der Firma Solag hat angerufen.
(aj ia frau *jof*-man fon dea *fia*-ma *so*-lag jat *an*-gue-ru-fen)
Ah, sí, llamó la Sra. Hoffmann, de la compañía Solag.

Herr Seifert: **Gut, ich rufe sie gleich an.**
(gut ij *ru*-fe sii glaij an)
Bien. La llamaré en seguida.

Und, bitte kopieren Sie die Unterlagen hier.
(und *bit*-te co-*pii*-ren sii dii *un*-tea-la-guen jia)
Y por favor fotocopie estos documentos.

Frau Remmert: **Wird gemacht, Herr Seifert.**
(vird gue-*majt* jea *sai*-feat)
Eso haré, Sr. Seifert.

Palabras para recordar

gleich	(glaij)	en seguida
sofort	(so-*foat*)	de inmediato
im Hause sein	(im *jau*-se sain)	estar en el edificio/ la oficina
in Ordnung	(in *ord*-nunc)	muy bien
wird gemacht!	(vird gue-*majt*)	¡eso haré!

Juegos y ejercicios divertidos

Nombra las habitaciones que se ilustran a continuación:

A B

C D E

A. ____________

B. ____________

C. ____________

D. ____________

E. ____________

Respuestas: A. Bad B. Schlafzimmer C. Esszimmer D. Küche E. Wohnzimmer

3 El alemán en marcha

EN ESTA PARTE . . .

Seguramente casi todos los lectores de este libro van a tener que viajar para practicar su alemán, y de eso trata esta parte del libro. Cubrimos todos los aspectos relacionados con los viajes, usar el transporte público e incluso reservar una habitación de hotel.

EN ESTE CAPÍTULO

Utilizar los cajeros automáticos

Familiarizarse con diversas monedas

Capítulo 11

Todo sobre el dinero

El dinero tiene voz propia. Pero ¿qué idioma habla? Como estás leyendo este libro, habla alemán, desde luego. En este capítulo te enseñaremos a hablar sobre el dinero. Ya estés hablando con un paciente empleado de banca o con un cajero automático impersonal y ultraeficiente, hay un puñado de expresiones correctas que te hará más fácil conseguir... un puñado de dinero.

Cambiar dinero

En el año 2002 dejaron de circular las monedas de doce países europeos para lograr la unificación monetaria de los países miembros de la Unión Europea. Con el paso del tiempo cada vez más países han entrado a integrar la UE, dando lugar a una nueva moneda: el euro.

Si viajas a Alemania, ya no tendrás que dedicarte a la engorrosa tarea de cambiar dinero. El euro es moneda corriente en todos los países que integran la Unión Europea.

Si a pesar de ello llevas contigo otra moneda, por ejemplo dólares estadounidenses, aquí te damos una rápida introducción de cómo cambiar tu dinero a euros.

Cuando cambias divisas, por lo general encuentras un tablero que indica las tasas de cambio del día, **Wechselkurse** (*vec*-sel-curs), expuesto en un lugar prominente. Mira la columna que dice **Ankauf** (*an*-cauf; compra). Luego puedes ir a cualquier ventanilla, **der Schalter** (dea *shal*-tea). El funcionario realizará la transacción ahí mismo o te enviará a la **Kasse** (*cas*-se; caja).

En los aeropuertos, por ejemplo, es posible que encuentres casas de cambio especializadas en transacciones monetarias; se llaman **Wechselstube** (*vec*-sel-shtu-be). Sea cual sea el lugar donde decidas cambiar tu dinero, no es difícil hacer la transacción. Solo necesitas las siguientes frases:

- **Ich möchte... Dollar in Euro einwechseln/tauschen.** (ij *moej*-te *dol*-lar in oiro *ain*-vec-seln *tau*-shen; quisiera cambiar... dólares a euros)
- **Wie ist der Wechselkurs?** (vii ist dea *vec*-sel-curs; ¿cuál es la tasa de cambio?)
- **Wie hoch sind die Gebühren?** (vii joj sind dii gue-*biu*-ren; ¿a cuánto asciende la comisión?)
- **Nehmen Sie Reiseschecks?** (*nee*-men sii *rai*-se-shecs; ¿aceptan cheques de viaje?)

RECUERDA

Si vas a cambiar dinero es posible que te pidan tu identificación, de modo que debes llevar un pasaporte (**Reisepass**) (*rai*-se-pas) o algún otro documento que te identifique. El cajero te preguntará:

> **Können Sie sich ausweisen?** (*coen*-nen sii sij *aus*-vai-sen; ¿tiene un documento de identidad?)

Después de que hayas probado que eres quien dices ser, es posible que el cajero te pregunte cómo quieres el dinero:

> **Wie hätten Sie das Geld gern?** (vii *jaet*-ten sii das gueld guean; ¿cómo quiere el dinero?)

Puedes responder:

> **In Zehnern/in Zwanzigern/in Fünfzigern/in Hundertern, bitte.** (in *tsee*-nean/in *tsvan*-tsi-guean/in *fiunf*-tsi-guean/in *jun*-dea-tean *bit*-te; en billetes de 10/20/50/100, por favor)

Hablando se entiende la gente

ESCUCHA

Pista 25: Anne, una turista estadounidense, va al banco a cambiar dinero.

Anne: **Guten Tag. Ich möchte US-Dollar wechseln. Wie ist der Wechselkurs, bitte?**
(*gu*-ten taac ij *moej*-te *us*-dol-lar *vec*-seln vii ist dea *vec*-sel-curs *bit*-te)
Buenos días. Quisiera cambiar dólares estadounidenses. ¿Cuál es la tasa de cambio, por favor?

Bankangestellter: **Guten Tag. Einen Moment, bitte. Für einen Dollar bekommen Sie 0,75 Cent.**
(*gu*-ten taac *ai*-nen mo-*ment bit*-te fiua *ai*-nen *dol*-lar be-*com*-men sii *funf*-und-sib-tsic-sent)
Buenos días. Un momento, por favor. Por un dólar recibe 75 céntimos.

Anne: **Ich möchte bitte 200 Dollar in Reiseschecks in Euro einwechseln.**
(ij *moej*-te *bit*-te *tsvai*-jun-deat *dol*-lar in *rai*-se-shecs in oiro *ain*-vec-seln)
Quisiera cambiar 200 dólares en cheques de viaje a euros.

Bankangestellter: **Kein Problem. Können Sie sich ausweisen?**
(cain pro-*blem coen*-nen sii sij *aus*-vai-sen)
No hay problema. ¿Tiene un documento de identidad?

Anne: **Hier ist mein Reisepass.**
(jia ist main *rai*-se-pas)
Aquí está mi pasaporte.

Bankangestellter: **Für 200 Dollar bekommen Sie 151 Euro.**
(fiua *tsvai*-jun-deat *dol*-lar be-*com*-men sii jun-det-*ain*-und-funf-tsic oiro)
Por 200 dólares obtiene 151 euros.

Anne: **Vielen Dank.**
(*fii*-len danc)
Muchas gracias.

TARJETAS DE DÉBITO

CULTURA GENERAL

Aunque a los alemanes cada vez les gustan más las tarjetas de crédito, también tienen **Euroschekkarten** (*oi*-ro-shec-car-ten; tarjetas de débito de eurocheques) que emiten muchos bancos europeos. En la actualidad, solo en Alemania circulan cerca de 40 millones de estas tarjetas. Las **EC-Karten** (e-*tse*-car-ten), como se les llama de manera abreviada, se aceptan cada vez en más comercios y negocios minoristas como equivalente de dinero en efectivo. Se pueden utilizar para sacar dinero de los cajeros automáticos, y las tarjetas más nuevas tienen un *chip* que permite a sus usuarios transferir dinero directamente de sus cuentas a las tarjetas. De esta manera, tienen dinero disponible instantáneamente para realizar pequeñas transacciones.

Palabras para recordar

Geld tauschen/	(gueld *tau*-shen *vec*-seln)	cambiar dinero wechseln
das Bargeld	(das *bar*-gueld)	efectivo
in bar	(in bar)	en efectivo
einen Reisescheck	(*ai*-nen *rai*-se-shec *ain*-loe-sen)	cobrar un cheque einlösen de viaje
eine Gebühr	(*ai*-ne gue-*biua* be-*tsaa*-len)	pagar una comisión bezahlen
der Wechselkurs	(dea *vec*-sel-curs)	tasa de cambio
sich ausweisen	(sij *aus*-vai-sen)	mostrar un documento de identidad

Recurrir al cajero automático

En vez de retirar dinero por la ventanilla en un banco, puedes utilizar un cajero automático, que en alemán se llama **Geldautomat** (*gueld*-au-to-mat). Verifica si en el cajero aparece el símbolo de tu tarjeta para cerciorarte de que sí la acepte.

Si tienes suerte, el cajero te permitirá escoger entre varios idiomas, pero es mejor que estés preparado en caso de que la única opción sea el alemán. Las frases en los cajeros automáticos son muy directas pues se utilizan infinitivos (en la siguiente sección encontrarás la explicación). Estas suelen ser las instrucciones que verás:

- **Karte einführen.** (*car*-te *ain*-fiu-ren; insertar tarjeta)
- **Sprache wählen.** (*shpra*-je *vae*-len; escoger un idioma)
- **Geheimzahl eingeben.** (gue-*jaim*-tsaal *ain*-gue-ben; introducir el número secreto)
- **Betrag eingeben.** (be-*trac ain*-gue-ben; introducir la cantidad)
- **Betrag bestätigen.** (be-*trac* be-*shtae*-ti-guen; confirmar la cantidad)
- **Karte entnehmen.** (*car*-te ent-*nee*-men; retirar la tarjeta)
- **Geldbetrag entnehmen.** (*gueld*-be-trac ent-*nee*-men; retirar el dinero)

Transacción concluida. Ahora ya debes tener la cartera llena, a menos que algo haya salido mal. El cajero automático podría no estar funcionando, en cuyo caso verás el siguiente mensaje:

> **Geldautomat außer Betrieb.** (*gueld*-au-to-mat *au*-sea be-*triib*; cajero fuera de servicio)

O tal vez el cajero te devuelva tu tarjeta sin darte dinero. En ese caso es posible que aparezca el mensaje:

> **Die Karte ist ungültig/die Karte ist nicht zugelassen.** (dii *car*-te *ist un*-guiul-tic dii *car*-te ist nijt *tsu*-gue-las-sen; la tarjeta no es válida)

O podrías encontrarte con el peor escenario: el cajero automático se traga tu tarjeta y solo te deja el siguiente mensaje a manera de consuelo:

Die Karte wurde einbehalten. Bitte besuchen Sie uns am Schalter. (dii *car*-te *vur*-de *ain*-be-jal-ten *bit*-te be-*su*-jen sii uns am *shal*-tea; la tarjeta ha sido retenida. Por favor, hable con un agente del banco)

Hablar en imperativo

GRAMÁTICA

Los cajeros automáticos y otras máquinas a menudo utilizan frases lacónicas, como **Geheimzahl eingeben** (gue-*jaim*-tsaal *ain*-gue-ben; introduzca su número secreto). Aunque estas frases quizá no parezcan muy amables, se utilizan con frecuencia para ahorrar espacio. Por ejemplo, una manera más amable de decir **Geheimzahl eingeben** sería:

Bitte geben Sie Ihre Geheimzahl ein. (*bit*-te *gue*-ben sii *ii*-re gue-*jaim*-tsaal ain; por favor, introduzca su número secreto)

Desde el punto de vista gramatical, estas frases lacónicas son infinitivos que funcionan como *imperativos* (órdenes). Encontrarás estas formas verbales cuando la eficacia idiomática sea más importante para quien escribe (o quien habla) que la cortesía social.

Al entrar en un edificio, por ejemplo un banco, podrías encontrar la palabra **ziehen** (*tsii*-en; tire) en la puerta si vas a entrar, y la palabra **drücken** (*driu*-quen; empuje) si vas a salir. Hablando de puertas, es posible que observes un letrero que te pide que cierres la puerta detrás de ti cuando entres en un edificio o un tren: **Türen schließen** (*tiu*-ren *shlii*-sen).

Hablando se entiende la gente

Mike se ha quedado sin efectivo. Solo le queda un billete de 500 euros, que no es muy adecuado para hacer compras pequeñas. Entra en un banco para cambiar el billete.

Mike: **Ich möchte diesen 500-Euro-Schein in kleinere Scheine wechseln.**
(ij *moej*-te *dii*-sen *fiunf*-hun-deat oiro shain in *clai*-ne-re *shai*-ne *vec*-seln)
Quisiera cambiar este billete de 500 euros por billetes más pequeños.

Angestellte: **Wie hätten Sie's denn gern?**
(vii *jaet*-ten siis den guean)
¿Cómo los quiere?

Mike: **Bitte geben Sie mir zwei 50-Euro-Scheine, 10 Zwanziger und 20 Zehner.**
(*bit*-te *gue*-ben sii mia tsvai *fiunf*-tsic oiro *shai*-ne tseen *tsvan*-tsi-guea und *tsvan*-tsic *tsee*-nea)
Por favor, deme dos billetes de 50 euros, diez de 20 y veinte de 10.

Angestellte: **Bitte sehr. Haben Sie sonst noch einen Wunsch?**
(*bit*-te sea *ja*-ben sii sonst noj *ai*-nen vunsh)
Aquí tiene. ¿Necesita algo más?

Mike: **Danke. Das ist alles.**
(*dan*-que das ist *al*-les)
Gracias. Eso es todo.

EL PUNTO Y LA COMA EN LOS DECIMALES

El español y el alemán presentan los números de la misma manera. En alemán, al igual que en español, se utiliza una coma (**Komma**) en los decimales. Para ilustrarlo, presentamos un ejemplo: 20,75.

Y así es como se dice este número: **zwanzig Komma sieben fünf** (*tsvan*-tsic *co*-ma *sii*-ben fiunf).

Tanto en español como en alemán se utiliza un punto en las cifras grandes. Cien mil euros en números se escribe: 100.000 euros.

Juegos y ejercicios divertidos

Casi todos los cajeros automáticos van al grano, sin rodeos. A veces, sin embargo, puedes toparte con un cajero menos lacónico. El problema en este caso es que algunas palabras se han escapado. Es hora de volverlas a ubicar en el lugar correspondiente.

Geheimzahl Betrag Karte Geldbetrag wählen entnehmen bestätigen

1. Bitte führen Sie die ______________ ein.
2. Bitte ______________ Sie eine Sprache.
3. Bitte geben Sie Ihre ______________ ein.
4. Bitte geben Sie den ______________ ein.
5. Bitte ______________ Sie den Betrag.
6. Bitte ______________ Sie die Karte.
7. Bitte entnehmen Sie den ______________.

Respuestas: 1. Karte 2. wählen 3. Geheimzahl 4. Geldbetrag 5. bestätigen 6. entnehmen 7. Betrag

Juegos y ejercicios divertidos

Estas palabras son necesarias para completar las siguientes frases. Intenta ubicarlas en el lugar correspondiente.

wechseln   Reiseschecks   Reisepass   ausweisen   Gebühr   Betrag

1. Anna möchte Reiseschecks ______________.
2. Welchen ______________ möchten Sie wechseln?
3. Wie hoch ist die ______________?
4. Können Sie sich ______________?
5. Hier ist mein ______________.

Respuestas: 1. wechseln 2. Betrag 3. Gebühr 4. ausweisen 5. Reisepass

EN ESTE CAPÍTULO

- Encontrar los lugares adonde quieres ir
- Tomar la dirección correcta (norte, sur, este y oeste)
- Viajar en coche
- Ir de aquí para allá

Capítulo 12

Pedir indicaciones para llegar a un lugar

La clave para desplazarse es saber cómo llegar al lugar al que quieres ir. Antes de subirte a ese bus o tren o de embarcarte en un viaje en coche o a pie, siempre es buena idea informarse de hacia dónde queda el destino que te interesa. Por tanto, puedes empezar preguntando dónde quedan la estación de tren, el banco o el museo. Pero desde luego también querrás entender las indicaciones que te den: al sur de la terminal de autobuses, detrás del parque, junto a la fuente, toma la segunda calle a la izquierda, gira a la derecha cuando llegues al tercer semáforo, y así sucesivamente. Si temes perderte, este capítulo te ubicará nuevamente en el mapa.

Pedir ayuda para encontrar una dirección

Por suerte, en alemán es bastante fácil preguntar por una dirección. El secreto para ubicar un lugar es la palabra **wo** (vo; dónde). La pregunta que debes hacer empieza con:

Wo ist...? (vo ist; ¿dónde está?/¿dónde queda...?)

Al final de la frase, simplemente agrega el nombre del lugar que estás buscando, que podría incluir cualquiera de los siguientes:

- **der Bahnhof** (dea *baan*-jof; estación de tren)
- **der Taxistand** (dea *ta*-csi-shtand; parada de taxis)
- **die U-Bahnhaltestelle** (dii *u*-baan-jal-te-shtel-le; estación de metro)
- **die Bushaltestelle** (dii *bus*-jal-te-shtel-le; parada de autobús)
- **der Flughafen** (dea *fluc*-ja-fen; aeropuerto)
- **der Hafen** (dea *ja*-fen; puerto)
- **die Bank** (dii banc; banco)
- **das Hotel** (das jo-*tel*; hotel)
- **die Kirche** (dii *quia*-je; iglesia)
- **die Post** (dii post; oficina de correos)
- **der Markt** (dea marct; mercado)
- **das Museum** (das mu-*se*-um; museo)
- **der Park** (dea parc; parque)
- **das Theater** (das te-*a*-tea; teatro)

Desde luego, si estás en una ciudad más o menos grande, una pregunta general como "¿dónde está la parada del autobús?" o "¿dónde está el banco?" podría recibir como respuesta una mirada de sorpresa: puede haber muchas paradas de autobús o muchos bancos solo en un barrio. Tienes que formular la pregunta lo más específicamente posible. Si conoces el nombre de la parada de autobús, el banco o la iglesia, no olvides incluirlo en tu pregunta. Por ejemplo, tus preguntas sobre cosas específicas podrían ser algo así:

- **Wo ist die Bushaltestelle Karlsplatz?** (vo ist dii *bus*-jal-te-sh-tel-le *carls*-plats; ¿dónde queda la parada de autobús Karlsplatz?)
- **Wo ist die Dresdner Bank?** (vo ist dii *dres*-dnea banc; ¿dónde queda el banco Dresdner?)
- **Wo ist die Marienkirche?** (vo ist dii ma-*ri*-en-quia-je; ¿dónde queda la Iglesia de [la Virgen] María?)

Si no conoces el nombre del lugar por el que estás preguntando, puedes pedir instrucciones para llegar lo más cerca posible de allí. Para eso debes utilizar la palabra **nächste** (*naejs*-te; más cerca). Simplemente insertas **nächste** después del artículo del lugar que estás buscando. Observa estos ejemplos del uso de **nächste** para ayudarte a encontrar el parque, la parada de autobús o el hotel más cercanos:

- **Wo ist der nächste Park?** (vo ist dea *naejs*-te parc; ¿dónde queda el parque más cercano?)
- **Wo ist die nächste Bushaltestelle?** (vo ist dii *naejs*-te *bus*-jal-te-shtel-le; ¿dónde queda la parada de autobús más cercana?)
- **Wo ist das nächste Hotel?** (vo ist das *naejs*-te jo-*tel*; ¿dónde queda el hotel más cercano?)

CONSEJO

Para desplazarte y pedir indicaciones, hay un verbo útil al que puedes recurrir para expresar que no sabes cómo llegar a algún lugar: **auskennen** (*aus*-quen-nen; conocer; estar familiarizado con). La expresión que conviene memorizar es:

Ich kenne mich hier nicht aus. (ij *quen*-ne mij jia nijt aus; no conozco esta zona)

Y si quieres que tu petición suene un poco más amistosa, dices:

Entschuldigen Sie bitte, ich kenne mich hier nicht aus. (ent-*shul*-di-guen sii *bit*-te ij *quen*-ne mij jia nijt aus; disculpe, no conozco esta zona)

He aquí la conjugación completa del verbo **sich auskennen**, por si la llegas a necesitar. Es un verbo tanto separable (sobre el cual puedes leer en el capítulo 14) como reflexivo (que requiere el pronombre personal en el caso acusativo):

Conjugación	***Pronunciación***
ich kenne mich aus	(ij *quen*-ne mij aus)
du kennst dich aus	(du quenst dij aus)

Sie kennen sich aus	(sii *quen*-nen sij aus)
er/sie/es kennt sich aus	(ea sii es quent sij aus)
wir kennen uns aus	(via *quen*-nen uns aus)
ihr kennt euch aus	(iia quent oij aus)
Sie kennen sich aus	(sii *quen*-nen sij aus)
sie kennen sich aus	(sii *quen*-nen sij aus)

¿Está muy lejos?

Con el fin de decidir si quieres caminar hasta un lugar o tomar un autobús o un taxi, conviene que sepas lo lejos que queda tu destino. Tienes un par de opciones para averiguar si algo queda cerca o lejos, y las palabras claves que debes conocer son **nah** (naa; cerca) y **weit** (vait; lejos).

Puedes hacer la pregunta:

> **Ist... weit entfernt?** (ist vait ent-*feant*; ¿...queda lejos?)

Simplemente agregas el nombre del lugar que buscas. Por ejemplo, si estás buscando el museo, podrías preguntar a alguien:

> **Ist das Museum weit entfernt?** (ist das mu-*se*-um vait ent-*feant*; ¿el museo queda lejos?)

Posiblemente respondan:

> **Nein, das Museum ist nicht weit von hier.** (nain, das mu-*se*-um ist nijt vait fon jia; no, el museo no queda lejos de aquí)

La persona con quien estás hablando podría incluso empezar a darte instrucciones para llegar al lugar que buscas (para entender indicaciones sobre direcciones, consulta la sección "Describir una posición o una ubicación", más adelante en este capítulo).

También podrías abordar el tema al revés e intentar averiguar si queda cerca un lugar utilizando el sustantivo **Nähe** (*nae*-je; cerca). Puedes preguntar:

> **Ist... in der Nähe?** (ist in dea *nae*-je; ¿...queda cerca?)

Ir de aquí para allá

Las palabras **hier** (jia; aquí) y **dort** (doat; allí) suelen desempeñar un papel importante cuando se dan indicaciones sobre cómo ir a un lugar. Hacen que las direcciones sean más específicas. Observa los siguientes ejemplos para ver cómo funcionan **hier** y **dort** cuando se dan indicaciones sobre direcciones:

» **Das Museum ist nicht weit von hier.** (das mu-*se*-um ist nijt vait fon jia; el museo no queda lejos de aquí)

» **Der Park ist nicht weit von dort.** (dea parc ist nijt vait fon doat; el parque no queda lejos de allí)

RECUERDA

Una expresión corriente que quizá escuches es:

Das ist gleich hier vorne/dort drüben. (das ist glaij jia *foa*-ne doat *driu*-ben; eso queda aquí mismo/justo allí)

Aunque "aquí mismo" y "justo allí" son las combinaciones más usuales, también existe:

Das ist gleich hier drüben. (das ist glaij jia *driu*-ben; eso queda justo aquí mismo)

Las expresiones **dort drüben** y **hier drüben** son prácticamente intercambiables.

Preguntar "¿cómo llego hasta allí?"

Si quieres preguntar "¿cómo llego hasta allí?", debes utilizar el verbo **kommen** (*com*-men), que significa tanto "venir" como "llegar a", si se usa con una preposición.

El verbo **kommen** se conjuga así:

Conjugación	***Pronunciación***
ich komme	(ij *com*-me)
du kommst	(du comst)
Sie kommen	(sii *com*-men)

er/sie/es kommt (ea sii es comt)

wir kommen (via *com*-men)

ihr kommt (iia comt)

Sie kommen (sii *com*-men)

sie kommen (sii *com*-men)

La forma básica de la pregunta "¿cómo llego hasta allí?" es:

> **Wie komme ich...?** (vii *com*-me ij; ¿cómo llego...?)

Para terminar la frase necesitas utilizar una preposición, para ayudarte a decir "*a* la estación de tren" o "*al* hotel". Ahí es cuando la cosa se complica un poco.

GRAMÁTICA

En este caso, en alemán no se utiliza una sola preposición. De hecho, es posible que tengas que elegir una de entre varias preposiciones que pueden significar "a". Las preposiciones "a" más utilizadas son las siguientes:

- **in** (in)
- **nach** (naj)
- **zu** (tsu)

Usar "in"

Se utiliza la preposición **in** (in) cuando se quiere llegar a cierto sector de una ciudad, como el centro, los suburbios o el parque. Por ejemplo:

> **Wie komme ich in die Innenstadt?** (vii *com*-me ij in dii *in*-nen-shtat; ¿cómo llego al centro de la ciudad?)

GRAMÁTICA

Cuando utilizas la preposición **in** de esta manera, el artículo que viene después de **in** debe ir en (caso) acusativo, lo que significa que el artículo cambia ligeramente de forma (para una explicación completa sobre el caso acusativo, consulta el capítulo 2). Como recordatorio, así cambian los artículos:

- **der** se convierte en **den** (den)
- **die** sigue siendo **die** (dii)
- **das** sigue siendo **das** (das)

Por ejemplo, el artículo de un sustantivo masculino como **der Park** (dea parc; parque) cambia así:

Wie komme ich in den Park? (vii *com*-me ij in den parc; ¿cómo llego al parque?)

El artículo de un sustantivo femenino, como **die Stadt** (dii shtat; ciudad), permanece igual:

Wie komme ich in die Stadt? (vii *com*-me ij in dii shtat; ¿cómo llego a la ciudad?)

GRAMÁTICA

El artículo de un sustantivo neutro como **das Zentrum** (das *tsen*-trum; centro) también permanece igual, pero cuando la preposición **in** se utiliza con sustantivos neutros en el caso acusativo, la preposición y el artículo se contraen para formar la palabra **ins**:

in + das = ins

Esta contracción se utiliza casi siempre, formando oraciones como:

Wie komme ich ins Zentrum? (vii *com*-me ij ins *tsen*-trum; ¿cómo llego al centro de la ciudad?)

Usar "nach"

La preposición **nach** solo se utiliza en un contexto muy específico. Si quieres ir a una ciudad o a un país, utilizas **nach** (naj):

Wie komme ich nach Köln? (vii *com*-me ij naj coeln; ¿cómo llego a Colonia?)

Esta vez no tienes que preocuparte por artículos complicados, porque los nombres de ciudades y la mayoría de los nombres de países no requieren artículos.

Usar "zu"

Para todos los demás lugares adonde quizá quieras ir, el uso de **u** (tsu) es bastante seguro.

GRAMÁTICA

La preposición **zu** exige el caso dativo, lo que significa que los artículos que se emplean inmediatamente después de **zu** cambian de las siguientes maneras:

- **der** se convierte en **dem** (dem)
- **die** se convierte en **der** (dea)
- **das** también se convierte en **dem** (dem)

Cuando se utiliza la preposición **zu** con sustantivos masculinos y neutros en el caso dativo, la preposición y el artículo se contraen para formar la palabra **zum**:

> **Wie komme ich zum Bahnhof?** (vii *com*-me ij tsum *baan*-jof; ¿cómo llego a la estación de tren?)

Para un sustantivo masculino como **der Bahnhof** (dea *baan*-jof; estación de tren), **zu** y **dem** se combinan para formar **zum**:

> zu + dem Bahnhof = **zum Bahnhof** (tsum *baan*-jof; a la estación de tren)

Un sustantivo neutro, como **das Auto** (das *au*-to; coche), se comporta de manera similar con **zu**:

> zu + dem Auto = **zum Auto** (tsum *au*-to; al coche)

Observa cómo un sustantivo femenino como **die Bushaltestelle** (dii *bus*-jal-te-shtel-le; parada de autobús) se comporta con **zu**:

> zu + der Bushaltestelle = **zur Bushaltestelle** (tsua *bus*-jal-te-shtel-le; a la parada de autobús)

> **Wie komme ich zur Bushaltestelle?** (vii *com*-me ij tsua *bus*-jal-te-shtel-le; ¿cómo llego a la parada de autobús?)

Describir una posición o una ubicación

Después de pedir indicaciones para ir a un lugar, debes estar preparado para entender las posibles respuestas. Es muy usual que alguien indique la ubicación de un lugar con relación a un punto de referencia conocido. Hay diversas preposiciones que se utilizan para describir ubicaciones de esta manera. Por suerte, todas estas preposiciones utilizan el caso dativo en este contexto, de modo que cualquier artículo después de la preposición se comporta como lo hace en el uso de **zu** que se describió en la sección anterior.

La tabla 12-1 muestra algunas preposiciones corrientes que se utilizan para expresar la ubicación de una cosa con respecto a otra.

CULTURA GENERAL

CONSEGUIR UN TAXI

El secreto para conseguir un taxi en Alemania es llamarlo por teléfono. Tal vez pienses que en las grandes ciudades simplemente se requiere hacerle una seña a un taxi en la calle, pero no es lo normal en Alemania, ni siquiera en las grandes ciudades. Por lo general debes llamar a un servicio de taxis, aunque en las guías telefónicas también se suelen incluir paradas de taxis individuales, de modo que puedes buscar el número de la que te quede más cerca. Desde luego, hay paradas de taxis frente a los aeropuertos, las estaciones de tren y los grandes hoteles.

TABLA 12-1 Preposiciones que expresan ubicaciones

Preposición	Pronunciación	Significado	Ejemplo
auf	(auf)	en	**auf der Museumstraße** (auf dea mu-*se*-um-shtra-se; en la calle Museo)
bei	(bai)	cerca/junto a	**beim Bahnhof** (baim *baan*-jof; cerca de la estación de tren)
hinter	(*jin*-tea)	detrás	**hinter der Kirche** (*jin*-tea dea *quia*-je; detrás de la iglesia)
vor	(foa)	frente a	**vor der Post** (foa dea post; frente a la oficina de correos)
neben	(*ne*-ben)	junto a	**neben der Bank** (*ne*-ben dea banc; junto al banco)
zwischen	(*tsvi*-shen)	entre	**zwischen dem Theater und der Bank** (*tsvi*-shen dem te-*a*-tea und dea banc; entre el teatro y el banco)
gegenüber	(gue-guen-*iu*-bea)	enfrente	**gegenüber dem Museum** (gue-guen-*iu*-bea dem mu-*se*-um; enfrente del museo)
an	(an)	en	**an der Ecke** (an dea *e*-que; en la esquina)

Hablando se entiende la gente

ESCUCHA

Pista 26: Miguel se ha ido de viaje de negocios a Múnich, una ciudad a la que nunca ha ido. Quiere tomar un taxi para ir a casa de un amigo y como necesita ayuda para encontrar la parada de taxis más cercana, se acerca a una mujer en la calle.

Miguel: **Entschuldigen Sie bitte, wo ist der nächste Taxistand?**
(ent-*shul*-di-guen sii *bit*-te vo ist dea *naejs*-te *ta*-csi-shtand)
Disculpe, ¿dónde queda la parada de taxis más cercana?

Frau: **Auf der Königsstraße.**
(auf dea *coe*-nic-shtra-se)
En la calle Real.

Miguel: **Ich kenne mich in München leider nicht aus. Wie komme ich zur Königsstraße?**
(ij *quen*-ne mij in *miun*-jen *lai*-dea nijt aus vii *com*-me ij tsua *coe*-nic-shtra-se)
Lamentablemente no conozco Múnich. ¿Cómo llego a la calle Real?

Frau: **Sehen Sie die Kirche an der Ecke? Neben der Kirche ist ein Park und direkt gegenüber ist der Taxistand.**
(*se*-jen sii dii *quia*-je an dea *e*-que *ne*-ben dea *quia*-je ist ain parc und di-*rect* gue-guen-*iu*-bea ist dea *ta*-csi-shtand)
¿Ve esa iglesia en la esquina? Junto a la iglesia hay un parque y directamente al otro lado queda la parada de taxis.

Miguel: **Vielen Dank!**
(fii-len danc)
¡Muchas gracias!

Palabras para recordar

wo ist...?	(vo ist)	¿dónde está/dónde queda...?
nächste	(*naejs*-te)	más cercano
sich auskennen	(sij *aus*-quen-nen)	conocer un lugar
weit	(vait)	lejos
nah	(naa)	cerca
hinter	(*jin*-tea)	detrás
vor	(foa)	frente a
neben	(*ne*-ben)	junto a
an	(an)	en

Derecha, izquierda, norte, sur, este y oeste

A menos que te aprendas las palabras que indican las diferentes direcciones —como izquierda y derecha, norte y sur—, estarás sacando siempre tu mapa y pidiendo a la gente que te indique el camino. Un poco vergonzoso e incómodo, ¿no? Procura dejar de depender de los mapas aprendiendo unas cuantas palabras sencillas para entender (y dar) direcciones.

Izquierda y derecha

Si tienes que pedir o dar indicaciones sobre direcciones, no hay forma de evadir las palabras claves para definir la posición: izquierda y derecha o, en alemán:

- **links** (lincs; izquierda)
- **rechts** (rejts; derecha)

Si quieres expresar que algo queda a la izquierda o a la derecha de algo, agrega la preposición **von** (fon; de) de la siguiente manera:

- **links von** (lincs fon; a la izquierda de); por ejemplo: **Das Museum ist links von der Kirche** (das mu-*se*-um ist lincs fon dea *quia*-je; el museo queda a la izquierda de la iglesia).
- **rechts von** (rejts fon; a la derecha de); por ejemplo: **Die Kirche ist rechts vom Theater** (dii *quia*-je ist rejts fom te-*a*-tea; la iglesia queda a la derecha del teatro).

Cuando hables sobre direcciones, es posible que también escuches la palabra "lado", **die Seite** (dii *sai*-te). Junto con las palabras "izquierda" y "derecha", **Seite** contribuye a hacer más específicas las direcciones. Por ejemplo:

- **Das Museum ist auf der linken Seite.** (das mu-*se*-um ist auf dea *lin*-quen *sai*-te; el museo queda al lado izquierdo)
- **Die Kirche ist auf der rechten Seite.** (dii *quia*-je ist auf dea *rej*-ten *sai*-te; la iglesia queda al lado derecho)

Los puntos cardinales

Los otros elementos que resultan útiles cuando necesitas definir tu posición (o la posición de algo) son los puntos cardinales. Estos son:

- **der Norden** (dea *noa*-den; norte)
- **der Süden** (dea *siu*-den; sur)
- **der Osten** (dea *os*-ten; este)
- **der Westen** (dea *ves*-ten; oeste)

Para describir una posición, debes combinar los puntos cardinales con la preposición **im** (im). Por ejemplo:

> **Der Hafen liegt im Norden/Süden/Osten/Westen.** (dea *ha*-fen liict im *noa*-den/*sue*-den/*os*-ten/*ves*-ten; el puerto queda en el norte/sur/este/oeste)

Ponerse en marcha

Si le pediste a alguien indicaciones para llegar a algún sitio, es muy posible que te responda que debes tomar una calle específica, por ejemplo la segunda calle a la izquierda o la primera calle a la derecha.

Los verbos que debes conocer en este contexto son **gehen** (*gue*-jen; ir) y **nehmen** (*nee*-men; tomar). Con el fin de dar indicaciones sobre una dirección, se utiliza el imperativo (para mayor información sobre este modo verbal consulta la sección "Hablar en imperativo", en el capítulo 11). El verbo va al comienzo de la oración. Por ejemplo:

- **Nehmen Sie die zweite Straße links!** (*nee*-men sii dii *tsvai*-te *shtraa*-se lincs; tome la segunda calle a la izquierda)
- **Gehen Sie die erste Straße rechts!** (*gue*-jen sii dii *eas*-te *shtraa*-se rejts; tome la primera calle a la derecha)

Si quisieras dar instrucciones a un amigo no utilizarías la modalidad formal sino la informal, y las indicaciones anteriores se convertirían en:

- **Nimm die zweite Straße links!** (nim dii *tsvai*-te *shtraa*-se lincs; toma la segunda calle a la izquierda)
- **Geh die erste Straße rechts!** (guee dii *eas*-te *shtraa*-se rejts; toma la primera calle a la derecha)

Para mayor información sobre el uso de este tipo de palabras, consulta la siguiente sección: "El primero, el segundo, el tercero...".

Si buscas un edificio en concreto, podrías escuchar algo así:

Es ist das dritte Haus auf der linken Seite. (es ist das *drit*-te jaus auf dea *lin*-quen *sai*-te; es la tercera casa de la izquierda)

Y si no tienes que doblar a la izquierda o a la derecha sino seguir derecho, podrías escuchar la instrucción:

Gehen Sie geradeaus! (*gue*-jen sii gue-ra-de-*aus*; siga recto)

El primero, el segundo, el tercero...

Las palabras como segundo, tercero, cuarto, etc., se denominan *números ordinales.* Se refieren a un número específico en una serie y responden la pregunta "¿cuál?". Por ejemplo, para responder la pregunta "¿cual de las casas?" utilizas un número ordinal: "La segunda a la izquierda".

GRAMÁTICA

En alemán los números ordinales se forman agregando el sufijo "te" a los números cardinales (uno, dos, tres...) entre el 1 y el 19, salvo dos excepciones que son:

- **eins** (ains; uno)/**erste** (*ea*s-te; primero)
- **drei** (drai; tres)/**dritte** (*drit*-te; tercero)

La tabla 12-2 muestra cómo formar los números ordinales de los números 1 al 10 y un ejemplo de un número ordinal formado con un número del 13 al 19.

TABLA 12-2 Formar números ordinales a partir del número cardinal

Número cardinal	Número ordinal
eins (ains; uno)	der/die/das **erste** (dea/dii/das *eas*-te; el/la primero/a)
zwei (tsvai; dos)	**zweite** (*tsvai*-te; segundo/a)
drei (drai; tres)	**dritte** (*drit*-te; tercero/a)
vier (fiia; cuatro)	**vierte** (*fiia*-te; cuarto/a)
fünf (fiunf; cinco)	**fünfte** (*fiunf*-te; quinto/a)
sechs (secs; seis)	**sechste** (*secs*-te; sexto/a)
sieben (*sii*-ben; siete)	**siebte** (*siib*-te; séptimo/a)
acht (ajt; ocho)	**achte** (*aj*-te; octavo/a)
neun (noin; nueve)	**neunte** (*noin*-te; noveno/a)
zehn (tseen; diez)	**zehnte** (*tseen*-te; décimo/a)
siebzehn (*siib*-tseen; diecisiete)	**siebzehnte** (*siib*-tseen-te; decimoséptimo)

Los números ordinales superiores a 19 se forman agregando el sufijo "ste" a los números cardinales. Por ejemplo:

- **zwanzig** (*tsvan*-tsic; veinte)/**zwanzigste** (*tsvan*-tsics-te; vigésimo)
- **dreissig** (*drai*-sic; treinta)/**dreissigste** (*drai*-sics-te; trigésimo)
- **vierzig** (*fiia*-tsic; cuarenta)/**vierzigste** (*fiia*-tsics-te; cuadragésimo)

GRAMÁTICA

Puesto que se utilizan como adjetivos, los números ordinales toman el género y el caso del sustantivo al que se refieren. La tabla 12-3 muestra cómo cambia el adjetivo **erste** en cada caso, junto con el artículo que lo antecede.

TABLA 12-3 Declinación de un número ordinal: "erste" (*eas*-te; primero)

Género del sustantivo	Nominativo	Genitivo	Dativo	Acusativo
Masculino (der)	der erste	des ersten	dem ersten	den ersten
Femenino (die)	die erste	der ersten	der ersten	die erste
Neutro (das)	das erste	des ersten	dem ersten	das erste
Plural (die)	die ersten	der ersten	den ersten	die ersten

Hablando se entiende la gente

ESCUCHA

Pista 27: Erika quiere reunirse con una vieja amiga que está en la ciudad en viaje de negocios. Tiene la dirección del hotel donde se hospeda su amiga pero no está segura de la ubicación, de modo que tiene que pedir ayuda.

Erika: **Entschuldigung?**
(ent-*shul*-di-gunc)
¿Disculpe?

Mann: **Ja, bitte?**
(ia *bit*-te)
¿Sí?

Erika: **Wie komme ich zur Beethovenstraße?**
(vii *co*-me ij tsua *beet*-joven-shtraa-se)
¿Cómo puedo llegar a la calle Beethoven?

Mann: **Nehmen Sie die U-Bahn am Opernplatz.**
(*nee*-men sii dii *u*-baan am *o*-pean-plats)
Tiene que tomar el metro en la plaza de la Ópera.

Erika: **Und wo ist der Opernplatz?**
(und vo ist dea *o*-pean-plats)
¿Y dónde queda la plaza de la Ópera?

Mann: **Gehen Sie die Wodanstraße geradeaus. Dann gehen Sie links in die Reuterstraße. Rechts liegt der Bahnhof und direkt gegenüber ist der Opernplatz.**
(*gue*-jen sii dii *vo*-dan-shtra-se gue-ra-de-*aus* dan *gue*-jen sii lincs in dii *roi*-tea-shtraa-se rejts liict dea *baan*-jof und di-*rect* gue-guen-*iu*-bea ist dea *o*-pean-plats)
Siga recto por la calle Wodan. Luego doble a la izquierda por la calle Reuter. A la derecha verá la estación de tren y del lado directamente opuesto está la plaza de la Ópera.

Erika: **Und welche U-Bahn nehme ich?**
(und *vel*-je *u*-baan *nee*-me ij)
¿Y qué metro tomo?

Mann: **U5 bis zur Haltestelle Beethovenstraße.**
(u fiunf bis tsua *jal*-te-shtel-le *beet*-jo-ven-shtraa-se)
Tome el metro 5 hasta la parada de la calle Beethoven.

Erika: **Vielen Dank!**
(*fii*-len danc)
¡Muchas gracias!

Palabras para recordar

links	(lincs)	izquierda
rechts	(rejts)	derecha
wo ist...?	(vo ist)	¿dónde queda...?
nehmen Sie...!	(*nee*-men sii)	¡tome...!
gehen Sie...!	(*gue*-jen sii)	¡vaya...!
die U-Bahn	(dii *u*-baan)	metro
die Haltestelle	(dii *jal*-te-shtel-le)	parada (bus, metro, etc.)

Viajar en coche o en otro vehículo

En algunos idiomas no importa mucho si uno va en coche o a pie: sea cual sea el medio de transporte, uno "va" en algo. Lamentablemente, el verbo alemán **gehen** (*gue*-jen; ir) no es tan flexible. Puedes ir "a pie" —**zu Fuß gehen** (tsu fuus *gue*-jen)—, pero si tomas el coche "conduces" —**fahren** (*faa*-ren)—, no "vas".

Para utilizar **fahren** en una oración se requieren tres cosas: la palabra que designa el tipo de vehículo que estás usando, la preposición **mit** (mit; con) y el dativo del artículo del vehículo. A continuación presentamos algunos ejemplos sobre cómo usar el verbo **fahren** en una oración para decir que vas a utilizar un tipo específico de transporte:

> **Ich fahre mit dem Auto.** (ij *faa*-re mit dem *au*-to; iré en coche. Literalmente: Voy a conducir con el coche)

No necesitas experiencia de conducción para utilizar las siguientes palabras y oraciones sobre doblar a la izquierda o a la derecha. ¡También puedes emplearlas para describir giros que hagas en bicicleta o monopatín!

Para decir a alguien que doble a la izquierda o la derecha, puedes recurrir a tu viejo amigo, el verbo **fahren**:

Fahren Sie links/rechts! (*faa*-ren sii lincs rejts; ¡doble a la izquierda/a la derecha! Literalmente: ¡Conduzca a la izquierda/a la derecha!)

También puedes utilizar el verbo **abbiegen** (ab-*bii*-guen; doblar/torcer) para indicar a alguien que gire a la izquierda o a la derecha:

Biegen Sie links/rechts ab! (*bii*-guen sii lincs rejts ab; ¡doble a la izquierda/a la derecha!)

RECUERDA

Si te has perdido conduciendo, conviene que memorices esta expresión:

Ich habe mich verfahren. Ich suche... (ij *ja*-be mij fea-*faa*-ren ij *su*-je; me he perdido. Estoy buscando...)

Para más información sobre palabras que necesitas para moverte en coche, consulta el capítulo 14.

Hablando se entiende la gente

Paula ha alquilado un coche para ir a Francfort durante el día. Tiene que ir a Bockenheim, un distrito de Francfort, y se detiene en una gasolinera con el fin de pedir indicaciones para llegar allí.

Paula: **Entschuldigen Sie, wie komme ich nach Bockenheim?**
(ent-*shul*-di-guen sii vii *com*-me ij naj *boc*-quen-jaim)
Disculpe, ¿cómo puedo llegar a Bockenheim?

Tankwart: **Nehmen Sie die Ausfahrt Frankfurt-Messe! Das sind ungefähr vier Kilometer von hier.**
(*nee*-men sii dii *aus*-faart *franc*-fuat *mes*-se das sind un-gue-*faer* fiia qui-lo-*me*-tea fon jia)
Tome la salida Frankfurt-Messe. Queda a aproximadamente cuatro kilómetros de aquí.

Paula: **Alles klar! Danke.**
(*al*-les claa *dan*-que)
¡Muy bien! Gracias.

Paula llega a Bockenheim, pero allí se pierde de nuevo. Detiene el coche y le pide indicaciones a un policía.

Paula:	**Entschuldigen Sie, ich habe mich verfahren! Ich suche den Hessenplatz.** (ent-*shul*-di-guen sii ij *ja*-be mij fea-*faa*-ren ij *su*-je den *jes*-sen-plats) Disculpe. ¡Me he perdido! Estoy buscando la plaza Hessen.
Polizei:	**Biegen Sie an der nächsten Kreuzung rechts ab. Dann fahren Sie geradeaus, ungefähr einen Kilometer. Der Hessenplatz liegt auf der linken Seite.** (*bii*-guen sii an dea *naejs*-ten *croi*-tsunc rejts ab dan *faa*-ren sii gue-ra-de-*aus* un-gue-*faer ai*-nen qui-lo-*me*-tea dea *jes*-sen-plats liict auf dea *lin*-quen *sai*-te) Gire a la izquierda en el próximo cruce. Luego siga recto, aproximadamente un kilómetro. La plaza Hessen queda a la izquierda.
Paula:	**Vielen Dank!** (*fii*-len danc) ¡Muchas gracias!

Juegos y ejercicios divertidos

Haz coincidir las descripciones con las imágenes.

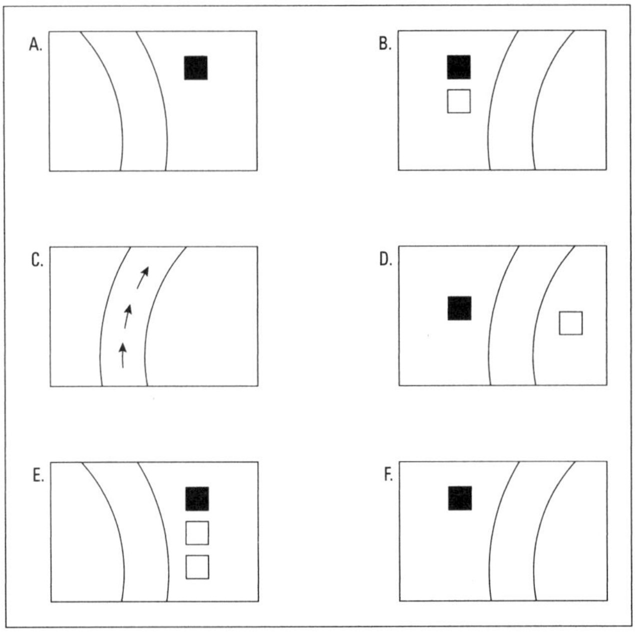

1. gegenüber
2. rechts
3. das dritte Haus auf der rechten Seite
4. geradeaus
5. links
6. das zweite Haus auf der linken Seite

Respuestas: 1-D, 2-A, 3-E, 4-C, 5-F, 6-B

EN ESTE CAPÍTULO

Capítulo 13

Alojarse en un hotel

Tanto si viajas por negocios como por placer, una parte importante de la experiencia es conseguir un alojamiento confortable. Este capítulo te dará el vocabulario y las frases que necesitas para buscar un hotel, hacer una reserva, averiguar qué ofrece, registrarte y pagar la factura.

Buscar un hotel

Si necesitas ayuda para buscar un hotel, quizá te convenga comprar una guía hotelera, o **Hotelführer** (jo-*tel*-fiuu-rea), que se consigue en las librerías. Desde luego, también puedes obtener información sobre todo tipo de alojamientos en el centro de información turística de cualquier ciudad, que se llama **das Fremdenverkehrsbüro** (das *frem*-den-fea-queas-biu-ro).

CONSEJO

Tal vez quieras preguntar a otra gente si te pueden recomendar un hotel. En tal caso dirías:

Können Sie ein Hotel in... empfehlen? (*coe*-nen sii ain jo-*tel* in emp-*fee*-len; ¿me puede recomendar un hotel en...?)

La palabra básica para referirse a un hotel en alemán es **das Hotel** (das jo-*tel*). En los países de habla alemana encontrarás una amplia variedad de hoteles con diferentes ambientes y niveles de servicio. En las zonas rurales y los pueblos más pequeños a veces los hoteles tienen otros nombres. Por ejemplo, los siguientes tipos de hoteles son muy comunes:

- **das Hotel garni** (das jo-*tel gar*-ni; un hotel que solo sirve desayunos)
- **der Rasthof/das Motel** (dea *rast*-jof/das mo-*tel*; un parador u hotel de carretera situado cerca de una autopista)
- **das Gasthaus/der Gasthof** (das *gast*-jaus/dea *gast*-jof; una posada que ofrece comidas y bebidas y a menudo alojamiento)
- **die Pension/das Fremdenzimmer** (dii pang-si-*on*/das *frem*-den-tsim-mea; una pensión que ofrece alimentación completa —desayuno, almuerzo y cena— o parcial: desayuno y almuerzo o cena. Por lo general solo se sirve comida a quienes se hospedan allí)
- **die Jugendherberge** (dii *iu*-guend-jer-bea-gue; un albergue juvenil; en Austria, Alemania y Suiza estos albergues son bastante confortables y a veces incluso elegantes)
- **die Ferienwohnung** (dii *fe*-rien-voo-nunc; un "apartamento para vacaciones", un apartamento amueblado en sitios turísticos)

Reservar una habitación

Normalmente conviene reservar la habitación de hotel con anticipación, sobre todo si es temporada alta o si hay un evento especial en la ciudad que ocupe los hoteles rápidamente. Si no has reservado una habitación y te resulta difícil encontrar una, es más probable que la encuentres en un hotel en las afueras de la ciudad o más lejos del centro urbano. Pide ayuda en el **Fremdenverkehrsbüro** (para más información sobre esta oficina tan útil, consulta la sección anterior).

Las reservas de habitaciones de hotel se suelen hacer por teléfono, de modo que convendría que leyeras el capítulo 9 antes de coger el teléfono para llamar. Cuando te contesten en el hotel, puedes decir lo siguiente para anunciar el propósito de tu llamada:

Ich möchte gern ein Zimmer reservieren. (ij *moej*-te guean ain *tsim*-mea re-sea-*vii*-ren; quisiera reservar una habitación)

Si quieres reservar más de una habitación, simplemente debes insertar el número apropiado delante de "Zimmer": **zwei** (tsvai; dos), **drei** (drai; tres) **Zimmer**, y así sucesivamente.

Dependiendo de quién conteste al teléfono, es posible que puedas empezar a hacer tu reserva de inmediato.

Indicar el momento y la duración de la estancia

Es muy probable que la persona que tome la reserva te haga una serie de preguntas con el fin de completar el proceso. Una de las primeras preguntas podría ser algo así como:

Von wann bis wann möchten Sie ein Zimmer reservieren? (fon van bis van *moej*-ten sii ain *tsim*-mea re-sea-*vii*-ren; ¿para qué fechas quiere reservar una habitación?)

CONSEJO

Antes de llamar para hacer una reserva consulta la sección "Utilizar el calendario y las fechas", en el capítulo 15, para aprender a decir las fechas que necesitas con el fin de hacer la reserva.

Para especificar cuántas noches te quieres quedar o para qué fechas deseas la reserva, podrías decir una de estas frases, según tus necesidades:

- **Ich möchte gern ein Zimmer für... Nächte reservieren.** (ij *moej*-te guean ain *tsim*-mea fiua *naej*-te re-sea-*vii*-ren; quisiera reservar una habitación para... noches)
- **Ich möchte gern ein Zimmer vom 11.3. bis zum 15.3. reservieren.** (ij *moej*-te guean ain *tsim*-mea fom *elf*-ten *drit*-ten bis tsum *fiunf*-tseen-ten *drit*-ten re-sea-*vii*-ren; quisiera reservar una habitación entre el 11 y el 15 de marzo)

Especificar el tipo de habitación que quieres

La persona que está tomando nota de tu reserva sin duda te hará una pregunta como la siguiente para averiguar qué tipo de habitación deseas:

> **Was für ein Zimmer möchten Sie gern?** (vas fiua ain *tsim*-mea *moej*-ten sii guean; ¿qué tipo de habitación desea?)

También puedes tomar la iniciativa y especificar qué tipo de habitación quieres con la frase:

> **Ich hätte gern...** (ij *jaet*-te guean; quiero...)

Al final de la frase, coloca cualquiera de las siguientes posibilidades (o una combinación de las siguientes) para especificar el tipo de habitación a la que quieres llevar tu maleta:

- **ein Einzelzimmer** (ain *ain*-tsel-tsim-mea; una habitación sencilla)
- **ein Doppelzimmer** (ain *dop*-pel-tsim-mea; una habitación doble)
- **ein Zimmer mit...** (ain *tsim*-mea mit; una habitación con...)
    - **Dusche** (*du*-she; ducha)
    - **Bad** (bad; baño/bañera)
    - **zwei Einzelbetten** (tsvai *ain*-tsel-bet-ten; dos camas sencillas)
    - **einem Doppelbett** (*ai*-nem *dop*-pel-bet; una cama doble)

RECUERDA

WAS FÜR...? ¿QUÉ TIPO DE...?

Esta es una excelente frase para recordar. Puede surgir fácilmente al hablar con toda clase de proveedores de servicios, desde un vendedor hasta un asistente en la **Fremdenverkehrsbüro.** Estas preguntas ayudan a la gente a saber qué quieres exactamente. Por ejemplo:

- **Was für eine Ferienwohnung möchten Sie gern?** *ai fe moej*-ten sii guean; ¿qué tipo de apartamento para vacaciones desea?)
- **Was für einen Rasthof suchen Sie?** (vas fiua *ai*-nen *rast*-jof *su*-jen sii; ¿qué tipo de alojamiento está buscando?)

Recuerda que la pregunta **Was für...?** siempre se utiliza con el artículo indefinido en el caso acusativo (para más información sobre este, consulta el capítulo 2).

Preguntar el precio

Seguramente también querrás saber cuánto cuesta la habitación. He aquí algunas maneras de formular la pregunta, dependiendo de si quieres saber el precio básico o el precio con otros servicios incluidos:

» **Was kostet das Zimmer pro Nacht?** (vas *cos*-tet das *tsim*-mea pro najt; ¿cuánto cuesta la habitación por noche?)

» **Was kostet eine Übernachtung mit Frühstück?** (vas *cos*-tet *ai*-ne iu-bea-*naj*-tunc mit *friu*-shtiuc; ¿cuánto cuesta el alojamiento con desayuno?)

» **Was kostet ein Zimmer mit Vollpension?** (vas *cos*-tet ain *tsim*-mea mit *fol*-pang-si-on; ¿cuánto cuesta una habitación con pensión completa?)

» **Was kostet ein Zimmer mit Halbpension?** (vas *cos*-tet ain *tsim*-mea mit *jalb*-pang-si-on; ¿cuánto cuesta una habitación con media pensión?)

Cerrar la reserva

Si la habitación está disponible y te satisface el precio, puedes cerrar el trato diciendo:

Können Sie das Zimmer bitte reservieren? (*coen*-nen sii das *tsim*-mea *bit*-te re-sea-*vii*-ren; ¿me puede reservar esta habitación, por favor?)

Hablando se entiende la gente

ESCUCHA

Pista 28: Klaus y Ulrike Huber quieren ir de vacaciones a Austria y han encontrado un hotel en la zona que piensan visitar. Klaus llama al Hotel Staiger y habla con la recepcionista.

Rezeption: **Hotel Staiger, guten Tag.**
(*jo*-tel *shtai*-guea *gu*-ten taac)
Hotel Staiger, buenos días.

Klaus: **Guten Tag, ich möchte ein Zimmer reservieren. Vom 15. bis zum 23 Juni.**
(*gu*-ten taac ij *moej*-te ain *tsim*-mea re-sea-*vii*-ren fom *fiunf*-tseen-ten bis tsum *drai*-und-ts-van-tsics-ten *iu*-ni)

Buenos días. Quisiera reservar una habitación entre el 15 y el 23 de junio.

Rezeption: **Ja, das geht. Was für ein Zimmer möchten Sie?**
(ia das gueet vas fiua ain *tsim*-mea *moej*-ten sii)
Sí, es posible. ¿Qué tipo de habitación desea?

Klaus: **Ein Doppelzimmer mit Bad, bitte. Was kostet das Zimmer pro Nachte?**
(ain *dop*-pel-tsim-mea mit bad *bit*-te vas *cos*-tet das *tsim*-mea pro najt)
Una habitación doble con baño, por favor. ¿Cuánto cuesta la habitación por noche?

Rezeption: **150 Euro für Übernachtung mit Frühstück.**
(*jun*-deat *fiunf*-tsic oiro fiua *iu*-bea-naj-tunc mit *friu*-shtiuc)
150 euros por alojamiento con desayuno.

Klaus: **Gut, können Sie es bitte reservieren? Mein Name ist Huber.**
(gut *coen*-nen sii es *bit*-te re-sea-*vii*-ren main *na*-me ist *ju*-bea)
Muy bien. ¿Podría reservarla, por favor? Mi nombre es Huber.

Rezeption: **Geht in Ordnung, Herr Huber.**
(gueet in *ord*-nunc jea *ju*-bea)
Muy bien, Sr. Huber.

Klaus: **Vielen Dank!**
(*fii*-len danc)
¡Muchas gracias!

Palabras para recordar

das Fremdenver-kehrsbüro	(das *frem*-den-fea-queas-biu-ro)	centro de información turística
das Einzelzimmer	(das *ain*-tsel-tsim-mea)	habitación sencilla
das Doppelzimmer	(das *dop*-pel-tsim-mea)	habitación doble
das Bad	(das bad)	baño; bañera
die Dusche	(dii *du*-she)	ducha
geht in Ordnung!	(gueet in *ord*-nunc)	¡muy bien!

Registrarse: nombres, direcciones y números de habitación

Tan pronto como llegas al hotel, tienes que registrarte en la **Rezeption** (re-tsep-ti-*on*; recepción). Para indicarle a la recepcionista que tienes una reserva, puedes decirle:

Ich habe ein Zimmer reserviert. (ij *ja*-be ain *tsim*-mea re-sea-*viiat*; tengo una reserva para una habitación)

Desde luego, también tienes que decirle tu nombre:

Mein Name ist… (main *na*-me ist; mi nombre es…)

¿Cuánto tiempo te piensas quedar?

Si no hiciste una reserva, o si la recepcionista quiere verificar la duración de tu estancia, es posible que escuches la siguiente pregunta:

Wie lange bleiben Sie? (vii *lan*-gue *blai*-ben sii; ¿cuánto tiempo se va a quedar?)

A la pregunta sobre la duración, puedes responder con la frase:

Ich bleibe/wir bleiben… (ij *blai*-be/via *blai*-ben; voy a quedarme…/ vamos a quedarnos…)

Luego terminas la frase con la duración correspondiente:

- **...nur eine Nacht** (nua *ai*-ne najt; ...solo una noche)
- **...drei Tage** (drai *ta*-gue; ...tres días)
- **...eine Woche** (*ai*-ne *vo*-je; ...una semana)

Rellenar el formulario de registro

En algunos hoteles es posible que tengas que rellenar un formulario en la recepción, **das Formular** (das foa-mu-*laa*), como parte del proceso de registro. La recepcionista te entregará el formulario, diciendo algo así:

> **Bitte füllen Sie dieses Formular aus.** (*bit*-te *fiul*-len sii *dii*-ses foa-mu-*laa* aus; por favor, complete este formulario)

La información que se pide en el formulario varía; en la mayoría de los casos bastan tu nombre y tu dirección, pero también es posible que te pidan la siguiente información:

- **Name/Vorname** (*na*-me/*foa*-na-me; apellido/nombre de pila)
- **Straße/Nummer (Nr.)** (*shtraa*-se/*num*-mea; calle/número)
- **Postleitzahl/Wohnort** (*post*-lait-tsaal/*voon*-oat; código postal/ ciudad)
- **Geburtsdatum/Geburtsort** (gue-*buats*-da-tum/gue-*buats*-oat; fecha de nacimiento/lugar de nacimiento)
- **Nationalität** (na-tsi-o-na-li-*taet*; nacionalidad)
- **Beruf** (be-*ruf*; ocupación)
- **Passnummer** (*pas*-num-mea; número de pasaporte)
- **Kraftfahrzeugkennzeichen** (*craft*-faa-tsoic-quen-tsai-jen; número de matrícula del coche)
- **Ort/Datum** (oat/*da*-tum; lugar/fecha)
- **Unterschrift** (*un*-tea-shrift; firma)

NO OLVIDES EL EQUIPAJE

Lo más probable es que viajes con algún tipo de equipaje, **das Gepäck** (das gue-*paec*). Tu equipaje podría ser **der Koffer** (dea *cof*-fea; maleta) o quizá **die Koffer** (dii *cof*-fea; maletas). No es un error: la única diferencia entre el singular y el plural de "maleta" es el artículo.

Pedir el juego de llaves

Cuando te hayas registrado, la recepcionista te indicará el número de tu habitación:

Sie haben Zimmer Nummer 203. (sii *ja*-ben *tsim*-mea *num*-mea *tsvai*-jun-deat-drai; su habitación es la número 203)

El número de la habitación suele estar escrito en la llave, como en los hoteles de la mayor parte del mundo.

CULTURA GENERAL

En algunos hoteles, por lo general en las ciudades pequeñas, es posible que tengas que dejar la llave en la recepción en vez de llevarla contigo cuando sales. Al regresar al hotel, puedes utilizar cualquiera de estas frases para pedir la llave:

- **Können Sie mir bitte den Schlüssel für Zimmer... geben?** (*coen*-nen sii mia *bit*-te den *shlius*-sel fiua *tsim*-mea *gue*-ben; ¿podría darme la llave de la habitación número...?)
- **Den Schlüssel für Zimmer... bitte.** (den *shlius*-sel fiua *tsim*-mea *bit*-te; la llave de la habitación número..., por favor)

Preguntar por los servicios que ofrecen

También es posible que quieras averiguar qué tipo de servicios ofrece el hotel: ¿Tiene la habitación teléfono y minibar? ¿Tiene el hotel servicio de lavandería?

Tu habitación

Si quieres preguntar sobre servicios específicos en tu habitación, empieza con la frase:

Hat das Zimmer...? (jat das *tsim*-mea; ¿la habitación tiene...?)

CULTURA GENERAL

DESAYUNO EN EL HOTEL

En casi todos los grandes hoteles ofrecen un desayuno de tipo *buffet*, en el que puedes escoger todo tipo de alimentos, como cereales, huevos, diversos panes y zumos, jamones, quesos, etc. Sin embargo, en las ciudades o los hoteles pequeños, es posible que te sirvan lo que solía ser el desayuno alemán típico: panecillos, panes, mermelada, huevos pasados por agua y una selección de fiambres y quesos. Así pues, si no puedes prescindir de los huevos revueltos por la mañana, ¡tal vez tengas que pedirlos de forma adicional! (Para aprender a hacerlo, consulta el capítulo 5.)

Luego, finaliza la frase con cualquiera de los siguientes elementos sobre los que quizá quieras preguntar:

- **...Kabelfernsehen?** (*ca*-bel-fean-se-jen; ¿...televisión por cable?)
- **...Satellitenfernsehen** (sa-tel-*li*-ten-fean-se-jen; ¿...televisión vía satelital?)
- **...ein Telefon?** (ain *te*-le-fon; ¿...teléfono?)
- **...eine Minibar** (*ai*-ne *mi*-ni-bar; ¿...minibar?)

CONSEJO

Si lo único que quieres es llegar a tu habitación y descansar, puedes asegurarte de que el personal de servicio no te moleste colocando un letrero con el siguiente mensaje en la puerta (lo encontrarás en algún lugar de la habitación):

Bitte nicht stören! (*bit*-te nijt *shtoe*-ren; ¡por favor, no molestar!)

El hotel

Es posible que el hotel ofrezca una variedad de servicios. Por lo general, estos servicios están especificados en un folleto o carta que encontrarás en la habitación. Sin embargo, si no encuentras una lista de servicios, puedes llamar a la recepción y preguntar:

Hat das Hotel...? (jat das jo-*tel*; ¿el hotel tiene...?)

Luego puedes preguntar por cualquiera de los siguientes servicios finalizando la frase anterior con:

- **...eine Sauna?** (*ai*-ne *sau*-na; ¿...sauna?)
- **...ein Schwimmbad?** (ain *shvim*-bad; ¿...piscina?)

- **...ein Fax?** (ain facs; ¿...fax?)
- **...einen Wäschedienst?** (*ai*-nen *vae*-she-diinst; ¿...servicio de lavandería?)
- **...eine Klimaanlage?** (*ai*-ne *cli*-ma-an-la-gue; ¿...aire acondicionado?)
- **...eine Hotelgarage?** (*ai*-ne jo-*tel*-ga-ra-she; ¿...garaje?)
- **...eine Parkplatz?** (*ai*-nen *parc*-plats; ¿...estacionamiento?)

Y estas son las preguntas que te permitirán informarte sobre el desayuno y el servicio de habitaciones:

- **Wann wird das Frühstück serviert?** (van vird das *friu*-shtiuc sea-*viiat*; ¿a qué hora sirven el desayuno?)
- **Gibt es Zimmerservice?** (guibt es *tsim*-mea-sea-vis; ¿hay servicio de habitaciones?)

Algo importante que te facilitará la vida en el hotel es poder preguntar si has recibido alguna llamada telefónica. La pregunta que debes hacer es:

Hat jemand eine Nachricht für mich hinterlassen? (jat *ie*-mand *ai*-ne *naj*-rijt fiua mij jin-tea-*las*-sen; ¿me dejó alguien algún mensaje?)

Hablando se entiende la gente

Pista 29: Klaus y Ulrike Huber llegan a su hotel en Austria. Estacionan su coche en la entrada y van a la recepción para registrarse.

Klaus:	**Guten Abend! Mein Name ist Huber. Wir haben ein Zimmer reserviert.** (*gu*-ten *a*-bend main *na*-me ist *ju*-bea via *ja*-ben ain *tsim*-mea re-sea-*viiat*) ¡Buenas tardes! Mi nombre es Huber. Tenemos una habitación reservada.
Rezeption:	**Ja richtig, ein Doppelzimmer mit Bad. Bitte füllen Sie dieses Formular aus.** (ia *rij*-tic ain *dop*-pel-tsim-mea mit bad *bit*-te *fiul*-len sii *dii*-ses foa-mu-*laa* aus) Sí, es correcto, una habitación doble con baño. Por favor rellene este formulario.

Klaus	**Haben Sie eine Garage oder einen Parkplatz?** (*ja*-ben sii *ai*-ne ga-*ra*-she *o*-dea *ai*-nen *parc*-plats) ¿Tienen garaje o estacionamiento?
Rezeption:	**Der Parkplatz ist hinter dem Hotel. Und hier ist Ihr Zimmerschlüssel, Nummer 203.** (dea *parc*-plats ist *jin*-tea dem jo-*tel* und jia ist iia *tsim*-mea-shlius-sel *num*-mea *tsvai*-jun-deat-drai) El estacionamiento queda detrás del hotel. Y aquí está su llave, la número 203.
Ulrike:	**Wann servieren Sie Frühstück?** (van sea-*vii*-ren sii *friu*-shtiuc) ¿A qué hora sirven el desayuno?
Rezeption:	**Von sieben bis zehn Uhr.** (fon *sii*-ben bis tseen uua) Entre las 7.00 y las 10.00.
Ulrike:	**Vielen Dank.** (*fii*-len danc) Muchas gracias.

Palabras para recordar

bleiben	(*blai*-ben)	quedarse
das Formular	(das foa-mu-*laa*)	formulario
ausfüllen	(*aus*-fiul-len)	rellenar
der Schlüssel	(dea *shlius*-sel)	llave
bitte nicht stören!	(*bit*-te nijt *shtoe*-ren)	¡por favor, no molestar!
der Zimmerservice	(dea *tsim*-mea-sea-vis)	servicio de habitaciones
der Parkplatz	(dea *parc*-plats)	estacionamiento

Pagar la cuenta antes de irse

Una vez terminada tu estancia, tienes que cumplir las normas pertinentes para dejar la habitación y pagar la cuenta.

El término que se usa en alemán para dejar la habitación es **das Zimmer räumen** (das *tsim*-mea *roi*-men), que literalmente se traduce como "evacuar la habitación". Si quieres averiguar a qué hora debes dejar la habitación, puedes preguntar:

> **Bis wann müssen wir das Zimmer räumen?** (bis van *mius*-sen via das *tsim*-mea *roi*-men; ¿a qué hora debemos dejar la habitación?)

Pedir la cuenta

Para dejar el hotel, se suele utilizar la palabra **abreisen** (*ab*-rai-sen), que significa "irse" o "marcharse". Cuando te vayas a marchar, tienes que llevar la llave a la recepción y anunciar tu intención de irte, diciendo:

> **Ich reise ab/wir reisen ab.** (ij *rai*-se ab/via *rai*-sen ab; me marcho/nos marchamos).

La anterior frase seguramente bastará para que te preparen la cuenta en la recepción. Sin embargo, si necesitas especificar que quieres la cuenta, puedes decir:

> **Kann ich bitte die Rechnung haben?** (can ij *bit*-te dii *rej*-nunc *ja*-ben; ¿me puede dar la cuenta por favor?)

El capítulo 5 explica el manejo de billetes y el pago con tarjeta de crédito, y te dice cómo pedir un recibo.

CULTURA GENERAL

PROPINAS EN EL HOTEL

Aunque el servicio suele estar incluido en el precio de la habitación, puede haber ocasiones en que quieras dar una propina —**das Trinkgeld** (das *trinc*-gueld)— al botones que te lleve el equipaje. De vez en cuando también es posible que encuentres un pequeño sobre en la habitación en el que puedes dejar dinero para el personal de la limpieza.

Preguntar por cobros especiales

Desde luego, tienes que pagar un dinero adicional por cualquier servicio especial que hayas utilizado. Quizá quieras saber a cuánto asciende tu cuenta telefónica o hacerle saber a la recepcionista que te tomaste algo del minibar. Hazlo así:

» **Können Sie mir sagen, wie hoch meine Telefonrechnung war?** (*coen*-nen sii mia *sa*-guen vii joj *mai*-ne te-le-*fon*-rej-nunc var; ¿me puede decir a cuánto asciende mi cuenta telefónica, por favor?)

» **Ich habe... aus der Minibar genommen.** (ij *ja*-be aus dea *mi*-ni-bar gue-*nom*-men; tomé... del minibar)

Últimos momentos en el hotel

Si tienes que dejar la habitación antes del momento en que vayas a continuar tu viaje, tal vez quieras dejar tu equipaje allí un par de horas (en casi todos los hoteles te permitirán hacerlo):

Können wir unser/kann ich mein Gepäck bis... Uhr hier lassen? (*coen*-nen via *un*-sea/can ij main gue-*paec* bis uua jia *las*-sen; ¿puedo dejar/podemos dejar el equipaje aquí hasta las...?)

Al regresar por el equipaje, puedes decir:

Können wir/kann ich bitte unser/mein Gepäck haben? (*coen*-nen via/can ij *bit*-te *un*-sea/main gue-*paec ja*-ben (¿puede darnos/puede darme/nuestro/mi/ equipaje, por favor?)

¿Llegó el momento de ir al aeropuerto o a la estación de tren? Si quieres que la recepcionista te llame un taxi, puedes decirle:

Können Sie mir bitte ein Taxi bestellen? (*coen*-nen sii mia *bit*-te ain *ta*-csi be-*shtel*-len; ¿me puede llamar un taxi, por favor?)

CONSEJO

La recepcionista tiene que saber adónde quieres ir antes de pedirte el taxi. Asegúrate de saber el nombre del lugar adonde te diriges antes de hablar con ella. Te podría preguntar:

Wo möchten Sie hin? (vo *moej*-ten sii jin; ¿adónde quiere ir?)

Hablando se entiende la gente

Klaus y Ulrike Huber están listos para proseguir su viaje y explorar otras regiones del país. Van a la recepción para pagar su cuenta.

Klaus: **Guten Morgen! Wir reisen heute ab. Kann ich bitte die Rechnung haben?**
(*gu*-ten *moa*-guen via *rai*-sen *joi*-te ab can ij *bit*-te dii *rej*-nunc *ja*-ben)
¡Buenos días! Nos marchamos hoy. ¿Me puede dar la cuenta, por favor?

Rezeption: **Sicher, einen Moment bitte. Haben Sie gestern abend noch etwas aus der Minibar genommen?**
(*si*-jea *ai*-nen mo-*ment bit*-te *ja*-ben sii *gues*-tean *a*-bend noj *et*-vas aus dea *mi*-ni-bar gue-*nom*-men)
Desde luego, un momento por favor. ¿Tomaron algo del minibar anoche?

Klaus: **Ja, zwei Bier. Können Sie mir sagen, wie hoch meine Telefonrechnung war?**
(ia tsvai biia *coen*-nen sii mia *sa*-guen vii joj *mai*-ne te-le-*fon*-rej-nunc var)
Sí, dos cervezas. ¿Me podría decir a cuánto asciende mi cuenta telefónica?

Rezeption: **Ja, 10 Euro.**
(ia tseen oiro)
Sí, 10 euros.

Klaus: **Kann ich mit Kreditkarte bezahlen?**
(can ij mit cre-*dit*-car-te be-*tsaa*-len)
¿Puedo pagar con tarjeta de crédito?

Rezeption: **Selbstverständlich. Unterschreiben Sie bitte hier.**
(selbst-fea-*shtaend*-lij un-tea-*shrai*-ben sii *bit*-te jia)
Desde luego. Por favor firme aquí.

Klaus: **Vielen Dank und auf Wiedersehen!**
(*fii*-len danc und auf *vii*-dea-se-jen)
¡Muchas gracias y adiós!

Rezeption:	**Gute Reise!** (*gu*-te *rai*-se) ¡Buen viaje!

Palabras para recordar

abreisen	(*ab*-rai-se)	marcharse
das Gepäck	(das gue-*paec*)	equipaje
selbstverständlich	(selbst-fea-*shtaend*-lij)	desde luego
gute Reise!	(*gu*-te *rai*-se)	¡buen viaje!

Juegos y ejercicios divertidos

Utiliza las palabras correctas para completar las preguntas:

Wo   Was für   Wie   Wann   Was

1. ________ **kostet das Zimmer?** (¿Cuánto cuesta la habitación?)
2. ________ **lange bleiben Sie?** (¿Cuánto tiempo se va a quedar?)
3. ________ **wird das Frühstück serviert?** (¿A qué hora sirven el desayuno?)
4. ________ **möchten Sie hin?** (¿Adónde le gustaría ir?)
5. ________ **ein Zimmer möchten Sie?** (¿Qué tipo de habitación desea?)

Respuestas: 1. Was 2. Wie 3. Wann 4. Wo 5. Was für

EN ESTE CAPÍTULO

- Salir del aeropuerto
- Alquilar un coche
- Leer mapas y señales de tráfico
- Viajar desde la estación de tren
- Tomar autobuses, metros y taxis

Capítulo 14

Viajar: aviones, trenes, taxis y autobuses

Con este capítulo aprenderás a viajar y a desplazarte en avión, tren, coche y autobús. Te enseñaremos lo que necesitas saber para comunicarte con los vendedores de billetes, funcionarios de aduana, el personal de las oficinas de alquiler de coches y el personal de trenes y autobuses. También te diremos cómo pedir ayuda a algún transeúnte, al tiempo que conservas la calma, la sonrisa y las buenas maneras.

En el aeropuerto

La distancia más corta entre dos puntos es una línea recta. Lo importante es averiguar qué cola o fila es la mejor, sobre todo en un aeropuerto. Hay que hacer cola prácticamente para todo, desde facturar el equipaje hasta superar los controles de seguridad. Con tantas largas colas, no hay por qué perder tiempo en alguna equivocada. Este capítulo te pone en la cola correcta y te indica qué decir cuando finalmente te atiendan.

Casi todo el personal de las compañías aéreas habla varios idiomas, de modo que es muy factible que te atiendan en español o en otra lengua. Pero para que estés seguro de saber qué tienes en la mano, **das Flugticket/der Flugschein** (das *fluc*-ti-quet/dea *fluc*-shain) es el billete de avión. Probablemente es un **Rückflugticket** (*riuc*-fluc-ti-quet; billete de ida y vuelta). Cuando te registres, te entregarán **die Bordkarte** (dii *bord*-car-te; tarjeta de embarque).

Retirar el billete

A menos que te hayan enviado tu billete por correo con anticipación, tendrás que retirarlo. Primero debes buscar el mostrador de la compañía aérea en particular. Si las señales en el aeropuerto no te ayudan (y a veces no lo hacen), detén a algún empleado del aeropuerto y pide las señas del mostrador que buscas:

> **Wo ist der... Schalter?** (vo ist dea *shal*-tea; ¿dónde queda el mostrador de...?)

Cuando llegues al mostrador de billetes, simplemente di lo siguiente para informarte sobre el tuyo:

> **Ich möchte mein Ticket abholen.** (ij *moej*-te main *ti*-quet *ab*-jo-len; quiero retirar mi pasaje)

CONSEJO

Después de retirar tu billete, quizá quieras preguntar **Wann muss ich einchecken?** (van mus ij *ain*-she-quen; ¿cuándo debo embarcar?), solo para asegurarte de saber cuándo debes presentarte en la puerta para embarcar. Antes habrás preguntado **Wie viele Gepäckstücke kann ich mitnehmen?** (vii *fii*-le gue-*paec*-shtiu-que can ij *mit*-neemen; ¿cuántas piezas de equipaje puedo llevar?), para confirmar cuántas maletas te dejan llevar en el avión.

Registrarse

Cuando vayas a registrarte y a facturar el equipaje, el empleado de detrás del mostrador te hará algunas preguntas para prepararte para embarcar:

- **Haben Sie Gepäck?** (*ja*-ben sii gue-*paec*; ¿tiene equipaje?)
- **Wo möchten Sie sitzen, am Fenster oder am Gang?** (vo

moej-ten sii *sit*-tsen am *fens*-tea *o*-dea am ganc; ¿dónde quiere sentarse, junto a la ventanilla o en el pasillo?)

Como respuesta a la pregunta sobre dónde te quieres sentar, puedes responder simplemente **am Fenster/am Gang** (am *fens*-tea/am ganc; junto a una ventanilla/en el pasillo), según lo que prefieras.

También es posible que quieras hacer las siguientes preguntas para informarte sobre algunos detalles del vuelo:

» **Wie lange dauert der Flug?** (vii *lan*-gue *dau*-eat dea fluc; ¿cuánto dura el vuelo?)

» **Wann fliegt die Maschine ab?** (van fliict dii ma-*shii*-ne ab; ¿cuándo sale el avión?)

Si estás en el aeropuerto porque debes encontrarte con alguien que llega en otro avión, puedes preguntar:

Wann kommt die Maschine aus... an? (van comt dii ma-*shii*-ne aus an; ¿a qué hora llega el avión de...?)

Palabras para recordar

das Flugticket/ der Flugschein	(das *fluc*-ti-quet dea *fluc*-shain)	billete de avión
das Rückflugticket	(das *riuc*-fluc-ti-quet)	billete de ida y vuelta
die Bordkarte	(dii bord-car-te)	tarjeta de embarque
das Gepäck	(das gue-*paec*)	equipaje
das Handgepäck	(das *jand*-gue-paec)	equipaje de mano
das Flugzeug/	(das fluc-tsoic dii ma-*shii*-ne)	avión die Maschine
der Flug	(dea fluc)	vuelo
abholen	(*ab*-jo-len)	recoger
dauern	(*dau*-ean)	durar

Hablando se entiende la gente

ESCUCHA

Pista 30: Frau Schöller tiene que viajar repentinamente a Londres. En el aeropuerto, va directamente al mostrador de Lufthansa para sacar su billete.

Frau Schöller: **Guten Morgen. Ich möchte mein Ticket abholen.**
(*gu*-ten *moa*-guen ij *moej*-te main *ti*-quet *ab*-jo-len)
Buenos días. Quiero recoger mi billete.

Angestellter: **Ihr Name bitte.**
(iia *na*-me *bit*-te)
Su nombre, por favor.

Frau Schöller: **Schöller.**
(*Shoel*-lea)

Angestellter: **Hier, Frau Schöller. Ein Rückflugticket nach London. Flug LH 83.**
(jia frau *shoel*-lea ain *riuc*-fluc-ti-quet naj *lon*-don fluc el-*ja drai*-und-aj-tsic)
Aquí tiene, Sra. Schöller. Un billete de ida y vuelta a Londres. Vuelo número LH 83.

Frau Schöller: **Wann fliegt die Maschine ab?**
(van fliict dii ma-*shii*-ne ab)
¿A qué hora sale el vuelo?

Angestellter: **Pünktlich um 11.15 Uhr. Wo möchten Sie sitzen, am Fenster oder am Gang?**
(*piunct*-lij um elf uua *fiunf*-tseen vo *moej*-ten sii *sit*-tsen am *fens*-tea *o*-dea am ganc)
Puntual a las 11.15 h. ¿Dónde desea sentarse, junto a la ventanilla o junto al pasillo?

Frau Schöller: **Am Fenster, bitte.**
(am *fens*-tea *bit*-te)
Junto a la ventanilla, por favor.

Angestellter: **Sie haben Platz 15A, einen Fensterplatz. Hier ist Ihre Bordkarte. Haben Sie Gepäck?**
(sii *ja*-ben plats *fiunf*-tseen a *ai*-nen *fens*-tea-plats jia ist *ii*-re *bord*-car-te *ja*-ben sii gue-*paec*)

Tiene el asiento 15A, junto a la ventanilla. Aquí está su tarjeta de embarque. ¿Tiene equipaje?

Frau Schöller: **Meine kleine Reisetasche hier nehme ich als Handgepäck.**
(*mai*-ne *clai*-ne *rai*-se-ta-she jia *nee*-me ij als *jand*-gue-paec)
Llevaré mi pequeña maleta como equipaje de mano.

Angestellter: **Dann können Sie direkt zum Flugsteig gehen.**
(dan *coen*-nen sii di-*rect* tsum *fluc*-shtaic *gue*-jen)
Entonces ya puede ir directamente a la puerta de embarque.

Frau Schöller: **Danke.**
(*dan*-que)
Gracias.

Pasar por inmigración

Si has realizado un vuelo trasatlántico (si vas de España a Alemania no será el caso) tienes que pasar por el control de pasaportes, **die Passkontrolle** (dii *pas*-con-trol-le). Asegúrate de tener a mano tu pasaporte (ya sabes que actualmente para ir de España a Alemania solo se necesita el DNI).

Casi siempre encontrarás dos filas: una para los **EU-Bürger** (e-*u*-*biur*-guea; ciudadanos de países de la Unión Europea) y otra para los **Nicht-EU-Bürger** (nijt e-*u*-*biur*-guea; ciudadanos de países no pertenecientes a la UE). Después de pasar por el control de pasaportes, irás a buscar tu equipaje y pasarás por la aduana, **der Zoll** (dea tsol), donde es posible que tengas que abrir tus maletas para que las inspeccionen.

CULTURA GENERAL

Las cosas son un poco diferentes si estás viajando por Europa en coche o en tren y cruzas una de las fronteras internas de la Unión Europea, **die Europäische Union** (dii oi-ro-*pae*-i-she u-ni-*on*). Con la creación del Mercado Europeo Único, los países pertenecientes a la UE abolieron el control de pasaportes en sus fronteras internas y levantaron las restricciones a las importaciones en la zona. Así pues, si viajas de Alemania a Francia, por ejemplo, es posible que ni siquiera te enteres de que has dejado un país y has entrado en otro hasta que de repente veas que toda la señalización en la carretera está en francés.

Tras un vuelo fatigante, seguramente tendrás prisa por salir del aeropuerto. Pero te quedan dos cosas por hacer. Para ayudarte en tu confusión tras ese vuelo, estas son las palabras que probablemente necesitarás saber para cuando pases por el control de pasaportes:

» **der Reisepass/der Pass** (dea *rai*-se-pas dea pas; pasaporte)
» **EU-Bürger** (e-*u*-*biur*-guea; ciudadano de un país de la Unión Europea)
» **Nicht-EU-Bürger** (nijt e-*u*-*biur*-guea; ciudadano de un país no perteneciente a la Unión Europea)
» **Ich bin im Urlaub hier.** (ij bin im *ua*-laub jia; vine de vacaciones)
» **Ich bin geschäftlich hier.** (ij bin gue-*shaeft*-lij jia; vine por trabajo)
» **Ich bin auf der Durchreise nach...** (ij bin auf dea *durj*-rai-se naj; estoy de paso para...)

Viajar en coche

Desde la creación de la Unión Europea ya no es necesario contar con una licencia de conducción internacional para circular en coche por los países que la conforman. **Der Führerschein** (dea *fiuu*-rea-shain; carné de conducir) español es válido en todos los países miembros de la Unión.

Las carreteras por las que probablemente viajarás se denominan **Autobahn** (*au*-to-baan; autopista de cuatro a seis carriles), **Bundesstraße** (*bun*-des-shtra-se; autopista de dos a cuatro carriles) o **Nationalstrasse** (na-tsi-o-*nal*-shtra-se) en Suiza y **Landstraße** (*land*-shtra-se; autopista de dos carriles).

Alquilar un coche

Si has decidido alquilar un coche, tienes que ir al **Autovermietung** (*au*-to-fea-mii-tunc; agencia de alquiler de coches). Cuando llegues a la agencia, puedes decir:

Ich möchte ein Auto mieten. (ij *moej*-te ain *au*-to *mii*-ten; quiero alquilar un coche)

El funcionario te hará algunas preguntas sobre el tipo de vehículo que deseas:

Was für ein Auto möchten Sie? (vas fiua ain *au*-to *moej*-ten sii; ¿qué tipo de coche desea?)

A lo cual puedes responder con una de estas frases:

» **ein zweitüriges/viertüriges Auto** (ain *tsvai*-tiu-ri-gues *fiia*-tiu-ri-gues *au*-to; un coche de dos puertas/cuatro puertas)

» **einen Kombi** (*ai*-nen *com*-bi; una furgoneta)

» **einen Automatikwagen** (*ai*-nen au-to-*ma*-tic-va-guen; un coche con cambio automático)

» **einen Schaltwagen** (*ai*-nen *shalt*-va-guen; un coche con palanca de cambio)

También te podrían preguntar:

» **Für wie lange möchten Sie den Wagen mieten?** (fiua vii *lan*-gue *moej*-ten sii den *va*-guen *mii*-ten; ¿por cuánto tiempo desea alquilar el coche?)

» **Ab wann möchten Sie den Wagen mieten?** (ab van *moej*-ten sii den *va*-guen *mii*-ten; ¿a partir de cuándo quiere alquilar el coche?)

» **Bis wann möchten Sie den Wagen mieten?** (bis van *moej*-ten sii den *va*-guen *mii*-ten; ¿hasta cuándo desea alquilar el coche?)

» **Wann/wo möchten Sie den Wagen zurückgeben?** (van/vo *moej*-ten sii den *va*-guen tsu-*riuc*-gue-ben; ¿dónde/cuándo quiere devolver el coche?)

A lo cual puedes responder:

» **Ich brauche den Wagen für...** (ij *brau*-je den *va*-guen fiua; necesito el coche para...)

» **Ich möchte den Wagen ab dem... mieten.** (ij *moej*-te den *va*-guen ab dem *mii*-ten; quiero alquilar el coche desde...)

» **Ich möchte den Wagen bis zum... mieten.** (ij *moej*-te den *va*-guen bis tsum *mii*-ten; quiero alquilar el coche hasta el...)

- **Ich möchte den Wagen am… zurückgeben.** (ij *moej*-te den *va*-guen am tsu-*riuc*-gue-ben; quiero devolver el coche el…)
- **Ich möchte den Wagen in… zurückgeben.** (ij *moej*-te den *va*-guen in tsu-*riuc*-gue-ben; quiero devolver el coche en…)

Durante el proceso de alquiler escucharás las siguientes palabras:

- **die Vollkaskoversicherung** (dii *fol*-cas-co-fea-si-je-runc; seguro integral)
- **inbegriffen** (*in*-be-grif-fen; incluido)
- **der Führerschein** (dea *fiuu*-rea-shain; permiso de conducir)
- **ohne Kilometerbegrenzung** (*oo*-ne qui-lo-*me*-tea-be-gren-tsunc; kilometraje ilimitado)

Hablando se entiende la gente

Anke acaba de llegar a Francfort. Después de pasar por la aduana, va a una agencia de alquiler de coches. Habla con un empleado.

Anke: **Guten Morgen. Ich möchte ein Auto mieten.**
(*gu*-ten *moa*-guen ij *moej*-te ain *au*-to *mii*-ten)
Buenos días. Deseo alquilar un coche.

Angestellter: **Was für ein Auto möchten Sie?**
(vas fiua ain *au*-to *moej*-ten sii)
¿Qué tipo de coche quiere?

Anke: **Einen Kombi.**
(*ai*-nen *com*-bi)
Una furgoneta.

Angestellter: **Möchten Sie einen Schaltwagen oder einen Automatikwagen?**
(*moej*-ten sii *ai*-nen *shalt*-va-guen o-dea *ai*-nen au-to-*ma*-tic-va-guen)
¿La quiere con palanca de cambios o con cambio automático?

Anke: **Ein Automatikwagen.**
(*ai*-nen au-to-*ma*-tic-va-guen)
Con automático.

Angestellter:	**Für wie lange möchten Sie den Wagen mieten?** (fiua vii *lan*-gue *moej*-ten sii den *va*-guen *mii*-ten) ¿Por cuánto tiempo desea alquilar el coche?
Anke:	**Für eine Woche.** (fiua *ai*-ne *vo*-je) Por una semana.
Angestellter:	**Ein Kombi kostet für eine Woche ohne Kilometerbregrenzung 340 Euro inclusiv Versicherung.** (ain *com*-bi *cos*-tet fiua *ai*-ne *vo*-je *oo*-ne qui-lo-*me*-tea-be-gren-tsunc *drai*-jun-deat *fiia*-tsic oiro in-clu-*sif* fea-*si*-je-runc) Una furgoneta cuesta por una semana con kilometraje ilimitado 340 euros, seguro incluido.

Palabras para recordar

der Abflug	(dea *ab*-fluc)	salida
die Ankunft	(dii *an*-cunft)	llegada
der Flugsteig	(dea *fluc*-shtaic)	puerta de embarque
mitnehmen	(*mit*-nee-men)	llevar consigo
einchecken	(*ain*-she-quen)	registrarse; facturar el equipaje
fliegen	(*flii*-guen)	volar
abfliegen	(*ab*-flii-guen)	partir (un avión)
ankommen	(*an*-com-men)	llegar
pünktlich	(*piunct*-lij)	puntual
verspätet	(fea-*shpae*-tet)	retrasado

Leer mapas y señalización vial

No es muy divertido conducir en círculos. Queremos orientarte en la dirección correcta para que llegues a donde deseas ir. Necesitarás un buen mapa de carreteras y un conocimiento funcional de la señalización en alemán.

Mapas

Un buen mapa te indica dónde te encuentras, dónde está tu destino, cómo llegar allí y lo lejos que queda. Eso es bastante información en un solo pliego de papel. Lo mejor de los mapas es que son muy visuales, de modo que no necesitas conocer muy bien el idioma para poderlos leer. Sin embargo, te convendrá saber las siguientes palabras para describir diferentes tipos de mapas, en caso de que tengas que pedir uno:

- **die Landkarte** (dii *land*-car-te; mapa)
- **die Straßenkarte** (dii *shtra*-sen-car-te; mapa de carreteras)
- **der Stadtplan** (dea *shtat*-plan; mapa de una ciudad)

En un mapa escrito en alemán, es posible que encuentres las siguientes palabras:

- **die Autobahn** (dii *au*-to-baan; autopista)
- **die Ausfahrt** (dii *aus*-faart; salida)
- **die Auffahrt** (dii *auf*-faart; entrada a la autopista)
- **das Autobahnkreuz** (das *au*-to-baan-croits; intersección de dos autopistas)
- **das Autobahndreieck** (das *au*-to-baan-drai-ec; intersección de tres autopistas)
- **die Altstadt** (dii *alt*-shtat; casco antiguo)
- **die Fußgängerzone** (dii *fuus*-gaen-guea-tso-ne; zona peatonal)
- **das Theater** (das te-*a*-tea; teatro)
- **die Kirche** (dii *quia*-je; iglesia)
- **der Parkplatz** (dea *parc*-plats; zona de estacionamiento)

Señalización vial

No querrás que te detengan por exceso de velocidad en una calle de sentido único y en dirección contraria. He aquí algunas de las señalizaciones viales más frecuentes que encontrarás en países de habla alemana:

- **Anlieger frei** (*an*-lii-guea frai; solo acceso para habitantes de esa calle)
- **Einbahnstraße** (*ain*-baan-shtraa-se; calle de sentido único)
- **einordnen** (*ain*-ord-nen; alinearse en un carril)
- **gesperrt** (gue-*shpeat*; cerrado al tránsito)
- **Licht an/aus** (lijt an/aus; luces encendidas/apagadas)
- **Umleitung** (*um*-lai-tunc; desvío)
- **Vorsicht Glätte** (*foa*-sijt *glaet*-te; resbaloso si está mojado)
- **50 bei Nebel** (*fiunf*-tsic bai *ne*-bel; 50 km/h si hay niebla)
- **Baustelle** (*bau*-shtel-le; obra en construcción)

En la estación de tren

El tren es un medio muy confortable para viajar por Europa. Tanto si deseas ir a toda velocidad de una ciudad a otra en el **Intercity Express (ICE)** (in-tea-*ci*-ti ecs-pres; expreso interurbano) o ir a una ciudad más pequeña con un **Interregio (IR)** (in-tea-*re*-guio) más lento, puedes llegar a prácticamente cualquier lugar en tren.

En Europa se viaja mucho en tren, de modo que conviene hacer reservas durante las fechas señaladas, por ejemplo al comienzo y al final de las vacaciones escolares o durante las principales festividades. Si piensas cubrir bastante territorio en un lapso breve, vale la pena que te informes en tu país sobre la disponibilidad de billetes de tren prepagados.

Leer los horarios de trenes

En todas las estaciones de tren muestran los horarios de los trenes que pasan por ellas. Sin embargo, como un horario indica las horas de partida y llegada de diversos trenes, posiblemente te resulte un poco difícil obtener la información que requieres sobre el tren específico que quieres tomar. Las siguientes expresiones te ayudarán a descifrar los horarios de trenes:

» **der Fahrplan** (dea *faa*-plan; horario de trenes)

» **die Abfahrt** (dii *ab*-faart; salida)

» **die Ankunft** (dii *an*-cunft; llegada)

» **über** (*iu*-bea; por)

» **werktags** (*veac*-tacs; días hábiles)

» **sonn- und feiertags** (son und *fai*-ea-tacs; domingos y feriados)

Pedir información

Si tienes preguntas sobre un tren que deseas tomar, ve al mostrador de información, **die Auskunft** (dii *aus*-cunft). Allí posiblemente tengas que hacer una de las siguientes preguntas:

» **Von welchem Gleis fährt der Zug nach... ab?** (fon *vel*-jem glais faert dea tsuc naj ab; ¿de que vía sale el tren para...?)

» **Auf welchem Gleis kommt der Zug aus... an?** (auf *vel*-jem glais comt dea tsuc aus an; ¿a qué vía llega el tren de...?)

» **Hat der Zug Verspätung?** (jat dea tsuc fea-*shpae*-tunc; ¿está retrasado el tren?)

» **Gibt es einen direkten Zug von... nach...?** (guibt es *ai*-nen di-*rec*-ten tsuc fon naj; ¿hay un tren directo entre... y...?)

La respuesta a la mayoría de estas preguntas será directa: el empleado en cuestión te dirá el número del andén al que tienes que ir, por ejemplo. Sin embargo, en lo que respecta a la última pregunta de la lista anterior, es posible que escuches que no hay ningún tren directo:

> **Nein, Sie müssen in... umsteigen** (nain sii *mius*-sen in *um*-shtaiguen; no, tiene que cambiar de tren en...)

Comprar el billete

Para comprar los billetes debes ir a la taquilla: **der Fahrkartenschalter** (dea *faa*-car-ten-shal-tea). Con la ayuda de estas palabras podrás ir a cualquier destino con trenes alemanes, austríacos o suizos.

Palabras para recordar

der Bahnsteig	(dea *baan*-shtaic)	andén
das Gleis	(das glais)	vía
die Verspätung	(dii fea-*shpae*-tunc)	retraso
einsteigen	(*ain*-shtai-guen)	subirse
aussteigen	(*aus*-shtai-guen)	bajarse
umsteigen	(*um*-shtai-guen)	cambiar (de tren, de bus, etc.)
abfahren	(*ab*-faa-ren)	partir
ankommen	(*an*-com-men)	llegar
fahren	(*faa*-ren)	andar en (auto, bus, tren, etc.)

Lo básico

Cuando te toque el turno de hablar con el vendedor de billetes, debes decir lo siguiente:

> **Ein Fahrkarte nach…, bitte.** (*ai*-ne *faa*-car-te naj *bit*-te; un billete de tren para…, por favor)

Como hay billetes de solo ida y billetes de ida y vuelta, el empleado seguramente te preguntará:

> **Einfach oder hin und zurück?** (*ain*-faj *o*-dea jin und tsu-*riuc*; ¿de ida o de ida y vuelta?)

Si te preocupa el precio, puedes preguntar:

- **Was kostet eine Rückfahrkarte nach…?** (vas *cos*-tet *ai*-ne *riuc*-faa-car-te naj; ¿cuánto cuesta un billete de ida y vuelta a…?)
- **Was kostet eine einfache Fahrt nach…?** (vas *cos*-tet *ai*-ne *ain*-fa-je faart naj; ¿cuánto cuesta un billete de ida a…?)
- **Erste oder zweite Klasse?** (*eas*-te o-dea *tsvai*-te *clas*-se; ¿en primera o en segunda clase?)

En trenes especialmente concurridos, conviene reservar una plaza con anticipación. Para hacerlo, simplemente debes decir:

> **Ich möchte gern eine Platzkarte für den... von... nach...** (ij *moej*-te guean *ai*-ne *plats*-car-te fiua den fon naj; quiero reservar una plaza en el... de... a...)

Como estás hablando sobre un viaje en tren que harás en el futuro, el empleado te preguntará:

» **Fahren Sie heute?** (*faa*-ren sii *joi*-te; ¿va a viajar hoy?)

» **Wann fahren Sie?** (van *faa*-ren sii; ¿cuándo va a viajar?)

Recargos

El precio del billete depende de cuántos kilómetros viajes. Hay un precio básico por kilómetro para la primera y la segunda clase. Además, debes pagar un recargo, **der Zuschlag** (dea *tsu*-shlac), en los trenes **ICE** (Expreso Interurbano), **IC** (Interurbano) o **EC** (Eurocity). Estos son trenes de gran velocidad que conectan ciudades grandes.

La palabra **Zuschlag** suele aparecer en el tablero que indica las salidas. Si no estás seguro, pregunta en el mostrador de información o en la taquilla. Si todavía no has decidido qué tren tomar o si tienes mucha prisa, puedes pagar la diferencia en el tren... con un pequeño recargo adicional.

Para averiguar si el tren que quieres tomar tiene **Zuschlag,** puedes preguntar:

> **Muss ich für den Zug um 11.45 Uhr nach... einen Zuschlag bezahlen?** (mus ij fiua den tsuc um elf uua *fiunf*-und-fiia-tsic naj *ai*-nen *tsu*-shlac be-*tsaa*-len; ¿tengo que pagar un recargo por el tren a... de las 11.45 h?)

A esta pregunta, el empleado puede responder:

> **Das ist ein Intercity. Sie brauchen einen IC-Zuschlag.** (das ist ain in-tea-*ci*-ti sii *brau*-jen *ai*-nen i-*tse tsu*-shlac; es un Intercity [Interurbano]. Se aplica el recargo de IC)

Palabras para recordar

die Fahrkarte	(dii *faa*-car-te)	billete de tren
die erste Klasse	(dii *eas*-te *clas*-se)	primera clase
die zweite Klasse	(dii *tsvai*-te *clas*-se)	segunda clase
der Zuschlag	(dea *tsu*-shlac)	recargo
die Rückfahrkarte	(dii *riuc*-faa-car-te)	billete de ida y vuelta
die Platzkarte	(dii *plats*-car-te)	plaza reservada
hin und zurück	(jin und tsu-*riuc*)	ida y vuelta
einfach	(*ain*-faj)	simple (de ida)

Saber cuándo separar los verbos

GRAMÁTICA

Numerosos verbos alemanes, incluidos muchos de los que figuran en este capítulo, tienen una característica peculiar: todos tienen prefijos que son palabras reales por derecho propio (como las preposiciones **ab**, **an**, **um**, **ein** y **aus**). Estos prefijos se pueden separar del cuerpo del verbo, que es su raíz. Cuando se utilizan en el tiempo presente en una oración, la raíz y el prefijo de estos verbos se separan. La raíz del verbo asume la terminación verbal esperada y toma su lugar usual en la oración, mientras que el prefijo pasa al final.

Observa este fenómeno en acción con el verbo **ankommen** (*an*-commen; llegar). Fíjate en cómo el prefijo siempre va al final de la oración, independientemente de cuántas palabras se interpongan entre él y el verbo:

» **Der Zug kommt an.** (dea tsuc comt an; el tren llega)

» **Der Zug kommt um 18.15 Uhr an.** (dea tsuc comt um *ajt*-tseen uua *fiunf*-tseen an; el tren llega a las 18.15 h)

» **Der Zug kommt um 18.15 Uhr in Berlin an.** (dea tsuc comt um *ajt*-tseen uua *fiunf*-tseen in bea-*lin* an; el tren llega a las 18.15 h a Berlín)

¿Cómo saber si un verbo se puede separar? Dos cosas te servirán de guía:

- El verbo debe tener una preposición como prefijo.
- El infinitivo se acentúa en la primera sílaba.

A continuación presentamos algunos verbos que siguen este patrón. A lo largo del libro encontrarás otros verbos que se pueden separar.

- **anfangen** (*an*-fan-guen; empezar)
- **aufhören** (*auf*-joe-ren; terminar)
- **aufmachen** (*auf*-ma-jen; abrir)
- **zumachen** (*tsu*-ma-jen; cerrar)
- **abfahren** (*ab*-faa-ren; partir [tren])
- **abfliegen** (*ab*-flii-guen; partir [avión])
- **ankommen** (*an*-com-men; llegar)
- **einsteigen** (*ain*-shtai-guen; subirse)
- **aussteigen** (*aus*-shtai-guen; bajarse)
- **aufstehen** (*auf*-shte-jen; levantarse)
- **zuhören** (*tsu*-joe-ren; escuchar)

RECUERDA

Cuando se utilizan verbos que se pueden separar, la raíz principal del verbo con la terminación apropiada va en su lugar habitual. El prefijo es la última palabra de la oración. Esta regla funciona tanto para el tiempo presente como para el pasado simple.

Viajar en autobús, metro y taxi

Las ciudades y los pueblos alemanes suelen tener buenos sistemas de transporte público. Una combinación de **Bus** (bus; autobús), **U-Bahn** (*u*-baan; metro), **Straßenbahn** (*shtraa*-sen-baan; tranvía) y **S-Bahn** (*es*-baan; tren de cercanías) te llevará sin problemas a donde quieras ir.

SIEMPRE HAY QUE PAGAR

CULTURA GENERAL

Al entrar en una estación de metro en un país de habla alemana observarás que no hay torniquetes. Entonces, ¿cómo paga la gente el viaje? Compran de antemano los billetes en una estación o en un quiosco de periódicos y los validan con un sello que indica la fecha y la hora en máquinas que se encuentran en la estación o en los trenes o autobuses. Lo mismo sucede en la estación de autobuses. Así pues, cuando compres billetes debes recordar que, en muchos casos, es preciso validarlos antes de subirte al metro o al autobús. Son frecuentes las revisiones por inspectores de billetes vestidos de civil, y a quien atrapan sin un billete válido le imponen una elevada multa. Para evitar una situación desagradable, conviene averiguar cómo funciona el sistema en una ciudad o pueblo en particular antes de subirte a un tren o a un autobús.

Coger el autobús

Si necesitas ayuda para saber qué autobús o metro tomar, puedes informarte en la **Fahrkartenschalter** (*faa*-car-ten-shal-tea; taquilla) o preguntarle lo siguiente a cualquier conductor de autobús, **der Busfahrer** (dea *bus*-faa-rea):

» **Welche Buslinie fährt ins Stadtzentrum?** (*vel*-je *bus*-li-nie faert ins *shtat*-tsen-trum; ¿qué línea de autobús va al centro de la ciudad?)

» **Ist das die richtige Straßenbahn zum Stadion?** (ist das dii *rij*-ti-gue *shtraa*-sen-baan tsum *shta*-di-on; ¿es este el tranvía correcto para ir al estadio?)

» **Muss ich umsteigen?** (mus ij *um*-shtai-guen; ¿tengo que cambiar de autobús?)

» **Hält diese U-Bahn am Hauptbahnhof?** (jaelt *dii*-se *u*-baan am *jaupt*-baan-jof; ¿este metro se detiene en la estación central de trenes?)

Palabras para recordar

der Bus	(dea bus)	autobús
die U-Bahn	(dii *u*-baan)	metro
die S-Bahn	(dii *es*-baan)	tren de cercanías
die Straßenbahn	(dii *shtraa*-sen-baan)	tranvía
die Buslinie	(dii *bus*-li-nie)	línea de autobús
die U-Bahnlinie	(dii *u*-baan-li-nie)	línea de metro
die Haltestelle	(dii *jal*-te-shtel-le)	estación, parada
halten	(*jal*-ten)	parar; detenerse
die U-Bahnstation	(dii *u*-baan-shta-ti-on)	estación de metro
das Taxi	(das *ta*-csi)	taxi
der Taxistand	(dea *ta*-csi-shtand)	parada de taxis
der Fahrscheinautomat	(dea *faa*-shain-au-to-mat)	máquina expendedora de billetes

Hablando se entiende la gente

ESCUCHA

Pista 31: Ben quiere ir en autobús hasta el ayuntamiento, pero no está seguro de cuál debe tomar. Se dirige a un joven que hace fila junto a él en la parada de autobús.

Ben: **Entschuldigen Sie bitte, hält hier die Buslinie 9?**
(ent-*shul*-di-guen sii *bit*-te jaelt jia dii *bus*-li-nie noin)
Disculpe. ¿El bus número 9 se detiene aquí?

Joven: **Nein, hier hält nur die Linie 8. Wohin wollen Sie denn?**
(nain jia jaelt nua dii *li*-nie ajt vo-*jin vol*-len sii den)
No, aquí solo se detiene el número 8. ¿Adónde quiere ir?

Ben: **Zum Rathaus.**
(tsum *rat*-jaus)
Al ayuntamiento.

Joven: **Fahren Sie mit der Linie 8 bis zum Goetheplatz, und dort steigen Sie in die Linie 9 um.**
(*faa*-ren sii mit dea *li*-nie ajt bis tsum *goe*-te-plats und doat *shtai*-guen sii in dii *li*-nie noin um)
Coja este autobús hasta la plaza Goethe y allí tome el número 9.

Ben: **Wie viele Haltestellen sind es bis zum Goetheplatz?**
(vii *fii*-le *jal*-te-shtel-len sind es bis tsum *goe*-te-plats)
¿Cuántas paradas hay hasta la plaza Goethe?

Joven: **Es sind vier Haltestellen von hier.**
(es sind fiia *jal*-te-shtel-len fon jia)
Hay cuatro paradas desde aquí.

Ben: **Vielen Dank für die Auskunft.**
(*fii*-len danc fiua dii *aus*-cunft)
Muchas gracias por la información.

Tomar un taxi

No es difícil tomar un taxi. Simplemente dirígete al **Taxistand** (*ta*-csi-shtand; parada de taxis) más cercano y ve hasta el primer vehículo de la fila. Cuando te subas, el **Taxifahrer** (*ta*-csi-faa-rea; taxista) pondrá en funcionamiento el taxímetro y cuando llegues a tu destino deberás pagar el precio que indique.

Para preguntar por la parada de taxis más cercana, debes decir lo siguiente:

Wo ist der nächste Taxistand? (vo ist dea *naejs*-te *ta*-csi-shtand; ¿dónde queda la parada de taxis más cercana?)

Cuando estés en el taxi, el taxista preguntará:

Wohin möchten Sie? (vo-*jin moej*-ten sii; ¿adónde quiere ir?)

Juegos y ejercicios divertidos

Encuentra la respuesta correcta. Te damos las preguntas en alemán y en español, pero las respuestas solo están en alemán. Presta atención: ¡Hay una respuesta de sobra!

1. **Wohin möchten Sie?** (¿Adónde quiere ir?)
2. **Wo hält die Linie 8?** (¿Dónde se detiene el autobús número 8?)
3. **Wie viele Haltestellen sind es bis zum Rathaus?** (¿Cuántas paradas hay hasta el ayuntamiento?)
4. **Welcher Bus fährt zum Bahnhof?** (¿Qué autobús va hasta la estación de tren?)
5. **Für wie lange möchten Sie das Auto mieten?** (¿Por cuánto tiempo quiere alquilar el coche?)
6. **Wann fliegt die Maschine nach Paris ab?** (¿Cuándo sale el avión para París?)

A. Die Linie 20.

B. Am Goetheplatz.

C. Zum Flughafen.

D. Inklusiv Versicherung.

E. Von hier, vier.

F. Pünktlich um 18 Uhr.

G. Für zwei Wochen.

Respuestas: 1-C; 2-B; 3-E; 4-A; 5-G; 6-F.

EN ESTE CAPÍTULO

Ir a una agencia de viajes

Conocer el calendario y las fechas

Informarse sobre pasaportes, visados y otros requisitos de viaje

Capítulo 15
Planear un viaje

¿Te gustaría dar un paseo por la montaña, ir al campo o al mar? Sea cual sea tu destino, todo viaje exige algo de preparación. Este capítulo te ayuda a prepararte para que puedas emprender la marcha.

Obtener ayuda de una agencia de viajes

Puedes delegar buena parte de la planificación de tu viaje a un agente, pero debes ayudarle un poco diciéndole qué deseas que haga por ti. Al fin y al cabo, no querrás pasar la noche en una casita de un árbol, rodeado de cuervos ruidosos...

Cuando llegues a la agencia de viajes, **das Reisebüro** (das *rai*-se-biu-ro), dile esto a la persona que te atienda:

> **Ich möchte gern...** (ij *moej*-te guean; quisiera...)

Al final de esta frase puedes añadir algo como lo siguiente para especificar qué quieres que la agencia haga por ti:

- **einen Flug nach... buchen** (*ai*-nen fluc naj *bu*-jen; reservar un vuelo a...)

- **am... abfliegen** (am *ab*-flii-guen; salir [volar] el día...)
- **am... zurückfliegen** (am tsu-*riuc*-flii-guen; regresar [volar] el día...)
- **ein Hotelzimmer reservieren** (ain jo-*tel*-tsim-mea re-sea-*vii*-ren; reservar una habitación de hotel)
- **ein Hotel buchen** (ain jo-*tel* *bu*-jen; reservar un hotel)

Posiblemente también te interese preguntarle al agente de viajes sobre el tiempo en el lugar adonde piensas viajar, si crees que será diferente del tiempo que hace donde estás tú:

> **Wie ist das Wetter in... im Frühjahr/Herbst/Winter/Sommer/zu dieser Jahreszeit?** (vii ist das *vet*-tea in im *friu*-iaar/jerbst/*vin*-tea/*som*-mea tsu *dii*-sea *ia*-res-tsait; ¿qué tiempo hace en... en primavera/otoño/invierno/verano/en esta época del año?)

Hablando se entiende la gente

ESCUCHA

Pista 32: Frau Burger tiene que hacer muchos viajes de negocios. La próxima semana viajará a Viena para asistir a una reunión. Llama a una agencia de viajes para reservar los vuelos.

Angestellter:	**Reisebüro Kunze, guten Tag!** (*rai*-se-biu-ro *cun*-tse *gu*-ten taac) Agencia de viajes Kunze, ¡buenos días!
Frau Burger:	**Tag, hier spricht Claudia Burger von der Firma Transwelt.** (taac jia shprijt *clau*-dia *bua*-guea fon dea *fia*-ma *trans*-velt) Hola, soy Claudia Burger de la compañía Transwelt.
Angestellter:	**Hallo Frau Burger. Was kann ich für Sie tun?** (*jal*-lo frau *bua*-guea vas can ij fiua sii tun) Hola, Sra. Burger. ¿En qué puedo ayudarle?
Frau Burger:	**Ich muss nächsten Montag nach Wien fliegen.** (ij mus *naejs*-ten *mon*-tac naj viin *flii*-guen) Tengo que volar a Viena el próximo lunes.

Angestellter: **Moment, das ist der 15. In der Maschine um 10 Uhr ist noch etwas frei.**
(*mo*-ment das ist dea *fiunf*-tseen-te in dea ma-*shii*-ne um tseen uua ist noj *et*-vas frai)
Un momento, eso es el 15. En el avión de las 10.00 h todavía hay plazas.

Frau Burger: **10 Uhr passt ausgezeichnet. Und wann kann ich zurückfliegen? Ich werde bis Mittwoch bleiben.**
(tseen uua past *aus*-gue-tsaij-net und van can ij tsu-*riuc*-flii-guen ij *vea*-de bis *mit*-voj *blai*-ben)
A las 10.00 h está muy bien. ¿Y cuándo puedo regresar? Me quedaré hasta el miércoles.

Angestellter: **Das ist der 17.10. Die letzte Maschine fliegt um 21.20 Uhr ab.**
(das ist dea *siib*-tseen-te *tseen*-te dii *lets*-te ma-*shii*-ne fliict um *ain*-und-tsvan-tsic uua *tsvan*-tsic ab)
Eso es el 17 de octubre. El último vuelo sale a las 21.20 h.

Frau Burger: **21.20 Uhr? Das geht.**
(*ain*-und-tsvan-tsic uua *tsvan*-tsic das gueet)
¿A las 21.20 h? Está bien.

Angestellter: **Sehr gut. Ich buche den Flug für Sie.**
(sea gut ij *bu*-je den fluc fiua sii)
Muy bien. Le haré una reserva para ese vuelo.

Frau Burger: **Danke.**
(*dan*-que)
Gracias.

Palabras para recordar

die Reise	(dii *rai*-se)	viaje
reisen	(*rai*-sen)	viajar
buchen	(*bu*-jen)	reservar
das Reisebüro	(das *rai*-se-biu-ro)	agencia de viajes
die Übernachtung	(dii iu-bea-*naj*-tunc)	pernoctación

Planear con anticipación: utilizar el tiempo futuro

Cuando se habla sobre acontecimientos que tendrán lugar en el futuro, se usa el *tiempo futuro.* Algunos ejemplos del tiempo futuro en español son:

- Mañana me compraré un par de botas.
- En verano no iremos a esquiar.
- Necesitarás ayuda para planear ese viaje al Antártico.

Fíjate que para formar el futuro en español se conjuga el verbo pertinente en este tiempo. Sin embargo, ahora vas a ver que en alemán no ocurre exactamente lo mismo.

Para formar el tiempo futuro en alemán, se toma la forma apropiada del verbo **werden** (*vea*-den) y se agrega un verbo en infinitivo. La forma conjugada de **werden** va en el lugar usual del verbo y el infinitivo va al final de la oración. En este caso, **werden** se utiliza a manera de verbo auxiliar para señalar la voluntad de hacer algo (cuando se utiliza solo, el verbo **werden** significa "volverse", "convertirse en").

En español sería algo así como (siguiendo los ejemplos anteriores):

- Mañana me voy a comprar un par de botas.
- En verano no vamos a ir a esquiar.
- Vas a necesitar ayuda para planear ese viaje a la Antártida.

La tabla 15-1 muestra la conjugación del verbo **werden**.

TABLA 15-1 **Conjugación del verbo "werden"**

Conjugación	Pronunciación	Traducción
ich werde	(ij *vea*-de)	yo voy a
du wirst	(du virst)	tú vas a
Sie werden	(sii *vea*-den)	usted va a
er/sie/es wird	(ea sii es vird)	él, ella, [neutro] va a
wir werden	(via *vea*-den)	nosotros vamos a
ihr werdet	(iia vea-det)	vosotros vais a
Sie werden	(sii *vea*-den)	ustedes van a
sie werden	(sii *vea*-den)	ellos/ellas van a

Las siguientes oraciones son buenos ejemplos del tiempo futuro. Observa cómo los infinitivos siempre van al final de las oraciones:

- **Ich werde anrufen.** (ij *vea*-de *an*-ru-fen; voy a llamar)
- **Wir werden morgen kommen.** (via *vea*-den *moa*-guen *com*-men; vamos a venir mañana)
- **Wirst du nächstes Jahr nach Österreich fahren?** (virst du *naejs*-tes iaar naj *oes*-ter-raij *faa*-ren; ¿vas a ir a Austria el próximo año?)
- **Frau Meier wird nächtse Woche ins Reisebüro gehen.** (frau *mai*-ea vird *naejs*-te *vo*-je ins *rai*-se-biu-ro *gue*-jen; la Sra. Meier va a ir a la agencia de viajes la próxima semana)

GRAMÁTICA

Los alemanes son bastante laxos con respecto al uso del tiempo futuro: no lo utilizan siempre y a menudo prefieren hablar sobre el futuro usando el tiempo presente. Expresiones como **morgen** (*moa*-guen; mañana) o **nächstes Jahr** (*naejs*-tes iaar; el próximo año) sirven para indicar que algo ocurrirá en el futuro. Las siguientes afirmaciones se refieren todas al futuro, pese a que el verbo en cada una de ellas está en presente:

- **Morgen gehe ich wandern.** (*moa*-guen *gue*-je ij *van*-dean; mañana voy a caminar)

- **Fährst du nächstes Jahr wieder zu den Festspielen?** (faerst du *naejs*-tes iaar *vii*-dea tsu den *fest*-shpii-len; ¿vas al festival el próximo año?)
- **Susanne geht übermorgen zum Konsulat.** (su-*san*-ne guet *iu*-bea-moa-guen tsum con-su-*lat*; Susanne va al consulado pasado mañana)
- **Fahrt ihr am nächsten Wochenende weg?** (faart iia am naejs-ten *vo*-jen-en-de vec; ¿vais a salir el próximo fin de semana?)

Utilizar el calendario y las fechas

"Treinta días tiene septiembre, con abril, junio y noviembre." Te alegrará saber que esta pequeña rima se traduce fácilmente al alemán. Pero no te entusiasmes demasiado: todavía tienes que aprenderte los años.

Divisiones del calendario

Las siguientes oraciones muestran cómo se conforma el calendario, **der Kalender** (dea ca-*len*-dea), en alemán:

- **Ein Jahr hat 12 Monate.** (ain iaar jat tsvoelf *mo*-na-te; un año tiene 12 meses)
- **Ein Monat hat 30 oder 31 Tage.** (ain *mo*-nat jat *drai*-sic *o*-dea *ain*-und-drai-sic *ta*-gue; un mes tiene 30 o 31 días)
- **Der Februar hat 28 oder 29 Tage.** (dea *fe*-bru-ar jat *ajt*-und-tsvan-tsic *o*-dea *noin*-und-tsvan-tsic *ta*-gue; febrero tiene 28 o 29 días)
- **Eine Woche hat 7 Tage.** (*ai*-ne *vo*-je jat 7 *ta*-gue; una semana tiene 7 días)

Los nombres de los meses

La siguiente lista muestra los nombres de los meses. Todos los nombres de meses son masculinos, lo que significa que su artículo es **der**:

- **Januar** (*ia*-nu-ar; enero)

- **Februar** (*fe*-bru-ar; febrero)
- **März** (maerts; marzo)
- **April** (a-*pril*; abril)
- **Mai** (mai; mayo)
- **Juni** (*iu*-ni; junio)
- **Juli** (*iu*-li; julio)
- **August** (au-*gust*; agosto)
- **September** (sep-*tem*-bea; septiembre)
- **Oktober** (oc-*to*-bea; octubre)
- **November** (no-*vem*-bea; noviembre)
- **Dezember** (de-*tsem*-bea; diciembre)

Describir sucesos en meses específicos

Si algo tiene lugar en un mes en particular, debes combinar el nombre del mes con la preposición **im**:

- **Ich fliege im Januar ab.** (ij *flii*-gue im *ia*-nu-ar ab; voy a viajar [volar] en enero)
- **Ich fliege im Februar zurück.** (ij *flii*-gue im *fe*-bru-ar tsu-*riuc*; voy a regresar en febrero)
- **Im März werde ich zu Hause sein.** (im maerts *vea*-de ij tsu *jau*-se sain; en marzo estaré en casa)

Nombrar momentos específicos de un mes

Si necesitas ser específico sobre el momento del mes, las siguientes frases pueden ayudarte a delimitar el tiempo:

- **Anfang Januar** (*an*-fanc *ia*-nu-ar; a comienzos de enero)
- **Mitte Februar** (*mit*-te *fe*-bru-ar; a mediados de febrero)

- **Ende März** (*en*-de maerts; a finales de marzo)

Desde luego, puedes sustituir el nombre de cualquier mes después de **Anfang**, **Mitte** y **Ende**:

- **Anfang April fliegen wir nach Berlin.** (*an*-fanc a-*pril flii*-guen via naj bea-*lin*; a comienzos de abril iremos [volaremos] a Berlín)
- **Ich werde Ende Mai verreisen.** (ij *vea*-de *en*-de mai fea-*rai*-sen; me iré de viaje a finales de mayo)
- **Herr Behr wird Mitte Februar in Skiurlaub fahren.** (jea beea vird *mit*-te *fe*-bru-ar in *shi*-ua-laub *faa*-ren; el Sr. Behr irá a esquiar a mediados de febrero)

Fechas

Para referirte a la fecha, **das Datum** (das *da*-tum), primero debes mencionar el día y después el mes (véase la tabla 15-2). Observa el punto después del numeral que lo identifica como un número ordinal (para más información sobre los números ordinales, consulta el capítulo 12).

TABLA 15-2 Fechas en alemán, versión larga

Escribe	Di	Pronunciación
1. Januar 2000	**erster Januar Zweitausend**	(*eas*-tea *ia*-nu-ar tsvai-*tau*-send)
10. Juni 1999	**zehnter Juni Neunzehnhundertneunund neunzig**	(*tseen*-tea iu-ni *noin*-tseen-jun-deat-*noin*-und-noin-tsic)
20. März 1888	**zwanzigster März Achtzehnhundertachtund-achtzig**	(*tsvan*-tsics-tea maerts *ajt*-tseen-jun-deat-*ajt*-und-aj-tsic)

Como puedes ver en el último ejemplo de la tabla 15-2, no es difícil retroceder en el tiempo hasta otro siglo.

Esa es la versión larga. Y ahora veamos la versión corta, que se usa mucho tanto en el lenguaje hablado como en el escrito (véase la tabla 15-3). El día sigue en primera posición y el mes en segunda. Observa también en este caso los puntos después de los numerales (tanto el día como el mes son ordinales).

Palabras para recordar

das Jahr	(das iaar)	año
das Vierteljahr	(das *fiia*-tel-iaar)	trimestre
der Monat	(dea *mo*-nat)	mes
die Woche	(dii *vo*-je)	semana
der Tag	(dea taac)	día
das Datum	(das *da*-tum)	fecha
der Kalender	(dea ca-*len*-dea)	calendario

TABLA 15-3 Fechas en alemán, versión corta

Escribe	Di	Pronunciación
1. 1. 2000	**erster erster Zweitausend**	(*eas*-tea *eas*-tea tsvai-*tau*-send)
2. 4. 1999	**zweiter vierter Neunzehnhundertneunund-neunzig**	(*tsvai*-tea *fiia*-tea *noin*-tseen-jun-deat-*noin*-und-noin-tsic)
3. 5. 1617	**dritter fünfter Sechzehnhundertsiebzehn**	(*drit*-tea *fiunf*-tea *sej*-tseen-jun-deat-*siib*-tseen)

Si quieres saber qué fecha es hoy, puedes preguntar:

Den Wievielten haben wir heute? (den *vii*-fiil-ten *ja*-ben via *joi*-te; ¿qué fecha es hoy?)

La respuesta será una de las siguientes:

- **Heute haben wir den...** (*joi*-te *ja*-ben via den; hoy estamos a...)
- **Heute ist der...** (*joi*-te ist dea; hoy es el...)

GRAMÁTICA

Es posible que escuches de dos maneras el nombre de un año integrado a una oración. En la primera forma, que es más larga, se utiliza la preposición **im** para crear la frase **"im Jahr..."**, y en la segunda, más corta, no se hace. Las siguientes oraciones son ejemplos de ambas modalidades:

- **Im Jahr 2010 fährt Herr Diebold nach Spanien.** (im iaar tsvai-tau-send-*tseen* faert jea *dii*-bold naj *shpa*-nien; en el año 2010, el Sr. Diebold irá a España)
- **1999 war er in Kanada.** (*noin*-tseen-jun-deat-*noin*-und-noin-tsic var ea in *ca*-na-da; en 1999 estuvo en Canadá)

Palabras para recordar

das Jahr	(das iaar)	año
das Vierteljahr	(das *fiia*-tel-iaar)	trimestre
der Monat	(dea *mo*-nat)	mes
die Woche	(dii *vo*-je)	semana
der Tag	(dea taac)	día
das Datum	(das *da*-tum)	fecha
der Kalender	(dea ca-*len*-dea)	calendario

Vérselas con pasaportes y DNI

Como no existen fronteras entre los países que integran la Unión Europea, ya no es obligatorio llevar pasaporte para viajar de un país de la Unión a otro (si bien puedes hacerlo). Llevar tu DNI, **der Ausweis** (dea *aus*-vais), es suficiente. Eso sí: si deseas viajar a Suiza, que no es miembro de la Unión Europea, debes llevarlo. ¡Asegúrate de que no esté caducado! Para entrar en Suiza no precisas visado.

Si se te pierde el pasaporte, o tu documento de identidad, acude de inmediato al consulado, **das Konsulat** (das con-su-*lat*), español para informar del hecho. Si es necesario puedes dirigirte a un agente o presentar una denuncia en una comisaría y decir lo siguiente para obtener ayuda:

> **Ich habe meinen Pass/Ausweis verloren.** (ij *ja*-be *mai*-nen pas/*aus*-vais fea-*lo*-ren; he perdido mi pasaporte/documento de identidad)

Hablando se entiende la gente

Juan Pérez, un ciudadano español que reside en Alemania, quiere ir a esquiar a Davos, en Suiza. Después de hacer todos los trámites en la agencia de viajes, habla con el agente sobre la entrada al país.

Juan: **Brauche ich ein Visum für die Schweiz?**
(*brau*-je ij ain *vi*-sum fiua dii shvaits)
¿Necesito un visado para Suiza?

Angestellte: **Nein, für die Schweiz nicht.**
(nain fiua dii shvaits nijt)
No, para Suiza no.

Juan: **Gut. Aber ich brauche meinen Reisepass, stimmts?**
(gut *a*-bea ij *brau*-je *mai*-nen *rai*-se-pas shtimts)
Bien. Pero necesito mi pasaporte, ¿verdad?

Angestellte: **Ja, den Pass brauchen Sie. Ist er noch gültig?**
(ia den pas *brau*-jen sii ist ea noj *guiul*-tic)
Sí, necesitará su pasaporte. ¿Está en vigencia?

Juan: **Ich glaube ja.**
(ij *glau*-be ia)
Creo que sí.

Angestellte: **Prima! Noch irgendwelche Fragen, Herr Pérez?**
(*pri*-ma noj *ir*-guend-vel-je *fra*-guen jea *pe*-rez)
¡Excelente! ¿Alguna otra pregunta, Sr. Pérez?

Juan: **Nein, das war's. Vielen Dank.**
(nain das vars *fii*-len danc)
No, eso era todo. Muchas gracias.

Angestellte: **Gern geschehen. Und, Gute Reise!**
(guean gue-*she*-en und *gu*-te *rai*-se)
De nada. ¡Y buen viaje!

Palabras para recordar

der Reisepass	(dea *rai*-se-pas)	pasaporte
das Visum	(das *vi*-sum)	visado
beantragen	(be-*an*-tra-guen)	solicitar; encargar
gültig/ungültig	(*guiul*-tic *un*-guiul-tic)	válido/nulo/vencido
verlängern	(fea-*laen*-guean)	renovar
ablaufen	(*ab*-lau-fen)	expirar
das Konsulat	(das con-su-*lat*)	consulado
die Botschaft	(dii *bot*-shaft)	embajada

Juegos y ejercicios divertidos

Las siguientes afirmaciones tienen lugar en el futuro. A ti te corresponde poner el verbo **werden** en la forma apropiada.

1. Wir _______ ans Meer fahren.
2. _______ du mit deinen Eltern in die USA fliegen?
3. Ich _______ meinen Urlaub im Reisebüro buchen.
4. _______ ihr mit dem Bus nach Dänemark fahren?
5. Kai _______ ein Visum für Kanada beantragen.
6. Claudia und Bärbel _______ dieses Jahr nach Polen reisen.

Respuestas: 1. werden; 2. Wirst; 3. werde; 4. Werdet; 5. wird; 6. werden

Haz coincidir las expresiones de la derecha con las de la izquierda.

A.	_________ zwölf Monate	a. eine Stunde
B.	_________ 30 Tage	b. eine Woche
C.	_________ 7 Tage	c. ein Tag
D.	_________ 24 Stunden	d. ein Jahr
E.	_________ 60 Minuten	e. ein Monat

Respuestas: A=d; B=e; C=b; D=c; E=a

EN ESTE CAPÍTULO

Pedir ayuda

Ir al médico o al hospital

Hablar con la policía

Capítulo 16 Afrontar emergencias

Ojalá que nunca necesites usar el vocabulario o la información de este capítulo, pero aun así puede serte útil leerlo. Además de tratar sobre accidentes y sobre cómo hablar con la policía, podría haber otro tipo de emergencias a las que tuvieras que hacer frente. ¿Qué harías si de repente pillaras una fuerte gripe mientras te encuentras de viaje por un país de habla germana? Este capítulo te ayuda a afrontar todo tipo de situaciones de emergencia, desde ir al médico hasta denunciar un robo.

Pedir ayuda en accidentes y emergencias

La parte más difícil al afrontar emergencias es mantener la suficiente calma como para informar a alguien (ya sea un agente de policía, un enfermero o un médico) de cuál es el problema. Así pues, no pierdas los nervios si tienes que afrontar una situación desagradable en alemán. Y si te resulta difícil hablar en alemán, por lo menos debes saber cómo preguntar por alguien que hable tu idioma.

Gritar en busca de ayuda

Las siguientes expresiones te serán útiles si necesitas pedir ayuda en una situación de emergencia:

- **Hilfe!** (*jil*-fe; ¡auxilio!)
- **Rufen Sie die Polizei!** (*ru*-fen sii dii po-li-*tsai*; ¡llamen a la policía!)
- **Rufen Sie einen Krankenwagen!** (*ru*-fen sii *ai*-nen *cran*-quen-va-guen; ¡llamen a una ambulancia!)
- **Rufen Sie die Feuerwehr!** (*ru*-fen sii dii *foi*-ea-vea; ¡llamen a los bomberos!)
- **Holen Sie einen Arzt!** (*jo*-len sii *ai*-nen artst; ¡consigan un médico!)
- **Feuer!** (*foi*-ea; ¡fuego!)

Informar sobre un problema

Si tienes que informar sobre un accidente o necesitas avisar que tú u otros están heridos, este vocabulario básico te ayudará:

- **Ich möchte einen Unfall melden.** (ij *moej*-te *ai*-nen *un*-fal *mel*-den; quiero informar de un accidente)
- **Ich möchte einen Unfall auf der Autobahn melden.** (ij *moej*-te *ai*-nen *un*-fal auf dea *au*-to-baan *mel*-den; quiero informar de un accidente en la autopista)
- **Ich bin verletzt.** (ij bin fea-*letst*; estoy herido)
- **Es gibt Verletzte.** (es guibt fea-*lets*-te; hay heridos)

Además de los accidentes, hay otras emergencias para las cuales debes estar preparado, como los robos:

- **Ich möchte einen Diebstahl/Raubürberfall melden.** (ij *moej*-te *ai*-nen *diib*-shtaal *raub*-iu-bea-fal *mel*-den; quiero denunciar un hurto/robo)
- **Haltet den Dieb!** (*jal*-tet den diib; ¡atrapen al ladrón!)

Palabras para recordar

Hilfe!	(*hil*-fe)	¡auxilio!
rufen Sie die Polizei!	(*ru*-fen sii dii po-li-*tsai*)	¡llamen a la policía!
Feuer!	(*foi*-ea)	¡fuego!

Pedir ayuda de alguien que hable español

Si ves que no puedes obtener la ayuda que requieres hablando alemán, debes preguntar si hay alguien que hable español:

> **Spricht hier jemand Spanisch?** (shprijt jia *ie*-mand *shpa*-nish; ¿hay alguien aquí que hable español?)

Ir al médico o al hospital

Abre la boca. Sí, un poco más. Bien. Di: ahhhhhh. Ahora respira hondo. Descansa. Respira de nuevo. ¡Muy bien! Ahora ya debes de estar lo suficientemente relajado como para aprender a explicar qué te duele.

He aquí algunas palabras que vas a necesitar si empiezas a encontrar mal:

- **der Arzt/die Ärztin** (dea artst dii *aerts*-tin; médico/médica)
- **der Doktor** (dea *doc*-toa; doctor)
- **das Krankenhaus** (das *cran*-quen-jaus; hospital)
- **die Notaufnahme** (dii *not*-auf-naa-me; sala de urgencias)
- **die Arztpraxis** (dii *artst*-prac-sis; consultorio médico)

Si necesitas ayuda médica puedes preguntar por un médico o averiguar dónde queda un consultorio u hospital cercano, diciendo:

- **Ich brauche einen Arzt.** (ij *brau*-je *ai*-nen artst; necesito un médico)

- **Wo ist die nächste Arztpraxis/das nächste Krankenhaus?** (vo ist dii *naejs*-te *artst*-prac-sis/das *naejs*-te *cran*-quen-jaus; ¿dónde queda el consultorio médico/hospital más cercano?)

Explicar qué te ocurre

¿Te duele el estómago? ¿Tienes fiebre? ¿Tienes calambres? ¿Sientes náuseas? Muy bien, estás en el lugar adecuado. Si quieres expresar que no te encuentras bien y explicar dónde te duele, di esto:

- **Ich fühle mich nicht wohl.** (ij *fiuu*-le mij nijt vool; no me siento bien)
- **Ich bin krank.** (ij bin cranc; estoy enfermo)
- **Ich habe Fieber.** (ij *ja*-be *fii*-bea; tengo fiebre)
- **Mir tut der Hals/Bauch/Rücken weh.** (mia tut dea jals/bauj/*riu*-quen vee; me duele la garganta/el vientre/la espalda)
- **Ich habe Schmerzen im Arm/Bauch.** (ij *ja*-be *shmea*-tsen im/arm bauj; siento dolor en el brazo/el vientre)
- **Ich habe (starke) Bauchschmerzen/Kopfschmerzen/Zahnschmerzen.** (ij *ja*-be [*shtar*-que] *bauj*-shmea-tsen/*copf*-shmea-tsen/*tsaan*-shmea-tsen; tengo [un fuerte] dolor de vientre/dolor de cabeza/dolor de muela)
- **Ich habe Halsschmerzen/Rückenschmerzen.** (ij *ja*-be *jals*-schmea-tsen/*riu*-quen-shmea-tsen; tengo dolor de garganta/dolor de espalda)

Mencionar afecciones especiales

Es importante indicarle al médico si eres alérgico a algo o si sufres de alguna afección. Para hacerlo, empieza diciendo:

Ich bin... (ij bin; soy/estoy...)

Y termina la frase con cualquiera de las siguientes opciones:

- **allergisch gegen...** (a-*lea*-guish *gue*-guen; alérgico a...)
- **behindert** (be-*jin*-deat; impedido/incapacitado)
- **schwanger** (*shvan*-guea; embarazada)
- **Diabetiker** (dia-*be*-ti-quea; diabético)
- **Epileptiker** (e-pi-*lep*-ti-quea; epiléptico)

CULTURA GENERAL

LLAMADAS DE EMERGENCIA

En caso de emergencia, conviene tener a mano los números telefónicos apropiados. Si te encuentras en una situación de emergencia, los números más importantes que debes memorizar o guardar en tu cartera son:

- **Polizei** (po-li-*tsai*; policía): 110 (Alemania); 133 (Austria); 117 (Suiza)
- **Feuerwehr** (*foi*-ea-vea; bomberos): 112 (Alemania); 122 (Austria); 118 (Suiza)

También encontrarás estos números en la primera página de la guía telefónica.

En la era de los teléfonos móviles es mucho más fácil que antes llamar para pedir ayuda si es preciso informar sobre un accidente. Sin embargo, el sistema de autopistas alemán está bien preparado para este tipo de emergencias desde hace bastante tiempo. En la **Autobahn** encontrarás **Notrufsäulen** (*not*-ruf-soi-len; teléfonos de emergencia para los conductores) a intervalos regulares. También hay señales que indican a qué distancia estás del siguiente teléfono de emergencia.

Algunas afecciones específicas requieren que empieces con:

Ich habe... (ij *ja*-be; tengo...)

Puedes terminar esta frase con alguna de estas opciones:

» **ein Herzleiden** (ain *jeats*-lai-den; afección cardíaca)

» **zu hohen/niedrigen Blutdruck** (tsu *joo*-en/*nii*-dri-guen/*blut*-druc; presión arterial alta/baja)

Y ahora un chequeo...

Una vez en el hospital o en una consulta médica, es importante que entiendas las preguntas y las instrucciones del médico y que salgas con el medicamento apropiado, de modo que puedas dedicarte a conversaciones más gratas. Estas son algunas de las preguntas que posiblemente escuches en el hospital:

» **Was haben Sie für Beschwerden?** (vas *ja*-ben sii fiua be-*shvea*-den; ¿qué dolencias tiene?)

- **Haben Sie Schmerzen?** (*ja*-ben sii *shmea*-tsen; ¿siente algún dolor?)
- **Wo tut es weh?** (vo tut es vee; ¿dónde le duele?)
- **Tut es hier weh?** (tut es jia vee; ¿le duele aquí?)
- **Wie lange fühlen Sie sich schon so?** (vii *lan*-gue *fiuu*-len sii sij shon so; ¿cuánto hace que se siente así?)
- **Sind Sie gegen irgendetwas allergisch?** (sind sii *gue*-guen *ir*-guend-et-vas a-*lea*-gish; ¿es alérgico a algo?)

Estas son algunas de las instrucciones que quizá te dé el médico:

- **Bitte streifen Sie den Ärmel hoch.** (*bi*-te *shtrai*-fen sii den *aer*-mel joj; por favor, arremánguese)
- **Bitte machen Sie den Oberkörper frei.** (*bi*-te *ma*-jen sii den *o*-bea-coer-pea frai; por favor, quítese la camisa)
- **Bitte legen Sie sich hin.** (*bi*-te *le*-guen sii sij jin; por favor, recuéstese)
- **Machen Sie bitte den Mund auf.** (*ma*-jen sii *bi*-te den mund auf; abra la boca, por favor)
- **Atmen Sie bitte tief durch.** (*at*-men sii *bi*-te tiif durj; respire profundo, por favor)
- **Husten Sie bitte.** (*jus*-ten sii *bi*-te; tosa, por favor)

Especificar partes del cuerpo

A la pregunta **Wo tut es weh?** (vo tut es vee; ¿dónde le duele?), puedes escoger entre las siguientes opciones:

- **der Arm** (dea arm; brazo)
- **das Auge** (das *au*-gue; ojo)
- **der Bauch** (dea bauj; vientre)
- **das Bein** (das bain; pierna)
- **die Brust** (dii brust; pecho)
- **der Daumen** (dea *dau*-men; pulgar)
- **der Finger** (dea *fin*-guea; dedo)
- **der Fuß** (dea fuus; pie)

- **der Hals** (dea jals; cuello/garganta)
- **die Hand** (dii jand; mano)
- **das Herz** (das jerts; corazón)
- **der Kiefer** (dea *quii*-fea; mandíbula)
- **das Knie** (das knii; rodilla)
- **der Fußknöchel** (dea *fuus*-cnoe-jel; tobillo)
- **der Magen** (dea *ma*-guen; estómago)
- **der Mund** (dea mund; boca)
- **der Muskel** (dea *mus*-quel; músculo)
- **die Nase** (dii *na*-se; nariz)
- **das Ohr** (das ooa; oreja [oído])
- **der Rücken** (dea *riu*-quen; espalda)
- **der Zeh** (dea tsee; dedo del pie)
- **die Zunge** (dii *tsun*-gue; lengua)

También es posible que tengas que identificar las siguientes partes del cuerpo:

- **das Gesicht** (das gue-*sijt*; cara)
- **das Haar** (das jaar; pelo)
- **der Kopf** (dea copf; cabeza)
- **die Lippe** (dii *lip*-pe; labio)

Entender el diagnóstico

El siguiente paso es entender lo que el médico cree que podrías tener. A continuación te presentamos algunas frases útiles para que no te quedes mirando a las musarañas:

- **die Diagnose** (dii di-ag-*no*-se; diagnóstico)
- **Sie haben...** (sii *ja*-ben; usted tiene...)
- **eine Erkältung** (*ai*-ne ea-*cael*-tunc; un resfriado)
- **eine Grippe** (*ai*-ne *grip*-pe; una gripe)
- **eine Entzündung** (*ai*-ne ent-*tsiun*-dunc; una inflamación)

» **Blinddarmentzündung/Lungenentzündung/Mandelentzündung** (*blind*-darm-ent-tsiun-dunc/*lun*-guen-ent-tsiun-dunc/*man*-del-ent-tsiun-dunc; apendicitis/neumonía/amigdalitis)

» **Wir müssen eine Röntgenaufnahme machen.** (via *mius*-sen *ai*-ne *roent*-guen-auf-naa-me *ma*-jen; tenemos que hacerle una radiografía)

» **Sie müssen geröntgt werden.** (sii *mius*-sen gue-*roenct vea*-den; tiene que hacerse una radiografía)

» **Ihr Knöchel ist gebrochen/verstaucht/verrenkt.** (iia *knoe*-jel ist gue-*bro*-jen/fea-*shtaujt*/fea-*renct*; tiene el tobillo roto/distendido/dislocado)

Hablando se entiende la gente

ESCUCHA

Pista 33: Ulrich Lempert no se ha sentido bien últimamente y ha pedido una cita con su médico, el Dr. Grawen.

Dr. Grawen: **Guten Morgen, Herr Lempert. Was haben Sie für Beschwerden?**
(*gu*-ten *moa*-guen jea *lem*-peat vas *ja*-ben sii fiua be-*shvea*-den)
Buenos días, Sr. Lempert. ¿Qué molestias tiene?

Ulrich: **Ich fühle mich seit ein paar Tagen nicht wohl.**
(ij *fiuu*-le mij sait ain paar *taa*-guen nijt vool)
No me he sentido bien estos últimos dos días.

Dr. Grawen: **Haben Sie Schmerzen?**
(*ja*-ben sii *shmea*-tsen)
¿Siente dolor?

Ulrich: **Ja, ich habe starke Kopf- und Magenschmerzen.**
(ia ij *ja*-be *shtar*-que copf und *ma*-guen-shmea-tsen)
Sí, tengo un fuerte dolor de cabeza y dolor de estómago.

Dr. Grawen: **Bitte setzen Sie sich hier hin und machen Sie den Oberkörper frei.**

	(*bit*-te *set*-tsen sii sij jia jin und *ma*-jen sii den *o*-bea-coer-pea frai) Por favor, siéntese aquí y quítese la camisa.

Pista 34: El Dr. Grawen empieza a examinar a Ulrich.

Dr. Grawen:	**Machen Sie bitte den Mund auf, danke. Atmen Sie bitte tief durch. Husten Sie bitte.** (*ma*-jen sii *bit*-te den mund auf *dan*-que *at*-men sii *bit*-te tiif durj *jus*-ten sii *bit*-te) Por favor, abra la boca, gracias. Respire profundamente, por favor. Tosa, por favor.
Ulrich:	**Und, was stimmt nicht mit mir?** (und vas shtimt nijt mit mia) ¿Qué me pasa?
Dr. Grawen:	**Sie haben eine Grippe. Ich gebe Ihnen ein Rezept. Und bleiben Sie die nächsten Tage im Bett!** (sii *ja*-ben *ai*-ne *grip*-pe ij *gue*-be *ii*-nen ain *re*-tsept und *blai*-ben sii dii *naejs*-ten *taa*-gue im bet) Tiene la gripe. Le haré una receta. ¡Y quédese los próximos días en la cama!

Palabras para recordar

ich brauche einen Arzt	(ij *brau*-je *ai*-nen artst)	necesito un médico
ich bin krank	(ij bin cranc)	estoy enfermo
wo tut es weh?	(vo tut es vee)	¿dónde le duele?
haben Sie Schmerzen?	(*ja*-ben sii *shmea*-tsen)	¿tiene algún dolor?

El tratamiento

Después de que el médico te diga cuál es el problema, te aconsejará qué hacer al respecto. Es posible que te haga una pregunta final antes de decidir cuál es el mejor tratamiento para ti:

> **Nehmen Sie noch andere Medikamente?** (*nee*-men sii noj *an*-de-re me-di-ca-*men*-te; ¿está tomando algún otro medicamento?)

Posiblemente esto te prescriba el médico:

- **Ich gebe Ihnen.../Ich verschreibe Ihnen...** (ij *gue*-be *ii*-nen/ij fea-*shrai*-be *ii*-nen; le voy a dar.../le voy a recetar...)
- **ein Schmerzmittel** (ain *shmeats*-mit-tel; un analgésico)
- **Antibiotika** (an-ti-*bio*-ti-ca; antibióticos)
- **Tabletten** (ta-*blet*-ten; pastillas)
- **das Medikament/die Medikamente** (das me-di-ca-*ment*/dii me-di-ca-*men*-te; un medicamento/medicamentos)

El médico te dará una receta, **das Rezept** (das re-*tsept*), que debes llevar a una farmacia, denominada **die Apotheke** (dii a-po-*te*-que).

El siguiente vocabulario te ayudará a entender cuándo y con qué frecuencia debes tomar tu medicamento:

- **Bitte, nehmen Sie... Tabletten/Teelöffel...** (*bit*-te *nee*-men sii ta-*blet*-ten *tee*-loef-fel; por favor tome... pastillas/cucharaditas...)
- **dreimal am Tag/täglich** (*drai*-mal am tac *taec*-lij; tres veces al día/diarias)
- **alle... Stunden** (*al*-le *shtun*-den; cada... horas)
- **vor/nach dem Essen** (foa naj dem *es*-sen; antes/después de las comidas)

Finalmente, es posible que el médico te quiera ver otra vez y diga:

> **Kommen Sie in... Tagen/einer Woche wieder.** (*com*-men sii in *ta*-guen *ai*-nea *vo*-je *vii*-dea; vuelva en... días/una semana)

CONSEGUIR TU MEDICAMENTO

CULTURA GENERAL

Lo habitual en España es conseguir los medicamentos en una farmacia, donde por lo general te venden tanto los que exigen receta como aquellos de venta libre. En Alemania el asunto es un poco diferente, puedes ir a una **Drogerie** (dro-gue-*rii*; droguería) para comprar desde dentífrico hasta detergente y esmalte para las uñas, además de los medicamentos que no requieren receta médica, como aspirinas y jarabes para la tos. Sin embargo, para los medicamentos de venta restringida debes ir a la **Apotheke** (a-po-*te*-que; farmacia).

En lo que respecta a las recetas médicas, la legislación alemana es muy severa. Posiblemente observes que muchos de los medicamentos que en otros países se pueden comprar libremente (como los antihistamínicos), en Alemania requieren receta (y, por tanto, una visita al médico).

Hablando se entiende la gente

Después de recibir su diagnóstico, Ulrich lleva la receta a la farmacia de su barrio y habla con la farmacéutica.

Ulrich: **Guten Morgen. Meine Ärztin hat mir dieses Medikament verschrieben.**
(*gu*-ten *moa*-guen *mai*-ne *aerts*-tin jat mia *dii*-ses me-di-ca-*ment* fea-*shrii*-ben)
Buenos días. Mi doctora me ha recetado este medicamento.

Apothekerin: **Einen Moment.**
(*ai*-nen mo-*ment*)
Un momento.

La farmacéutica va al cuarto trasero, coge el medicamento de Ulrich y regresa.

Apothekerin: **So, Herr Lempert. Bitte, nehmen Sie dreimal am Tag zwei von diesen Tabletten.**
(so jea *lem*-peat *bit*-te *nee*-men sii *drai*-mal am taac tsvai fon *dii*-sen ta-*blet*-ten)
Muy bien, Sr. Lempert. Por favor, tómese dos de estas pastillas tres veces al día.

Ulrich:	**Vor oder nach dem Essen?** (foa *o*-dea naj dem *es*-sen) ¿Antes o después de las comidas?
Apothekerin:	**Nach dem Essen.** (naj dem *es*-sen) Después de las comidas.
Ulrich:	**Wird gemacht.** (vird gue-*majt*) Eso haré.
Apothekerin:	**Gute Besserung, Herr Lempert!** (*gu*-te *bes*-se-runc jea *lem*-peat) ¡Que se mejore, Sr. Lempert!

Hablar con la policía

Acabas de descubrir que han entrado a robar en la habitación de tu hotel. Se llevaron muchas cosas, pero por fortuna no se llevaron *Alemán para Dummies.* Tuviste suerte, ¿no te parece?

Las siguientes expresiones te ayudarán a afrontar la situación:

- **Wo ist die nächste Polizeiwache?** (vo ist dii *naejs*-te po-li-*tsai*-va-je; ¿dónde queda la comisaría más cercana?)
- **Ich möchte einen Diebstahl melden.** (ij *moej*-te *ai*-nen *diib*-shtaal *mel*-den; quiero denunciar un robo)

Describir lo que te han robado

Para describir el robo puedes empezar así:

Man hat mir... gestohlen. (man jat mia gue-*shtoo*-len; me han robado...)

Luego puedes completar la frase insertando alguna de estas opciones:

- **meine Brieftasche/mein Portemonnaie** (*mai*-ne *briif*-ta-she main port-mo-*nee*; mi billetera)

- **meine Tasche** (*mai*-ne *ta*-she; mi bolso)
- **mein Geld** (main gueld; mi dinero)
- **meinen Pass** (*mai*-nen pas; mi pasaporte)
- **mein Auto** (main *au*-to; mi coche)

Si quieres denunciar que alguien entró en tu casa o en tu oficina, utilizas el verbo **einbrechen** (*ain*-bre-jen; entrar a robar):

> **Man hat bei mir eingebrochen.** (man jat bai mia *ain*-gue-bro-jen; se metieron en mi habitación [a robar])

Sin embargo, si te estás refiriendo a tu coche, debes utilizar un verbo similar pero ligeramente distinto, **aufbrechen** (*auf*-bre-jen), que literalmente significa "abrir a la fuerza":

> **Man hat mein Auto aufgebrochen.** (man jat main *au*-to *auf*-gue-bro-jen; alguien forzó [la puerta de] mi coche)

GRAMÁTICA

El pronombre indefinido **man** (man), que significa "uno" (alguien), es decir, "gente en general", es muy útil y fácil de utilizar porque nunca cambia su terminación. Por ejemplo:

- **Man hat seine Tasche gestohlen.** (man jat *sai*-ne *ta*-she gue-*shtoo*-len; alguien le robó [a él] el bolso)
- **Man hat ihre Tasche gestohlen.** (man jat *ii*-re *ta*-she gue-*shtoo*-len; alguien le robó [a ella] el bolso)

Contestar a las preguntas de la policía

Pudiste ver bien al delincuente. ¿Era alto o bajo, delgado o gordo, peludo o calvo? La policía querrá saberlo todo. Y cuando hayas aprendido a describir gente, también estarás listo para las páginas de anuncios personales en la prensa.

La policía seguramente te preguntará:

> **Können Sie die Person beschreiben?** (*coen*-nen sii dii pea-*son* be-*shrai*-ben; ¿puede describir a la persona?)

Tu respuesta puede comenzar con:

> **Die Person hatte...** (dii pea-*son* *jat*-te; la persona tenía...)

Luego terminas la frase con una de las siguientes opciones (puedes combinar rasgos diciendo **und** entre cualquiera de estas respuestas):

- **blonde/schwarze/rote/graue Haare** (*blon*-de/*shvar*-tse/*ro*-te/graue *jaa*-re; pelo rubio/negro/rojo/gris)
- **einen Bart/keinen Bart** (*ai*-nen bart/*cai*-nen bart; con barba/sin barba)
- **eine Glatze** (*ai*-ne *glat*-se; la cabeza calva)
- **eine Brille** (*ai*-ne *bril*-le; gafas)

O tu respuesta puede comenzar con **Die Person war...** (dii pea-*son* var; la persona era...) y terminar con una de las siguientes opciones:

- **groß/klein** (groos/clain; alta/baja)
- **ungefähr... Meter... groß** (un-gue-*faer me*-tea groos; de aproximadamente... metros de estatura)
- **ungefähr... Jahre alt** (un-gue-*faer iaa*-re alt; de aproximadamente... años)

Es posible que la policía también te haga las siguientes preguntas:

- **Wann ist das passiert?** (van ist das pas-*siiat*; ¿cuándo sucedió?)
- **Wo waren Sie in dem Moment?** (vo *va*-ren sii in dem mo-*ment*; ¿dónde estaba usted en ese momento?)

Proteger tus derechos en el extranjero

¿Suficiente por hoy? Si no quieres hablar con la autoridad solo, estas son dos frases muy importantes que debes conocer:

- **Ich brauche einen Anwalt.** (ij *brau*-je *ai*-nen *an*-valt; necesito un abogado)
- **Ich möchte das Konsulat anrufen.** (ij *moej*-te das con-su-*lat an*-ru-fen; quiero llamar al consulado)

Hablando se entiende la gente

Erika Berger tiene que dejar unos documentos en la oficina de uno de sus clientes. Estaciona el coche frente al edificio y visita a su cliente. Cuando regresa media hora después, se da cuenta de que alguien ha forzado la puerta de su coche y observa que su bolso no está. Por suerte, la comisaría más cercana está a la vuelta de la esquina.

Erika: **Guten Tag. Ich möchte einen Diebstahl melden.**
(*gu*-ten taac ij *moej*-te *ai*-nen *diib*-shtaal *mel*-den)
Buenos días. Quiero denunciar un robo.

Man hat mein Auto aufgebrochen und meine Tasche gestohlen.
(man jat main *au*-to *auf*-gue-bro-jen und *mai*-ne *ta*-she gue-*shtoo*-len)
Alguien ha forzado mi coche y me ha robado el bolso.

Polizist: **Wann ist das passiert?**
(van ist das pas-*siiat*)
¿Cuándo ha sucedido?

Erika: **Zwischen elf und halb zwölf.**
(*tsvi*-shen elf und jalb tsvoelf)
Entre las once y las once y media.

Polizist: **Und wo?**
(und vo)
¿Y dónde?

Erika: **Gleich hier auf der Rotestraße.**
(glaij jia auf dea *ro*-te-shtraa-se)
Justo aquí, en la calle Rote.

Polizist: **Was war in ihrer Tasche?**
(vas var in *ii*-rea *ta*-she)
¿Qué había en su bolso?

Erika: **Meine Brieftasche mit ungefähr 100 Euro, meine Kreditkarten und mein Führerschein!**

(*mai*-ne *briif*-tashe mit un-gue-*faer jun*-deat oiro *mai*-ne cre-*dit*-car-ten und main *fiuu*-rea-shain)
Mi billetera con aproximadamente cien euros, mis tarjetas de crédito y mi carné de conducir.

Polizist: **Bitte, warten Sie einen Moment, und wir erstatten sofort Anzeige.**
(*bit*-te *var*-ten sii *ai*-nen mo-*ment* und via ea-*shtat*-ten so-*fort an*-tsai-gue)
Por favor, espere un momento y haremos un informe de inmediato.

Juegos y ejercicios divertidos

Identifica las partes del cuerpo (en alemán, desde luego) que se indican en el siguiente dibujo:

1. Cabeza: ____________
2. Pelo: ____________
3. Orejas: ____________
4. Ojos: ____________
5. Hombro: ____________
6. Brazo: ____________
7. Mano: ____________
8. Rodilla: ____________

Respuestas: 1-Kopf, 2-Haar, 3-Ohren, 4-Augen, 5-Schulter, 6-Arm, 7-Hand, 8-Knie

4

Los decálogos

EN ESTA PARTE . . .

Todos los libros *...para Dummies* terminan con sus famosos decálogos, y este libro no va a ser una excepción. Además de dar consejos sobre cómo aprender rápidamente alemán, te indicamos algunas frases en alemán que debes evitar, expresiones alemanas que no debes dudar en utilizar, festividades alemanas y muchas otras cosas.

Capítulo 17

Diez maneras de aprender alemán rápidamente

Tanto si estudiaste alemán en el colegio o en la universidad y después lo descuidaste, o si te has interesado luego por este idioma, quizá ahora quieras mentalizarte para aprenderlo. Sea cual sea tu situación, los siguientes consejos te serán de gran ayuda.

Buscar palabras en el diccionario

Si quieres aprender rápidamente palabras de uso cotidiano, recorta un papel en trozos pequeños (o utiliza notas autoadhesivas), coge tu diccionario español/alemán (o recurre al diccionario que se encuentra al final de este libro), y haz lo siguiente: busca la palabra en alemán de todo lo que puedas tocar en tu hogar, como **das Fenster** (das *fens*-tea; la ventana), **die Tür** (dii tiua; la puerta), **der Kühlschrank** (dea *kiuul*-shranc; la nevera) o **eine Tasse** (*ai*-ne *tas*-se; una taza). Escribe cada palabra en uno de los trozos de papel y pégalo a lo que describe. ¡No tendrás más remedio que aprenderte pronto estas palabras!

Hacer listas de palabras relacionadas

Si quieres memorizar palabras en un contexto determinado, haz listas de expresiones u oraciones completas que tienen que ver con el tema que te interesa. A medida que leas un capítulo de este libro, escribe el vocabulario que te gustaría aprender rápidamente. Por ejemplo, escribe las frases que te parecen más importantes para pedir indicaciones sobre cómo ir a un lugar (¿cómo llego a...?, ¿está muy lejos...?). Limita la lista a 10 o 12 entradas.

Luego, busca uno o más lugares apropiados en tu casa para poner la lista; por ejemplo, un buen sitio es al lado del espejo en el baño, a la altura de los ojos. Cada vez que te cepilles los dientes podrás revisar la lista. Antes de que te des cuenta, recordarás todas esas expresiones. Luego, haz lo mismo con otra lista.

Hacer la lista de la compra

Esta es otra tarea que puedes hacer en casa: escribe tu lista de la compra en alemán. Sin embargo, procura escribir la traducción en español al lado de la palabra en alemán para que no te enfades contigo mismo en la tienda si no recuerdas qué quiere decir algo. Por ejemplo, escribe **Birnen** (*bir*-nen; peras) o **Zwiebeln** (*tsvii*-beln; cebollas) en la lista.

¡Celebrar el día alemán!

También puedes organizar el "día alemán" en casa. Designa un día en el que tratarás de decir en alemán las pequeñas cosas que vas haciendo, como **Ich gehe in die Küche** (ij *gue*-je in dii *quiu*-je; voy a la cocina) o **Ich mache Kaffee** (ij *ma*-je *caf*-fe; hago café).

Utilizar archivos mp3 con los diálogos del libro

Mientras vas y vuelves de tu trabajo, puedes escuchar los diálogos de este libro (descárgatelos de `www.dummies.es`). El simple hecho de escuchar voces en alemán una y otra vez ayuda enormemente a retener palabras y frases.

Escuchar la radio y ver televisión en alemán

La estación de radio y televisión alemana, la **Deutsche Welle**, financiada por el gobierno, transmite sus programas en el mundo entero en muchos idiomas, entre ellos alemán y español. Estas transmisiones son una excelente fuente de información sobre temas políticos, culturales y sociales alemanes. Ve al sitio web de la Deutsche Welle (`www.dwelle.de`), selecciona el idioma de tu preferencia y ya está.

Probar con el ordenador

Si tienes ordenador, puedes escuchar la pronunciación de los diálogos que se incluyen en este libro (¡y otros también!) y al mismo tiempo ver cómo se escriben esas palabras en alemán. Incluso puedes grabar tu propia voz cuando repitas los diálogos.

Ver cine alemán

Otra manera divertida de aprender expresiones, detalles de la pronunciación y hábitos culturales, entre otras cosas, es alquilar una película alemana subtitulada y verla varias veces. ¡Qué delicia!

Leer publicaciones alemanas

Compra revistas alemanas o pídele a alguien que viaje que te traiga algunas y empieza leyendo los anuncios y los titulares de los artículos. Leer anuncios publicitarios y artículos cortos te abrirá los ojos. En los vuelos internacionales a menudo encontrarás a bordo revistas bilingües. Si hay una en alemán, échale un vistazo.

Navegar por la red

Internet ofrece muchas oportunidades para aprender alemán. Pon en marcha tu motor de búsqueda, escribe "idioma alemán", "aprender alemán", "recursos en alemán" o "Alemania" (o cualquier otro país de habla alemana) y luego escoge lo que te interese.

Navega en español o en alemán y detecta palabras que conozcas. También puedes entrar en un chat en alemán solo para aprender. Te sorprenderá constatar cuánto puedes entender.

Capítulo 18

Diez cosas que nunca debes decir

Este capítulo tiene como fin evitarte meter la pata. Probablemente habrás escuchado a extranjeros diciendo cosas que te producen risa o te cortan la respiración. Pues eso nos pasa hasta a los mejores lingüistas, pero aquí te damos algunas indicaciones para salvarte de las peores meteduras de pata.

Saber cuándo usar la modalidad formal o informal

Si te has leído el capítulo 3, sabrás que es preciso tener cuidado al dirigirte a alguien utilizando la forma familiar **du** (du; tú). Nunca la uses cuando hables con alguien a quien no conoces bien y que tenga más de dieciséis años, si no quieres faltarle al respeto o parecer inculto. Debes dirigirte a la gente usando la forma **Sie** (sii) y decir **Möchten Sie ins Kino gehen?** (*moej*-ten sii ins *qui*-no *gue*-jen; ¿quiere ir al cine?) y no **Möchtest du ins Kino gehen?**

En casi todas las situaciones resultará obvio qué forma debes usar. Si llegas a una fiesta y todo el mundo te trata con la modalidad familiar

du, haz lo mismo. Y, desde luego, te pueden ofrecer usar la modalidad familiar: **Wir können uns duzen** (via *coen*-nen uns *du*-tsen; podemos tutearnos). Sería igualmente descortés no aceptar la oferta.

Dirigirse correctamente al personal de servicio

Si te diriges a una camarera o a una vendedora no la llames **Fräulein,** que solía ser la versión alemana de "señorita". **Fräulein** significa literalmente "mujer pequeña", pues la sílaba **lein** indica diminutivo. Casi todas las mujeres consideran ofensiva esta forma de dirigirse a ellas, o por lo menos sospecharán que no conoces bien las connotaciones de la palabra. No hay un buen sustituto para la palabra, de modo que para captar su atención tendrás que recurrir a **Entschuldigen Sie bitte** (ent-*shul*-di-guen sii *bit*-te; disculpe, por favor) o al contacto visual.

Lo mismo sucede si te diriges a un camarero en un restaurante: no lo llames **Kellner** (*quel*-nea). A los camareros no les gusta que los llamen así, pues lo consideran un trato condescendiente. De nuevo el contacto visual y los gestos, o un simple **Entschuldigen Sie** (ent-*shul*-diguen sii), son la mejor manera de captar su atención.

¿Caliente o frío?

Si quieres manifestar que tienes calor o frío, no se te ocurra decir **Ich bin heiß** (tengo calor) o **Ich bin kalt** (tengo frío). ¡Lo que en realidad estás diciendo es que "estás caliente" (en celo) o que tienes una personalidad fría! Seguramente no querrás que la gente piense eso de ti. Lo que debes decir es **Mir ist heiß** (mia ist jais) o **Mir ist kalt** (mia ist calt), con el pronombre personal **mir** (mia; me).

No estoy ebrio

Si en el almuerzo o la cena alguien te pregunta si quieres repetir y estás lleno, no debes traducir la palabra "lleno" al alemán. Decir **Ich bin voll** (estoy lleno) significa que estás completamente ebrio. De hecho, es la expresión coloquial que corresponde a "estoy como una cuba". A menos que quieras indicarle a la persona que te está haciendo la pregunta que ya has bebido demasiado, debes decir **Ich bin satt** (ij bin sat; estoy lleno).

Hablar a la autoridad con respeto

No llames a un policía **Bulle**. Aunque escuches a muchas personas decir esta palabra, es una expresión en jerga que significa "toro". La palabra alemana para "policía" es **der Polizist** (dea po-li-*tsist*) si es un hombre o **die Polizistin** (dii po-li-*tsis*-tin) si es una mujer.

El gimnasio tiene que ver con el colegio, no con el deporte

Si comentas que vas a ir al gimnasio diciendo **Ich gehe zum Gymnasium** (ij *gue*-je tsum guim-*na*-sium), le generarás a tu interlocutor alemán una seria confusión. Un **Gymnasium** no es un lugar para hacer ejercicio, sino un colegio de secundaria. De hecho, en Alemania hay tres tipos de colegios de secundaria y el **Gymnasium** es el nivel más alto. La palabra alemana para decir "gimnasio" es **Sportzentrum** (*shport*-tsen-trum; centro de deportes) o **Fitnesscenter** (*fit*-nes-cen-tea).

Usar el verbo correcto para comer

En Alemania, es posible que escuches a alguien decir **Die Kuh frisst Gras** (dii cuu frist gras; la vaca come pasto). Pero no concluyas que **fressen** (*fres*-sen) solo significa "comer" ni digas algo como **Ich fresse Kuchen** (ij *fre*-se *cu*-jen; yo como pastel). Significaría que te excedes de forma desagradable en la comida o que tienes malos modales en la mesa. El verbo **fressen** (tragar, devorar) se reserva para los animales y si te quieres referir a seres humanos debes decir **essen** (*es*-sen; comer). En relación con la gente, **fressen** solo se utiliza en sentido despectivo, de modo que debes decir **Ich esse Kuchen** (ij *es*-se *cu*-jen).

¿Cómo estás?

Cuando le quieras preguntar a alguien "¿cómo está?", ¡escoge bien el verbo que uses! Aunque **sein** significa "estar" y "ser", no debes cometer el error de decir **Wie bist du?** (vii bist du), que significa "¿cómo eres?", aunque creas que es la traducción perfecta de "¿cómo estás?". Di en su lugar **Wie geht es dir?** (vii gueet es dia; ¿cómo te va/cómo estás?).

"La gente" es en plural

La palabra **Leute** (*loi*-te; gente) presenta otro desafío: en alemán no existe el singular de esta palabra, mientras que en español "gente" curiosamente no posee plural. Por ello, cuando quieras decir que la gente hizo tal o cual cosa, debes utilizar siempre el verbo conjugado en plural; por ejemplo: **Die Leute essen Kuchen** (dii *loi*-te *es*-sen *cu*-jen; la gente come pastel) o **diese Leute sind aus Spanien** (*dii*-se *loi*-te sind aus *shpa*-nien; esta gente es de España).

Amigas... novios... amigos... novias...

A la hora de hablar de las relaciones amorosas, el alemán es un idioma meticuloso. Todos sabemos que referirse a la novia no es lo mismo que hablar de una amiga. Pues bien, en alemán se usa la misma palabra para ambos casos: **Freund** (froind; amigo) o **Freundin** (*froin*-din; amiga). Lo que indica el grado de afinidad sentimental es la partícula que antepones a estas palabras. Si estás hablando de tu novio/a debes anteponer los pronombres posesivos **mein** o **meine**, es decir, **mein Freund/meine Freundin** (main froind *mai*-ne *froin*-din; mi amigo/mi amiga). Pero si te refieres a un amigo/a cualquiera debes anteponer los artículos indefinidos **ein** o **eine**, y la frase quedará así: **ein Freund/eine Freundin** (ain froind *ai*-ne *froin*-din; un amigo/una amiga). ¡Esta sutil diferencia podría costarte un malentendido!

Capítulo 19

Nuestras diez expresiones alemanas favoritas

Cuando hayas sintonizado un poco con el alemán, es posible que escuches a la gente utilizar en cualquier momento las expresiones que aparecen a continuación. A lo mejor ya has oído algunas de ellas; ahora debes utilizarlas (de manera informal) tú también.

Alles klar!

(*al*-les clar)

La traducción literal es: "Todo claro". Puedes utilizarla para manifestar que has entendido algo o para expresar que estás de acuerdo cuando alguien ha explicado los detalles de un plan. En este contexto significa "¡entiendo!".

Geht in Ornung

(gueet in *ord*-nunc)

Se utiliza esta frase para indicar que te ocuparás de algo. Se traduce como "eso haré" o "así lo haré".

Kein Problem

(cain pro-*blem*)

Se traduce literalmente como "ningún problema". Utiliza esta expresión para indicarle a alguien que te ocuparás de algo. También puedes aceptar un cambio de planes con esta frase.

Guten Appetit!

(*gu*-ten ap-pe-*tit*)

Esta frase significa "¡buen provecho!". Es lo que se desean los comensales unos a otros cuando empiezan a comer o cuando ves a alguien comiendo.

Deine Sorgen möchte ich haben!

(*dai*-ne *sor*-guen *moej*-te ij *ja*-ben)

Esta frase se traduce como: "Ya quisiera yo tener tus preocupaciones". A menudo se dice en tono de burla cuando una situación le parece a una persona terrible pero no tanto a otra.

Das darf doch wohl nicht wahr sein!

(das darf doj vool nijt vaar sain)

Esta expresión significa "¡esto no puede ser cierto!" y en español se podría resumir en una palabra: "¡Increíble!".

Mir reicht's!

(mia raijts)

Esta frase quiere decir "es suficiente para mí", o para decirlo más sucintamente, "basta" o "suficiente".

Wie schön!

(vii shoen)

La traducción literal de esta frase es "¡qué bonito!". Puede significar eso, pero a veces se dice sarcásticamente y en ese caso es una manera de expresar fastidio o exasperación.

Genau!

(gue-*nau*)

Esta frase significa "exactamente" y se emplea para indicar que estás de acuerdo con lo que alguien está diciendo.

Stimmt's?

(shtimts)

Esto se traduce como "¿no es verdad?" o "¿no está de acuerdo?". Se utiliza cuando alguien quiere que confirmes lo que se acaba de decir. Por lo general se contesta con **Stimmt!** (shtimt), que significa "exactamente".

Capítulo 20

Diez fiestas para recordar

Quizá no estés familiarizado con algunas de las siguientes fiestas, o por lo menos no estás al corriente de cómo las celebran los alemanes (o los habitantes de los países de habla alemana). Existen muchas más fiestas de las que figuran en este capítulo, pero la mayoría son de carácter regional.

Heilige Drei Könige

El 6 de enero es **der Heiligedreikönigstag** (dea jai-li-gue-drai-*coe*-nics-tac) o **Heilige Drei Könige** (*jai*-ligue drai *coe*-ni-gue), también conocido como **Epiphanie** (e-pi-fa-*nie*; Fiesta de Reyes o Epifanía). No necesariamente se celebra de una manera particular, pero a nivel regional se observan ciertos "rituales". En algunas regiones, hombres vestidos como los tres reyes magos (Melchor, Gaspar y Baltasar) recorren las calles de su parroquia, escriben con tiza sus iniciales en las puertas de las casas y recogen dinero para la iglesia. En Suiza ese día se come una tarta especial con un pequeño tesoro oculto dentro, por lo general una moneda. La moneda simboliza un regalo de un rey. Quien encuentre la moneda en su porción se convierte en reina o rey ese día y lleva una corona (como puedes observar, se parece mucho a la tradición española del roscón de Reyes).

Karneval/Fastnacht/Fasching

El **Karneval** (*car*-ne-val) o **Fastnacht** (*fast*-najt), el carnaval de los países de habla alemana, se celebra a finales de febrero o comienzos de marzo. En algunas regiones y ciudades, como Maguncia, Colonia, Düsseldorf y Múnich (donde el carnaval se llama **Fasching** [*fa*-shinc]), o en Basilea en Suiza, es un gran evento. Las celebraciones principales tienen lugar el **Rosenmontag** (*ro*-sen-mon-tac; lunes de carnaval) con grandes desfiles y fiestas de disfraces. Las actividades son un poco más calmadas al día siguiente, el **Veilchendienstag** (*fail*-jien-diins-tac; martes de carnaval), y el tercer día, el **Aschermittwoch** (a-*shea*-mit-voj; miércoles de Ceniza), marca el final del carnaval y el inicio del **Fastenzeit** (*fas*-ten-tsait; Cuaresma), el período de cuarenta días antes de la Pascua.

Ostern

En Alemania, la Pascua siempre implica un grato fin de semana largo. Empieza con el **Karfreitag** (car-*frai*-tac; Viernes Santo), y tanto el **Ostersonntag** (os-tea-*son*-tac; Domingo de Pascua) como el **Ostermontag** (os-tea-*mon*-tac; Lunes de Pascua) son días festivos oficiales. Los huevos de pascua son muy populares: por todos lados se venden *kits* para colorearlos, y el Domingo de Pascua los niños buscan los huevos que les han ocultado por toda la casa.

Erster April

El 1 de abril, **erster April** (*ea*-stea a-*pril*), es el Día de los Inocentes. Es el día en que los bromistas hacen todo tipo de **Aprilscherze** (a-*pril*-shea-tse; bromas). Cuando alguien se deja engañar, se le grita **April, April!** (a-*pril* a-*pril*).

Tag der Arbeit

El 1 de mayo es **der Tag der Arbeit** (dea tac dea *ar*-bait; el Día del Trabajo). En esta fiesta oficial los sindicatos organizan manifestaciones y los participantes llevan un clavel rojo en el ojal. Los representantes de los sindicatos y los políticos pronuncian discursos.

Tradicionalmente, la víspera del Día del Trabajo se organizan fiestas con música en vivo llamadas **Tanz in den Mai** (tants in den mai; literalmente: el baile en mayo), y el festejo se prolonga hasta la madrugada. En el campo la gente levanta un **Maibaum** (*mai*-baum; árbol de mayo) y baila alrededor de él.

Himmelfahrt

Cuarenta días después de la Pascua se celebra el **Himmelfahrt** (*jim*-mel-faart; Día de la Ascensión). Siempre cae en un jueves y mucha gente se reúne en grupos para ir al campo.

Pfingsten

Diez días después de la Ascensión se celebra el **Pfingsten** (*pfincs*-ten; Pentecostés).

El lunes es un día festivo oficial, **Pfingstmontag** (*pfincst*-mon-tac), y muchas personas se toman también el viernes para disfrutar de un fin de semana largo, **ein langes Wochenende** (ain *lan*-gues *vo*-jen-en-de). Conviene que tengas en cuenta ese fin de semana en tus planes de viaje: el tráfico es intenso y puede ser difícil reservar una habitación de hotel en las zonas más turísticas.

Der Tag der Deutschen Einheit

El 3 de octubre es **der Tag der Deutschen Einhelt** (dea tac dea *doi*-chen *ain*-jait; el Día de la Unidad Alemana: la fiesta nacional alemana). Esta fiesta conmemora el día de 1990 en que Alemania Oriental y Alemania Occidental se unieron para conformar un solo país. No se celebra de manera especial entre la población, pero hay muchos eventos gubernamentales oficiales.

La fiesta nacional de Austria se celebra el 26 de octubre, y la de Suiza, que se llama **Nationalfeiertag** (na-tio-*nal*-fai-ea-tac; Fiesta Nacional) o a veces **Bundesfeier** (*bun*-des-fai-ea; Celebración Federal), es el 1 de agosto.

Nikolaustag

El 6 de diciembre es **Nikolaustag** (*ni*-co-laus-tac; Fiesta de San Nicolás).

Esta fiesta es muy familiar. Los niños dejan un zapato o una bota junto a una ventana o una puerta y durante la noche llega **der Nikolaus** (dea ni-co-laus) y los llena de pan de jengibre, **Pfeffernüsse** (*pfef*-fea-nius-se; galletas de jengibre), mazapán, otros dulces de temporada y quizá un pequeño regalo.

Weihnachten

No hay mucha diferencia entre la forma en que se celebra la **Weihnachten** (*vai*-naj-ten; Navidad) en Alemania y en otros países occidentales, salvo que es una fiesta larga. Tradicionalmente los regalos se intercambian la víspera y tanto el primer día de la Navidad como el segundo son fiestas oficiales. Es una celebración muy familiar y una de las fechas en que más se viaja en el año.

Capítulo 21

Diez frases que te harán parecer un auténtico alemán

Este capítulo presenta algunas expresiones alemanas típicas que casi todo el mundo que habla alemán conoce y utiliza. Las frases de este capítulo son tan alemanas que si las dices te pueden confundir con un alemán.

Das ist ja toll!

(das ist ja tol; ¡fabuloso!)

Es la manera más frecuente de expresar en alemán tu entusiasmo por algo.

Ruf mich an! Rufen Sie mich an!

(ruf mij an *ru*-fen sii mij an; ¡llámame!/¡llámeme!)

Si quieres seguir en contacto con alguien, esta es la forma de solicitarlo.

Was ist los?

(vas ist los; ¿qué pasa?)

Esta pregunta se suele hacer para saber si sucede algo malo.

Keine Ahnung

(*cai*-ne *aa*-nunc; ni idea)

Es la versión corta de **Ich habe keine Ahnung** (ij *ja*-be *cai*-ne *aa*-nunc; no tengo ni idea) y se utiliza a menudo para expresar que no sabes nada sobre el tema en cuestión.

Gehen wir!

(*gue*-jen via; ¡vamos!/¡venga!)

Esta es la frase que debes utilizar si quieres ponerte en marcha.

Nicht zu fassen!

(nijt tsu *fas*-sen; ¡no lo puedo creer!)

Si quieres expresar incredulidad, preocupación o agitación, utiliza esta típica frase alemana.

Du hast Recht!/Sie haben Recht!

(du jast rejt sii *ja*-ben rejt; ¡tienes razón!/¡tiene razón!)

Esta es la manera más típica de expresar acuerdo en alemán.

Auf keinen Fall!

(auf *cai*-nen fal; ¡de ninguna manera!)

Literalmente, esta expresión significa "¡en ningún caso!" y la debes decir si quieres dejar muy claro tu desacuerdo.

Nicht schlecht!

(nijt shlejt; ¡no está mal!)

Esta frase no solo significa que algo no está mal, también es una manera discreta de expresar aprecio y aprobación.

Das ist mir (völlig) egal

(das ist mia *foel*-lic e-*gal*; no me importa/me da igual)

Puedes decir esta frase para expresar que algo te da igual o que te importa un bledo.

5

Apéndices

EN ESTA PARTE . . .

Por último, pero no por ello menos importante, te presentamos los apéndices, que sin duda te parecerán muy útiles. Además de tablas de verbos que indican cómo conjugar verbos regulares e irregulares, te ofrecemos un minidiccionario bastante completo y una guía para escuchar las pistas de audio que vienen con el libro y que puedes descargarte de `www.dummies.es`. También te damos las respuestas de algunos de los ejercicios que figuran en el libro.

Apéndice A

Tablas de verbos

Verbos alemanes (diversas clases)

Verbos regulares; ejemplo, *bezahlen* (pagar)
Participio pasado: *bezahlt* (pagó)
Ejemplo: *Linda bezahlt die Rechnung* (Linda paga la factura)

	Presente	**Pasado**	**Futuro**
ich (yo)	bezahle	habe bezahlt	werde bezahlen
du (tú)	bezahlst	hast bezahlt	wirst bezahlen
er/sie/es (él/ella/[neutro])	bezahlt	hat bezahlt	wird bezahlen
wir (nosotros/as)	bezahlen	haben bezahlt	werden bezahlen
ihr (vosotros/as)	bezahlt	habt bezahlt	werdet bezahlen
sie/Sie (ellos/as/ustedes)	bezahlen	haben bezahlt	werden bezahlen

Verbos separables; ejemplo, *anrufen* (llamar)
Participio pasado: *angerufen* (llamó)
Ejemplo: *Wir rufen immer an* (siempre llamamos)

	Presente	**Pasado**	**Futuro**
ich (yo)	rufe an	habe angerufen	werde anrufen
du (tú)	rufst an	hast angerufen	wirst anrufen
er/sie/es (él/ella/[neutro])	ruft an	hat angerufen	wird anrufen
wir (nosotros/as)	rufen an	haben angerufen	werden anrufen
ihr (vosotros/as)	ruft an	habt angerufen	werdet anrufen
sie/Sie (ellos/as/ustedes)	rufen an	haben angerufen	werden anrufen

Verbos reflexivos, dativo; ejemplo, *sich etwas kaufen* (comprarse algo)
Ejemplo: *Ich kaufe mir ein Hemd* (me compro una camisa)

	Presente	**Pasado**	**Futuro**
ich (yo)	kaufe mir	habe mir gekauft	werde mir kaufen
du (tú)	kaufst dir	hast dir gekauft	wirst dir kaufen
er/sie/es (él/ella/[neutro])	kauft sich	hat sich gekauft	wird sich kaufen
wir (nosotros/as)	kaufen uns	haben uns gekauft	werden uns kaufen
ihr (vosotros/as)	kauft euch	habt euch gekauft	werdet euch kaufen
sie/Sie (ellos/as/ustedes)	kaufen sich	haben sich gekauft	werden sich kaufen

Verbos reflexivos, acusativo; ejemplo, *sich freuen* (alegrarse)
Ejemplo: *Luis freut sich über das Geschenk* (Luis se alegra con el regalo)

	Presente	**Pasado**	**Futuro**
ich (yo)	freue mich	habe mich gefreut	werde mich freuen
du (tú)	freust dich	hast dich gefreut	wirst dich freuen
er/sie/es (él/ella/[neutro])	freut sich	hat sich gefreut	wird sich freuen
wir (nosotros/as)	freuen uns	haben uns gefreut	werden uns freuen
ihr (vosotros/as)	freut euch	habt euch gefreut	werdet euch freuen
sie/Sie (ellos/as/ustedes)	freuen sich	haben sich gefreut	werden sich freuen

Verbo *haben* (haber/tener)
Participio pasado: *gehabt* (habido/tenido)
Ejemplo: *Wir haben keine Zeit* (no tenemos tiempo)

	Presente	**Pasado**	**Futuro**
ich (yo)	habe	habe gehabt	werde haben
du (tú)	hast	hast gehabt	wirst haben
er/sie/es (él/ella/[neutro])	hat	hat gehabt	wird haben
wir (nosotros/as)	haben	haben gehabt	werden haben
ihr (vosotros/as)	habt	habt gehabt	werdet haben
sie/Sie (ellos/as/ustedes)	haben	haben gehabt	werden haben

Verbo *sein* (ser/estar)
Participio pasado: *gewesen* (sido/estado)
Ejemplo: *Hansens sind im Urlaub*
(los Hansens están de vacaciones)

	Presente	**Pasado**	**Futuro**
ich (yo)	bin	bin gewesen	werde sein
du (tú)	bist	bist gewesen	wirst sein
er/sie/es (él/ella/[neutro])	ist	ist gewesen	wird sein
wir (nosotros/as)	sind	sind gewesen	werden sein
ihr (vosotros/as)	seid	seid gewesen	werdet sein
sie/Sie (ellos/as/ustedes)	sind	sind gewesen	werden sein

Verbos alemanes irregulares

		Presente	**Participio pasado**
abfahren	ich	fahre ab	
partir	du	fährst ab	
	er/sie/es	fährt ab	abgefahren
	wir	fahren ab	(con sein)
	ihr	fahrt ab	
	sie/Sie	fahren ab	

		Presente	**Participio pasado**
anfangen	ich	fange an	
empezar	du	fängst an	
	er/sie/es	fängt an	angefangen
	wir	fangen an	(con haben)
	ihr	fangt an	
	sie/Sie	fangen an	

		Presente	Participio pasado
beginnen	ich	beginne	
empezar	du	beginnst	
	er/sie/es	beginnt	begonnen
	wir	beginnen	(con haben)
	ihr	beginnt	
	sie/Sie	beginnen	

		Presente	Participio pasado
bleiben	ich	bleibe	
quedarse,	du	bleibst	
permanecer	er/sie/es	bleibt	geblieben
	wir	bleiben	(con sein)
	ihr	bleibt	
	sie/Sie	bleiben	

		Presente	Participio pasado
bringen	ich	bringe	
traer	du	bringst	
	er/sie/es	bringt	gebracht
	wir	bringen	(con haben)
	ihr	bringt	
	sie/Sie	bringen	

		Presente	Participio pasado
denken	ich	denke	
pensar	du	denkst	
	er/sie/es	denkt	gedacht
	wir	denken	(con haben)
	ihr	denkt	
	sie/Sie	denken	

		Presente	Participio pasado
dürfen	ich	darf	
poder, tener	du	darfst	
permiso para	er/sie/es	darf	gedurft
	wir	dürfen	(con haben)
	ihr	dürft	
	sie/Sie	dürfen	

		Presente	Participio pasado
einladen	ich	lade ein	
invitar	du	lädst ein	
	er/sie/es	lädt ein	eingeladen
	wir	laden ein	(con haben)
	ihr	ladet ein	
	sie/Sie	laden ein	

		Presente	Participio pasado
essen	ich	esse	
comer	du	isst	
	er/sie/es	isst	gegessen
	wir	essen	(con haben)
	ihr	esst	
	sie/Sie	essen	

		Presente	Participio pasado
fahren	ich	fahre	
conducir	du	fährst	
	er/sie/es	fährt	gefahren
	wir	fahren	(con sein)
	ihr	fahrt	
	sie/Sie	fahren	

		Presente	Participio pasado
finden	ich	finde	
encontrar	du	findest	
	er/sie/es	findet	gefunden
	wir	finden	(con haben)
	ihr	findet	
	sie/Sie	finden	

		Presente	Participio pasado
fliegen	ich	fliege	
volar	du	fliegst	
	er/sie/es	fliegt	geflogen
	wir	fliegen	(con sein)
	ihr	fliegt	
	sie/Sie	fliegen	

		Presente	Participio pasado
geben	ich	gebe	
dar	du	gibst	
	er/sie/es	gibt	gegeben
	wir	geben	(con haben)
	ihr	gebt	
	sie/Sie	geben	

		Presente	Participio pasado
gehen	ich	gehe	
ir	du	gehst	
	er/sie/es	geht	gegangen
	wir	gehen	(con sein)
	ihr	geht	
	sie/Sie	gehen	

		Presente	Participio pasado
halten	ich	halte	
sostener	du	hälst	
	er/sie/es	hält	gehalten
	wir	halten	(con haben)
	ihr	haltet	
	sie/Sie	halten	

		Presente	Participio pasado
kennen	ich	kenne	
conocer,	du	kennst	
saber	er/sie/es	kennt	gekannt
	wir	kennen	(con haben)
	ihr	kennt	
	sie/Sie	kennen	

		Presente	Participio pasado
kommen	ich	komme	
venir	du	kommst	
	er/sie/es	kommt	gekommen
	wir	kommen	(con sein)
	ihr	kommt	
	sie/Sie	kommen	

		Presente	Participio pasado
können	ich	kann	
poder	du	kannst	
	er/sie/es	kann	gekonnt
	wir	können	(con haben)
	ihr	könnt	
	sie/Sie	können	

		Presente	Participio pasado
lesen	ich	lese	
leer	du	liest	
	er/sie/es	liest	gelesen
	wir	lesen	(con haben)
	ihr	lest	
	sie/Sie	lesen	

		Presente	Participio pasado
liegen	ich	liege	
yacer, estar puesto, estar tumbado	du	liegst	
	er/sie/es	liegt	gelegen
	wir	liegen	(con haben)
	ihr	liegt	
	sie/Sie	liegen	

		Presente	Participio pasado
mögen	ich	mag	
gustar, querer	du	magst	
	er/sie/es	mag	gemocht
	wir	mögen	(con haben)
	ihr	mögt	
	sie/Sie	mögen	

		Presente	Participio pasado
müssen	ich	muss	
tener que	du	musst	
	er/sie/es	muss	gemusst
	wir	müssen	(con haben)
	ihr	müsst	
	sie/Sie	müssen	

nehmen
tomar, coger

	Presente	Participio pasado
ich	nehme	
du	nimmst	
er/sie/es	nimmt	genommen
wir	nehmen	(con haben)
ihr	nehmt	
sie/Sie	nehmen	

schreiben
escribir

	Presente	Participio pasado
ich	schreibe	
du	schreibst	
er/sie/es	schreibt	geschrieben
wir	schreiben	(con haben)
ihr	schreibt	
sie/Sie	schreiben	

sehen
ver

	Presente	Participio pasado
ich	sehe	
du	siehst	
er/sie/es	sieht	gesehen
wir	sehen	(con haben)
ihr	seht	
sie/Sie	sehen	

sitzen
sentarse

	Presente	Participio pasado
ich	sitze	
du	sitzt	
er/sie/es	sitzt	gesessen
wir	sitzen	(con haben)
ihr	sitzt	
sie/Sie	sitzen	

sollen		**Presente**	**Participio pasado**
deber	ich	soll	
	du	sollst	
	er/sie/es	soll	gesollt
	wir	sollen	(con haben)
	ihr	sollt	
	sie/Sie	sollen	

sprechen		**Presente**	**Participio pasado**
hablar	ich	spreche	
	du	sprichst	
	er/sie/es	spricht	gesprochen
	wir	sprechen	(con haben)
	ihr	sprecht	
	sie/Sie	sprechen	

stehen		**Presente**	**Participio pasado**
pararse,	ich	stehe	
ponerse de pie	du	stehst	
	er/sie/es	steht	gestanden
	wir	stehen	(con haben)
	ihr	steht	
	sie/Sie	stehen	

tragen		**Presente**	**Participio pasado**
llevar, ponerse	ich	trage	
	du	trägst	
	er/sie/es	trägt	getragen
	wir	tragen	(con haben)
	ihr	tragt	
	sie/Sie	tragen	

		Presente	Participio pasado
treffen	ich	treffe	
encontrarse,	du	triffst	
reunirse	er/sie/es	trifft	getroffen
	wir	treffen	(con haben)
	ihr	trefft	
	sie/Sie	treffen	

		Presente	Participio pasado
trinken	ich	trinke	
beber	du	trinkst	
	er/sie/es	trinkt	getrunken
	wir	trinken	(con haben)
	ihr	trinkt	
	sie/Sie	trinken	

		Presente	Participio pasado
verlieren	ich	verliere	
perder	du	verlierst	
	er/sie/es	verliert	verloren
	wir	verlieren	(con haben)
	ihr	verliert	
	sie/Sie	verlieren	

		Presente	Participio pasado
wissen	ich	weiß	
saber	du	weißt	
	er/sie/es	weiß	gewusst
	wir	wissen	(con haben)
	ihr	wisst	
	sie/Sie	wissen	

		Presente	Participio pasado
wollen	ich	will	
querer,	du	willst	
desear	er/sie/es	will	gewollt
	wir	wollen	(con haben)
	ihr	wollt	
	sie/Sie	wollen	

Apéndice B

Minidiccionario alemán-español

abbiegen/*ab*-bii-guen/doblar, girar

Abend/m/*a*-bend/tarde, noche

Abendessen/n/*a*-bend-es-sen/cena

aber/*a*-bea/pero

abfliegen/*ab*-flii-guen/partir, salir (en avión)

Abflug/m/*ab*-fluc/salida (del avión)

abreisen/*ab*-rai-sen/irse

alles/*al*-les/todo

Ampel/f/*am*-pel/semáforo

an/an/en, a

Anfang/m/*an*-fanc/comienzo

Ankauf/m/*an*-cauf/compra

Ankunft/f/*an*-cunft/llegada

Anrufbeantworter/m/*an*-ruf-be-ant-vor-tea/ contestador automático

anrufen/an-*ru*-fen/llamar por teléfono

Antiquitäten/pl/an-ti-cvi-*tae*-ten/antigüedades

Anwalt/m/*an*-valt/abogado

April/m/a-*pril*/abril

Arzt/m/artst/médico

Arztpraxis/f/*artst*-prac-sis/consultorio médico

auch/auj/también

auf/auf/en

auf Wiedersehen/auf *vii*-dea-se-jen/adiós

August/m/au-*gust*/agosto

Ausfahrt/f/*aus*-faart/salida

ausfüllen/aus-*fiul*-len/llenar, completar

ausgezeichnet/*aus*-gue-tsaij-net/excelente

Ausstellung/f/*aus*-shtel-lunc/exposición

Auto/n/*au*-to/automóvil, coche

Bad/n/bad/baño

Bahnhof/m/*baan*-jof/estación de tren

Bank/f/banc/banco

bar/bar/efectivo

Bart/m/bart/barba

Basketball/m/*bas*-quet-bal/baloncesto

Bauernhof/m/*bau*-ean-jof/granja

Baum/m/baum/árbol

bei/bai/junto a

beim/baim/cerca

Berg/m/berc/montaña

Beruf/m/be-*ruf*/ocupación

beschreiben/be-*shrai*-ben/describir

besetzt/be-*setst*/ocupado

Besprechung/f/be-*shpre*-junc/reunión

Betrag/m/be-*trac*/cantidad, importe

bezahlen/be-*tsaa*-len/pagar

Bier/n/biia/cerveza

bisschen/*bis*-jien/poco

bitte/*bit*-te/por favor

bleiben/*blai*-ben/permanecer, quedarse

Bordkarte/f/*bord*-car-te/tarjeta de embarque

Botschaft/f/*bot*-shaft/embajada

Brief/m/briif/carta

Briefkasten/m/*briif*-cas-ten/buzón

Briefmarke/f/*briif*-mar-que/sello

Brieftasche/f/*briif*-ta-she/billetera

bringen/*brin*-guen/traer

Brot/n/brot/pan

Bröchten/n/*broet*-jien/panecillo

buchen/*bu*-jen/reservar

Bus/m/bus/autobús

Bushaltestelle/f/*bus*-jal-te-shtel-le/parada de autobús

Butter/f/*but*-tea/mantequilla

Cent/n/sent/céntimo

Cello/n**/***chel*-lo/violonchelo

Cerealien/pl/tse-*rea*-lien/cereales

Chef/m/shef/jefe

Chefin/f/*she*-fin/jefa

Cousin/m**/**cu-*seng*/primo

Cousine/f/cu-*si*-ne/prima

Danke/*dan*-que/gracias

Datum/n/*da*-tum/fecha

dauern/*dau*-ean/durar

deutsch/doich/alemán

Dezember/m/de-*tsem*-bea/diciembre

Dienstag/m/*diins*-tac/martes

Donnerstag/m/*don*-ners-tac/jueves

Doppelzimmer/n/*dop*-pel-tsim-mea/habitación doble

Dorf/n/doaf/pueblo

dort/doat/allá

drücken/*driu*-quen/empujar

durstig/*durs*-tic/sediento

Dusche/f/*du*-she/ducha

einfach/*ain*-faj/fácil

einladen/*ain*-la-den/invitar

Einladung/f/*ain*-la-dunc/invitación

einverstanden/*ain*-fea-shtan-den/conforme, de acuerdo

Einzelzimmer/n/*ain*-tsel-tsim-mea/habitación sencilla

E-mail/f/*i*-meil/correo electrónico

empfehlen/emp-f*ee*-len/recomendar

Ende/n/*en*-de/fin

Entschuldigung/ent-*shul*-di-gunc/disculpe, la disculpa

Erkältung/f/ea-*cael*-tunc/resfriado

essen/*es*-sen/comer

etwas/*et*-vas/algo

fahren/*faa*-ren/conducir

Fahrrad/n/*faa*-rad/bicicleta

faxen/*fa*-csen/enviar un fax

Februar/m/*fe*-bru-ar/febrero

Fenster/n/*fens*-tea/ventana

Feuerwehr/f/*foi*-ea-vea/estación de bomberos

Fieber/n/*fii*-bea/fiebre

Firma/f/*fia*-ma/firma, compañía, empresa

fliegen/*flii*-guen/volar

Flug/m/fluc/vuelo

Flughafen/m/*fluc*-ja-fen/aeropuerto

Flugsteig/m/*fluc*-shtaic/puerta de embarque

Flugticket/n/*fluc*-ti-quet/billete de avión

Flugzeug/n/*fluc*-tsoic/avión

Fluss/m/flus/río

Formular/n/foa-mu-*laa*/formulario

fragen/*fra*-guen/preguntar

Freitag/m/*frai*-tac/viernes

Fremdenverkehrsbüro/n/*frem*-den-fea-queas-biu-ro/oficina de información turística

Freund/m/froind/amigo

Freundin/f/*froin*-din/amiga

früh/friuu/temprano

Früstück/n/*friu*-shtiuc/desayuno

für/fiua/para

Fußball/m/*fuus*-bal/fútbol

Gabel/f/*ga*-bel/tenedor

Gang/m/ganc/pasillo

ganz/gants/todo

Gebirge/n/gue-*bir*-gue/cadena montañosa

Gebühr/f/gue-*biua*/tasa

Gegend/f/*gue*-guend/área

gegenüber/gue-guen-*iu*-bea/enfrente, opuesto

Geheimzahl/f/gue-*jaim*-tsaal/número de identificación personal

gehen/*gue*-jen/ir

Geld/n/gueld/dinero

Geldautomat/m/*gueld*-au-to-mat/cajero automático

geöffnet/gue-*oef*-net/abierto

Gepäck/n/gue-*paec*/equipaje

geradeaus/gue-ra-de-*aus*/recto, derecho

geschlossen/gue-*shlos*-sen/cerrado

gestern/*gues*-tean/ayer

getrennt/gue-*trent*/separado

gewinnen/gue-*vin*-nen/ganar

Glas/n/glas/vidrio

Gleis/n/glais/vía

Golf/n/golf/golf

groß/groos/alto, grande

gültig/*guiul*-tic/válido

gut/gut/bien, bueno

gute Nacht/*gu*-te najt/buenas noches

gute Reise/*gu*-te *rai*-se/buen viaje

guten Abend/*gu*-ten *a*-bend/buenas tardes, buenas noches

guten Morgen/*gu*-ten *moa*-guen/buenos días

guten Tag/*gu*-ten taac/buen día

Haar/n/jaar/pelo

Halbpension/f/*jalb*-pang-si-on/habitación con media pensión

hallo/*jal*-lo/hola

halten/*jal*-ten/parar, detenerse

Haltestelle/f/*jal*-te-shtel-le/estación, parada

Handball/m/*jand*-bal/balonmano

Hauptspeise/f/*jaupt*-shpai-se/plato fuerte

heissen/*jai*-sen/ llamarse

helfen/*jel*-fen/ayudar

heute/*joi*-te/hoy

hier/jia/aquí

Hilfe/f/*jil*-fe/ayuda

hinter/*jin*-tea/detrás

Hobby/n/*job*-bi/pasatiempo

hören/*joe*-ren/escuchar

Hotel/n/jo-*tel*/hotel

Hügel/m/*jiu*-guel/colina, cerro

hungrig/*jun*-gric/hambriento, tener hambre

interessant/in-te-re-*sant*/interesante

Internet/n/*in*-tea-net/Internet

ja/ia/sí

Jahr/n/iaar/año

Januar/m/*ia*-nu-ar/enero

jemand/*ie*-mand/alguien

joggen/io-*dshog*-guen/trotar, jogging

Jugendherberge/f/*iu*-guend-jea-bea-gue/albergue de la juventud

Juli/m/*iu*-li/julio

Juni/m/*iu*-ni/junio

Kaffee/m/*caf*-fe/café

Kalender/m/ca-*len*-dea/calendario

Karte/f/*car*-te/mapa, billete

Kasse/f/*cas*-se/caja registradora

kaufen/*cau*-fen/comprar

Kellner/m/*quel*-nea/camarero

kennenlernen/*quen*-nen-lea-nen/conocer

Kino/n/*qui*-no/cine

Kirche/f/*quia*-je/iglesia

klatschen/*clat*-shen/aplaudir

klein/clain/pequeño, bajo

Klimaanlage/f/*cli*-ma-an-la-gue/aire acondicionado

Kneipe/f/*knai*-pe/bar, taberna

Koffer/m/*cof*-fea/maleta

kommen/*com*-men/venir

Konsulat/n/con-su-*lat*/consulado

Konzert/n/con-*tseat*/concierto

krank/cranc/enfermo

Krankenhaus/n/*cran*-quen-jaus/hospital

Krankenschwester/f/*cran*-quen-shves-tea/enfermera

Krankenwagen/m/*cran*-quen-va-guen/ambulancia

Kreuzung/f/*croi*-tsunc/intersección

Kuchen/m/*cu*-jen/pastel

Kuh/f/cuu/vaca

Küste/f/*quius*-te/costa

lachen/*la*-jen/reír

Land/n/land/campo

langweilig/*lang*-vai-lij/aburrido

legen/*le*-guen/poner, echarse

leider/*lai*-dea/lamentablemente

Leitung/f/*lai*-tunc/línea

lesen/*le*-sen/leer

links/lincs/izquierda

Liter/n/*li*-tea/litro

Löffel/m/*loef*-fel/cuchara

Luftpost/f/*luft*-post/correo aéreo

machen/*ma*-jen/hacer

Mai/m/mai/mayo

Mannschaft/f/*man*-shaft/equipo

Markt/m/marct/mercado

März/n/maerts/marzo

Meer/n/meea/mar, océano

mein/main/mi

Messer/n/*mes*-sea/cuchillo

Milch/f/milj/leche

Minute/f/mi-*nu*-te/minuto

mit/mit/con

Mittag/m/*mit*-tac/mediodía

Mittagessen/n/*mit*-tac-es-sen/almuerzo

Mitte/f/*mit*-te/mitad

Mittwoch/m/*mit*-voj/miércoles

Monat/m/*mo*-nat/mes

Montag/m/*mon*-tac/lunes

Morgen/m/*moa*-guen/mañana

morgen/*moa*-guen/mañana (día de)

Museum/n/mu-*se*-um/museo

nach/naj/para

Nachmittag/m/*naj*-mit-tac/tarde

Nachricht/f/*naj*-rijt/mensaje

Nacht/f/najt/noche

Nachtisch/m/*naj*-tish/postre

nah/naa/cerca

Name/m/*na*-me/nombre

Nationalität/f/na-ti-o-na-li-*taet*/nacionalidad

natürlich/na-*tiur*-lij/naturalmente

Naturschutzgebiet/n/na-*tua*-shuts-gue-biit/reserva natural

neben/*ne*-ben/junto a

nehmen/*nee*-men/tomar, coger

nein/nain/no

nie/nii/nunca

Norden/m/*noa*-den/norte

Notaufnahme/f/*not*-auf-naa-me/sala de urgencias

November/m/no-*vem*-bea/noviembre

nur/nua/solamente

öffnen/*oef*-nen/abrir

Oktober/m/oc-*to*-bea/octubre

Oper/f/*o*-pea/ópera

Osten/m/*os*-ten/este

Paket/n/pa-*quet*/paquete

Park/m/parc/parque

Parkplatz/m/*parc*-plats/estacionamiento

Pferd/n/pfead/caballo

phantastisch/fan-*tas*-tish/fantástico

Polizei/f/po-li-*tsai*/policía

Portier/m/poa-*tie*/portero

Post/f/post/oficina de correos, correo

Postkarte/f/*post*-car-te/tarjeta postal

Postleitzahl/f/*post*-lait-tsaal/código postal

pro/pro/por

pünktlich/*piunct*-lij/puntual

Quittung/f/*cvit*-tunc/recibo

Rechnung/f/*rej*-nunc/factura, cuenta

rechts/rejts/derecha

reden/*re*-den/hablar

Reh/n/ree/ciervo

Reisebüro/n/*rai*-se-biu-ro/agencia de viajes

reisen/*rai*-sen/viajar

Reisepass/m/*rai*-se-pas/pasaporte

Reisescheck/m/*rai*-se-shec/cheque de viaje

reservieren/re-sea-*vii*-ren/reservar

Restaurant/n/res-to-*ran*/restaurante

Rezeption/f/re-tsep-ti-*on*/recepción

Rückflugticket/n/*riuc*-fluc-ti-quet/billete de ida y vuelta

Saft/m/saft/zumo

sagen/*sa*-guen/decir

Samstag/m/*sams*-tac/sábado

Sänger/m/*saen*-guea/cantante

Sängerin/f/*saen*-gue-rin/cantante

S-Bahn/f/*es*-baan/tren de cercanías

Schaf/n/shaaf/oveja

Schalter/m/*shal*-tea/ventanilla, taquilla

Schauspieler/m/*shau*-shpii-lea/actor

Schauspielerin/f/*shau*-shpii-le-rin/actriz

Scheck/m/shec/cheque

Schein/m/shain/billete

schicken/*shi*-quen/enviar

Schlüssel/m/*shlius*-sel/llave

Schmerz/m/shmeats/dolor

schön/shoen/bello, hermoso

Schule/f/*shu*-le/escuela

Schwimmbad/n/*shvimm*-bad/piscina

schwimmen/*shvim*-men/nadar

See/f/see/lago

segeln/*se*-gueln/navegar

sehen/*se*-jen/ver

sehr/sea/muy

sein/sain/ser

Sekunde/f/se-*cun*-de/segundo

selbstverständlich/selbst-fea-*shtaend*-lij/desde luego

September/m/sep-*tem*-bea/septiembre

sich auskennen/sij *aus*-quen-nen/conocer un lugar

sich erinnern/sij ea-*in*-nean/acordarse

sich freuen/sij *froi*-en/alegrarse

sich freuen auf/sij *froi*-en auf/esperar con agrado

sich freuen über/sij *froi*-en *iu*-bea/alegrarse por algo

sich interessieren für/sij in-te-res-*sii*-ren fiua/interesarse por

sich setzen/sij *set*-tsen/sentarse

sich unterhalten/sij un-tea-*jal*-ten/conversar, divertirse

sich vorstellen/sij *foa*-shtel-len/presentarse, imaginarse

singen/*sin*-guen/cantar

Sonntag/m/*son*-tac/domingo

spannend/*shpan*-nend/de suspense

spazieren gehen/shpa-*tsii*-ren *gue*-jen/salir a caminar

Speisekarte/f/*shpai*-se-car-te/menú, carta

Spiel/m/shpiil/juego

spielen/*shpii*-len/jugar

Stadt/f/shtat/ciudad

Straße/f/*shtraa*-se/calle

Straßenbahn/f/*shtraa*-sen-baan/tranvía

Stunde/f/*shtun*-de/hora

Süden/m/*siu*-den/sur

Suppe/f/*sup*-pe/sopa

Suppenteller/m/*sup*-pen-tel-lea/plato de sopa

Tag/m/taac/día

Tal/n/tal/valle

tanzen/*tan*-tsen/bailar

Tasche/f/*ta*-she/bolso

Tasse/f/*tas*-se/taza

Taxi/n/*ta*-csi/taxi

Taxistand/m/*ta*-csi-shtand/parada de taxis

Tee/m/tee/té

teilnehmen/*tail*-nee-men/participar

Telefon/n/*te*-le-fon/teléfono

Telefonbuch/n/te-le-*fon*-buj/directorio telefónico

telefonieren/te-le-fo-*nii*-ren/llamar por teléfono

Telefonkarte/f/te-le-*fon*-car-te/tarjetas telefónicas

Telefonnummer/f/te-le-*fon*-num-mea/número telefónico

Telefonzelle/f/te-le-*fon*-tsel-le/cabina telefónica

Teller/m/*tel*-lea/plato

Tennis/n/*ten*-nis/tenis

Termin/m/tea-*min*/cita

Theater/n/te-*a*-tea/teatro

Toast/m/toost/tostada

trinken/*trin*-quen/beber

Trinkgeld/n/*trinc*-gueld/propina

Trödel/m/*troe*-del/baratijas, trastos

Tschüs/tshius/adiós (informal)

Tür/f/tiua/puerta

U-Bahnstation/f/*u*-baan-shta-tsi-on/estación de metro

Übernachtung/f/iu-bea-*naj*-tunc/alojamiento

Uhr/f/uua/hora, reloj

und/und/y

Unfall/m/*un*-fal/accidente

ungefähr/un-gue-*faer*/aproximadamente

ungültig/*un*-guiul-tic/inválido

Unterschrift/f/*un*-tea-shrift/firma

Urlaub/m/*ua*-laub/vacaciones

Verkauf/m/fea-*cauf*/venta

verletzt/fea-*letst*/herido

verreisen/fea-*rai*-sen/viajar

verspätet/fea-*shpae*-tet/retrasado

Verspätung/f/fea-*shpae*-tunc/retraso

verstehen/fea-*shte*-jen/entender

vielleicht/fiil-*laijt*/tal vez

Visum/n/*vi*-sum/visado

Vogel/m/*fo*-guel/pájaro

Vollpension/f/*fol*-pang-si-on/habitación con pensión completa

vor/foa/delante de

Vorname/m/*foa*-na-me/nombre de pila

vorstellen/*foa*-shtel-len/presentar

Vorstellung/f/*foa*-shtel-lunc/representación, espectáculo

Wald/m/vald/bosque

wann/van/cuándo

was/vas/qué

Wasserski laufen/*vas*-sea-shi *lau*-fen/hacer esquí acuático

Wechselkurs/m/*vec*-sel-curs/tipo de cambio

Weg/m/veec/sendero, camino

Wein/m/vain/vino

weit/vait/lejos

werden/*vea*-den/volverse, convertirse en

Westen/m/*ves*-ten/oeste

wie/vii/cómo

wieder/*vii*-dea/nuevamente

wiederholen/vii-dea-*jo*-len/repetir

wirklich/*virc*-lij/realmente

wo/vo/dónde

Woche/f/*vo*-je/semana

Wurst/f/vurst/salchicha

Zeit/f/tsait/tiempo, hora

Zentrum/n/*tsen*-trum/centro

ziehen/*tsii*-en/tirar

Zimmer/n/*tsim*-mea/habitación

Zimmerservice/m/*tsim*-mea-sea-vis/servicio de habitaciones

Zoll/m/tsol/aduana

zu Hause/tsu *jau*-se/en casa

Zug/m/tsuc/tren

Zugabe/f/*tsu*-ga-be/repetición (en teatro)

zusammen/tsu-*sam*-men/juntos

zwischen/*tsvi*-shen/entre

Minidiccionario español-alemán

abierto/**geöffnet**/gue-*oef*-net

abogado/**Anwalt**/m/*an*-valt

abril/**April**/m/a-*pril*

abrir/**öffnen**/*oef*-nen

aburrido/**langweilig**/*lanc*-vai-lij

accidente/**Unfall**/m/*un*-fal

acordarse/**sich erinnern**/sij ea-*in*-ean

actor/**Schauspieler**/m/*shau*-shpii-lea

actriz/**Schauspielerin**/f/*shau*-shpii-le-rin

adiós/**auf Wiedersehen**/auf *vii*-dea-se-jen

adiós (informal)/**tschüs**/tshius

aduana/**Zoll**/m/tsol

aeropuerto/**Flughafen**/m/*fluc*-ja-fen

agencia de viajes/**Reisebüro**/n/*rai*-se-biu-ro

agosto/**August**/m/au-*gust*

aire acondicionado/**Klimaanlage**/f/*cli*-ma-an-la-gue

albergue de la juventud/**Jugendherberge**/f/*iu*-guend-jea-bea-gue

alegrarse/**sich freuen**/sij *froi*-en

alegrarse por/**sich freuen über**/sij *froi*-en *iu*-bea

alemán/**deutsch**/doich

algo/**etwas**/*et*-vas

alguien/**jemand**/*ie*-mand

allá/**dort**/doat

almuerzo/**Mittagessen**/n/*mit*-tac-es-sen

alojamiento/**Übernachtung**/f/iu-bea-*naj*-tunc

alto/**groß**/groos

ambulancia/**Krankenwagen**/m/*cran*-quen-va-guen

amiga/**Freundin**/f/*froin*-din

amigo/**Freund**/m/froind

antigüedades/**Antiquitäten**/pl/an-ti-cvi-*tae*-ten

año/**Jahr**/n/iaar

aplaudir/**klatschen**/*clat*-shen

aproximadamente/**ungefähr**/un-gue-*faer*

aquí/**hier**/jia

árbol/**Baum**/m/baum

área/**Gegend**/f/*gue*-guend

autobús/**bus**/m/bus

automóvil, coche/**Auto**/n/*au*-to

avión/**Flugzeug**/n/*fluc*-tsoic

ayer/**gestern**/*gues*-tean

ayuda/**Hilfe**/f/*jil*-fe

ayudar/**helfen**/*jel*-fen

bailar/**tanzen**/*tan*-tsen

baloncesto/**Basketball**/m/*bas*-quet-bal

balonmano/**Handball**/m/*jand*-bal

banco/**Bank**/f/banc

baño/**Bad**/n/bad

bar, restaurante/**Kneipe**/f/*knai*-pe

baratijas, trastos/**Trödel**/m/*troe*-del

barba/**Bart**/m/bart

beber/**trinken**/*trin*-quen

bicicleta/**Fahrrad**/n/*faa*-rad

billete/**Karte**/f/*car*-te

billete de avión/**Flugticket**/n/*fluc*-ti-quet

billete de ida y vuelta/**Rückflugticket**/n/*riuc*-fluc-ti-quet

billetera/**Brieftasche**/f/*briif*-ta-she
bolso/**Tasche**/f/*ta*-she
bosque/**Wald**/m/vald
buen día/**guten Tag**/*gu*-ten tac
buen viaje/**gute Reise**/*gu*-te *rai*-se
buenas noches/**gute Nacht**/ *gu*-te najt
buenas tardes/**guten Abend**/ *gu*-ten *a*-bend
bueno, bien/**gut**/gut
buenos días/**guten Morgen**/ *gu*-ten *moa*-guen
buzón/**Briefkasten**/m/*briif*-cas-ten

caballo/**Pferd**/n/pfead
cabina telefónica/**Telefonzelle**/f/te-le-*fon*-tsel-le
café/**Kaffee**/m/*caf*-fe
caja registradora/**Kasse**/f/*cas*-se
cajero automático **Geldautomat**/m/*gueld*-au-to-mat
calendario/**Kalendar**/m/ca-*len*-dea
calle/**Straße**/f/*shtraa*-se
camarero/**Kellner**/m/*quel*-nea
camino, sendero/**Weg**/m/veec
campo/**Land**/n/land
cantante (f)/**Sängerin**/f/*saen*-gue-rin
cantante (m)/**Sänger**/m/*saen*-guea
cantar/**singen**/*sin*-guen
cantidad/**Betrag**/m/be-*trac*
carta/**Brief**/m/briif
cena/**Abendessen**/n/*a*-bend-es-sen
céntimo/**Cent/**n/**/**sent
centro/**Zentrum**/n/*tsen*-trum
cerca/**beim**/baim
cereales/**Cerealien**/pl/tse-*rea*-lien
cerrado/**geschlossen**/gue-*shlos*-sen
cerrar/**nah**/naa
cerveza/**Bier**/n/biia
cheque/**Scheck**/m/shec
cheque de viaje/**Reisescheck**/m/*rai*-se-shec
ciervo/**Reh**/n/ree
cine/**Kino**/n/*qui*-no

cita/**Termin**/m/tea-*min*
ciudad/**Stadt**/f/shtat
código postal/**Postleitzahl**/f/*post*-lait-tsaal
colina/**Hügel**/m/*jiu*-guel
comer/**essen**/*es*-sen
comienzo/**Anfang**/m/*an*-fan-guen
cómo/**wie**/vii
compañía, empresa, firma/**Firma**/f/*fia*-ma
compra/**Ankauf**/m/*an*-cauf
comprar/**kaufen**/*cau*-fen
con/**mit**/mit
concierto/**Konzert**/n/con-*tseat*
conducir/**fahren**/*faa*-ren
conocer algo/**kennenlernen**/*quen*-nen-lea-nen
conocer un lugar/**sich auskennen**/sij *aus*-quen-nen
consulado/**Konsulat**/n/con-su-*lat*
consultorio médico/**Arztpraxis**/f/*artst*-pra-csis
contestador automático/**Anrufbeantworter**/m/*an*-ruf-be-ant-vor-tea
conversar, disfrutar/**sich unterhalten**/sij un-tea-*jal*-ten
correo aéreo/**Luftpost**/f/*luft*-post
correo electrónico/**E-mail**/f/*i*-meil
costa/**Küste**/f/*quius*-te
cuándo/**wann**/van
cuchara/**Löffel**/m/*loef*-fel
cuchillo/**Messer**/n/*mes*-sea
cuenta, factura/**Schein**/m/shain

de acuerdo/**einverstanden**/*ain*-fea-shtan-den
decir/**sagen**/*sa*-guen
delante de/**vor**/foa
derecha/**rechts**/rejts
desayuno/**Frühstück**/n/*friu*-shtiuc
describir/**beschreiben**/be-*shrai*-ben
desde luego/**selbstverständlich**/selbst-fea-*shtaend*-lij
detenerse/**halten**/*jal*-ten

detrás/**hinter**/*jin*-tea

día/**Tag**/m/taac

diciembre/**Dezember**/m/de-*tsem*-bea

dinero/**Geld**/n/gueld

disculpe/**Entschuldigung**/ent-*shul*-di-gunc

doblar, girar/**abbiegen**/*ab*-bii-guen

dolor/**Schmerz**/m/shmeats

domingo/**Sonntag**/m/*son*-tac

dónde/**wo**/vo

ducha/**Dusche**/f/*du*-she

durar/**dauern**/*da*-uean

efectivo/**bar**/bar

embajada/**Botschaft**/f/*bot*-shaft

empujar/**drücken**/*driu*-quen

en/**an**/an

en/**auf**/auf

en casa/**zu Hause**/tsu *jau*-se

enero/**Januar**/m/*ia*-nu-ar

enfermera/**Krankenschwester**/f/*cran*-quen-shves-tea

enfermo/**krank**/cranc

enfrente, opuesto/**gegenüber**/gue-guen-*iu*-bea

entender/**verstehen**/fea-*shte*-jen

entre/**zwischen**/*tsvi*-shen

enviar/**schicken**/*shi*-quen

enviar un fax/**faxen**/*fa*-csen

equipaje/**Gepäck**/n/gue-*paec*

equipo/**Mannschaft**/f/*man*-shaft

escuela/**Schule**/f/*shu*-le

esquí acuático/**Wasserski laufen**/*vas*-sea-shi *lau*-fen

esta noche/**heute Nacht**/f/*joi*-te najt

estación, parada/**Haltestelle**/f/*jal*-te-shtel-le

estación de metro/**U-Bahnstation**/f/*u*-baan-shta-ti-on

estación de tren/**Bahnhof**/m/*baan*-jof

estacionamiento/**Parkplatz**/m/*parc*-plats

este/**Osten**/m/*os*-ten

estupendo/**prima**/**klasse**/**toll**/*pri*-ma *clas*-se tol

excelente/**ausgezeichnet**/*aus*-gue-tsaij-net

exposición/**Ausstellung**/f/*aus*-shtel-lunc

fácil/**einfach**/*ain*-faj

factura, cuenta/**Rechnung**/f/*rej*-nunc

fantástico/**phantastisch**/fan-*tas*-tish

febrero/**Februar**/m/*fe*-bru-ar

fecha/**Datum**/n/*da*-tum

fiebre/**Fieber**/n/*fii*-bea

fin/**Ende**/n/*en*-de

firma/**Unterschrift**/f/*un*-tea-shrift

formulario/**Formular**/n/foa-mu-*laa*

frío/**Erkältung**/f/ea-*cael*-tunc

fútbol/**Fußball**/m/*fuus*-bal

ganar/**gewinnen**/gue-*vin*-nen

golf/**Golf**/n/golf

gracias/**Danke**/*dan*-que

grande/**groß**/groos

granja/**Bauernhof**/m/*bau*-ean-jof

guía telefónica/**Telefonbuch**/n/te-le-*fon*-buj

habitación/**Zimmer**/n/*tsim*-mea

habitación con media pensión/**Halbpension**/f/*jalb*-pang-si-on

habitación con pensión completa/**Vollpension**/f/*fol*-pang-si-on

habitación doble/**Doppelzimmer**/n/*dop*-pel-tsim-mea

habitación sencilla/**Einzelzimmer**/n/*ain*-tsel-tsim-mea

hablar/**sprechen**/*shpre*-jen

hacer/**machen**/*ma*-jen

hambriento, tener hambre/**hungrig**/*jun*-gric

herido/**verletzt**/fea-*letst*

hermoso/**schön**/shoen

hola/**hallo**/*jal*-lo

hora/**Stunde**/f/*shtun*-de

hospital/**Krankenhaus**/n/*cran*-quen-jaus

hotel/**Hotel**/n/jo-*tel*

hoy/**heute**/*joi*-te

iglesia/**Kirche**/f/*quia*-je

interesante/**interessant**/in-te-re-*sant*

interesarse por/**sich interessieren für**/sij inte-re-*sii*-ren fiua

Internet/**Internet**/n/*in*-tea-net

intersección/**Kreuzung**/f/*croi*-tsunc

inválido/**ungültig**/*un*-guiul-tic

invitación/**Einladung**/f/*ain*-la-dunc

invitar/**einladen**/*ain*-la-den

ir/**gehen**/*gue*-jen

izquierda/**links**/lincs

jefa/**Chefin**/f/*she*-fin

jefe/**Chef**/m/shef

juego/**Spiel**/n/shpiil

jueves/**Donnerstag**/m/*don*-ners-tac

jugar/**spielen**/*shpii*-len

julio/**Juli**/m/*iu*-li

junio/**Juni**/m/*iu*-ni

junto a/**bei**/bai

junto a/**neben**/*ne*-ben

juntos/**zusammen**/tsu-*sam*-men

lago/**See**/f/see

lamentablemente/**leider**/*lai*-dea

leche/**Milch**/f/milj

leer/**lesen**/*le*-sen

lejos/**weit**/vait

libro/**Buch**/buj

línea/**Leitung**/f/*lai*-tunc

litro/**Liter**/n/*li*-tea

llamar/**anrufen**/*an*-ru-fen

llamar por teléfono/**telefonieren**/te-le-fo-*nii*-ren

llave/**Schlüssel**/m/*shlius*-sel

llegada/**Ankunft**/f/*an*-cunft

llenar/**ausfüllen**/*aus*-fiul-len

lunes/**Montag**/m/*mon*-tac

maleta/**Koffer**/m/*cof*-fea

mantequilla/**Butter**/f/*but*-tea

mañana/**Morgen**/m/*moa*-guen

mapa/**Karte**/f/*car*-te

mar, océano/**Meer**/n/meea

martes/**Dienstag**/m/*diins*-tac

marzo/**März**/m/maerts

mayo/**Mai**/m/mai

médico/**Arzt**/m/artst

mediodía/**Mittag**/m/*mit*-tac

mensaje/**Nachricht**/f/*naj*-rijt

menú, carta/**Speisekarte**/f/*shpai*-se-car-te

mercado/**Markt**/m/marct

mes/**Monat**/m/*mo*-nat

mi/**mein**/main

miércoles/**Mittwoch**/m/*mit*-voj

minuto/**Minute**/f/mi-*nu*-te

mitad/**Mitte**/f/*mit*-te

montaña/**Berg**/m/berc

montañas/**Gebirge**/n/gue-*bir*-gue

museo/**Museum**/n/mu-*se*-um

muy/**sehr**/sea

nacionalidad/**Nationalität**/f/na-ti-o-na-li-*taet*

nadar/**schwimmen**/*shvim*-men

naturalmente/**natürlich**/na-*tiur*-lij

navegar/**segeln**/*se*-gueln

no/**nein**/nain

no importa/**macht nichts**/majt nijts

nombre/**Name**/m/*na*-me

nombre de pila/**Vorname**/m/*foa*-na-me

norte/**Norden**/m/*noa*-den

noviembre/**November**/m/no-*vem*-bea

nuevamente/**wieder**/*vii*-dea

número de identificación personal/**Geheimzahl**/f/gue-*jaim*-tsaal

número telefónico/**Telefonnummer**/f/te-le-*fon*-num-mea

nunca/**nie**/nii

octubre/**Oktober**/m/oc-*to*-bea

ocupado/**besetzt**/be-*setst*

oeste/**Westen**/m/*ves*-ten

oficina de correos/**Post**/f/post

oficina de información turística/**Fremdenverkehrsbüro**/n/*frem*-den-fea-queas-biu-ro

oficio, profesión/**Beruf**/m/be-*ruf*

oír, escuchar/**hören**/*joe*-ren

ópera/**Oper**/f/*o*-pea

oveja/**Schaf**/n/shaaf

pagar/**bezahlen**/be-*tsaa*-len

pájaro/**Vogel**/m/*fo*-guel

pan/**Brot**/n/brot

panecillo/**Brötchen**/n/*broet*-jien

paquete/**Paket**/n/pa-*quet*

para/**für**/fiua

para/**nach**/naj

parada de autobús/**Bushaltestelle**/f/*bus*-jal-te-shtel-le

parada de taxi/**Taxistand**/m/*ta*-csi-shtand

parque/**Park**/m/parc

parque de bomberos/**Feuerwehr**/f/*foi*-ea-vea

participar/**tellnehmen an**/*tail*-nee-men an

partir (en avión)/**abfliegen**/*ab*-flii-guen

partir, irse/**abreisen**/*ab*-rai-sen

pasaporte/**Reisepass**/m/*rai*-se-pas

pasatiempo/**Hobby**/n/*job*-bi

pasillo/**Gang**/m/ganc

pelo/**Haar**/n/jaar

pequeño, de baja estatura/**klein**/clain

pero/**aber**/*a*-bea

piscina/**Schwimmbad**/n/*shvim*-bad

plato/**Teller**/m/*tel*-lea

plato de sopa/**Suppenteller**/m/*sup*-pen-tel-lea

plato fuerte/**Hauptspeise**/f/*jaupt*-shpai-se

poco/**bisschen**/*bis*-jien

policía/**Polizei**/f/po-li-*tsai*

por/**pro**/pro

por favor/**bitte**/*bit*-te

portero/**Portier**/m/poa-*tie*

postre/**Nachtisch**/m/*naj*-tish

preguntar/**fragen**/*fra*-guen

presentar/**vorstellen**/*foa*-shtel-len

presentarse, imaginar/**sich vorstellen**/sij *foa*-shtel-len

prima/**Cousine**/f/cu-*si*-ne

primo/**Cousin/**m/cu-*seng*

propina/**Trinkgeld**/n/*trinc*-gueld

pueblo/**Dorf**/n/doaf

puerta/**Tür**/f/tiua

puerta de embarque/**Flugsteig**/m/*fluc*-staic

puntual/**pünktlich**/*piunct*-lij

qué/**was**/vas

quedarse, permanecer/**bleiben**/*blai*-ben

real, en verdad/**wirklich**/*virk*-lij

recepción/**Rezeption**/f/re-tsep-ti-*on*

recibo/**Quittung**/f/*cvit*-tunc

recomendar/**empfehlen**/emp-*fee*-len

recto (seguir)/**geradeaus**/gue-ra-de-*aus*

reír/**lachen**/*la*-jen

reloj, hora/**Uhr**/f/uua

repetición (teatro)/**Zugabe**/f/*tsu*-ga-be

repetir/**wiederholen**/vii-dea-*jo*-len

representación, espectáculo/**Vorstellung**/f/*foa*-shtel-lunc

reserva natural/**Naturschutzgebiet**/n/ na-*tua*-shuts-gue-biit

reservar/**reservieren**/re-sea-*vii*-ren

restaurante/**Restaurant**/n/res-to-*ran*

retrasado/**verspätet**/fea-*shpae*-tet

retraso/**Verspätung**/f/fea-*shpae*-tunc

reunión/**Besprechung**/f/be-*shpre*-junc

río/**Fluss**/m/flus

sábado/**Samstag**/m/*sams*-tac

sala de urgencias/**Notaufnahme**/f/*not*-auf-naa-me

salchicha/**Wurst**/f/vurst

salida/**Ausfahrt**/f/*aus*-faart

salida (de un vuelo)/**Abflug**/m/*ab*-fluc

salir a caminar/**spazieren gehen**/shpa-*tsii*-ren *gue*-jen

salir de viaje/**verreisen**/fea-*rai*-sen

salud/**prost!**/prost

sediento, con sed/**durstig**/*durs*-tic

segundo/**Sekunde**/f/se-*cun*-de

sello/**Briefmarke**/f/*briif*-mar-que

semáforo/**Ampel**/f/*am*-pel

semana/**Woche**/f/*vo*-je

sentarse/**sich setzen**/sij *set*-tsen

separado/**getrennt**/gue-*trent*

septiembre/**September**/m/sep-*tem*-bea

ser/**sein**/sain

ser llamado/**heißen**/*jai*-sen

servicio de habitaciones/**Zimmerservice**/m/*tsim*-mea-sea-vis

sí/**ja**/ia

solamente/**nur**/nua

sopa/**Suppe**/f/*sup*-pe

sur/**Süden**/m/*siu*-den

tal vez/**vielleicht**/fiil-*laijt*

también/**auch**/auj

tarde/**Abend**/m/*a*-bend

tarde/**Nachmittag**/m/*naj*-mit-tac

tarifa/**Gebühr**/f/gue-*biua*

tarjeta de embarque/**Bordkarte**/f/*bord*-car-te

tarjeta postal/**Postkarte**/f/*post*-car-te

tarjeta telefónica/**Telefonkarte**/f/te-le-*fon*-car-te

tarta, pastel/**Kuchen**/m/*cu*-jen

taxi/**Taxi**/n/*ta*-csi

taza/**Tasse**/f/*tas*-se

té/**Tee**/m/tee

teatro/**Theater**/n/te-*a*-tea

teléfono/**Telefon**/n/*te*-le-fon

temprano/**früh**/friu

tenedor/**Gabel**/f/*ga*-bel

tenis/**Tennis**/n/*ten*-nis

tiempo/**Zeit**/f/tsait

tipo de cambio/**Wechselkurs**/m/*vec*-sel-curs

tirar/**ziehen**/*tsii*-en

todo/**alles**/*al*-les

todo/**ganz**/gants

tomar/**nehmen**/*nee*-men

tostada/**Toast**/m/toost

traer/**bringen**/*brin*-guen

tranvía/**Straßenbahn**/f/*shtraa*-sen-baan

tren/**Zug**/m/tsuc

tren de cercanías/**S-Bahn**/f/*es*-baan

trotar, hacer jogging/**joggen**/*io*-guen

vaca/**Kuh**/f/cuu

vacaciones/**Urlaub**/m/*ua*-laub

válido, vigente/**gültig**/*guiul*-tic

valle/**Tal**/n/tal

venir/**kommen**/*com*-men

venta/**Verkauf**/m/*fea*-cauf

ventana/**Fenster**/n/*fens*-tea

ventanilla, taquilla/**Schalter**/m/*shal*-tea

ver/**sehen**/*se*-jen

vía/**Gleis**/n/glais

viajar/**reisen**/*rai*-sen

vidrio/**Glas**/n/glas

viernes/**Freitag**/m/*frai*-tac

vino/**Wein**/m/vain

violonchelo/**Cello/**n/*chel*-lo

visado/**Visum**/n/*vi*-sum

volar/**fliegen**/*flii*-guen

volverse, convertirse en/**werden**/*vea*-den

vuelo/**Flug**/m/fluc

wind surfing/**Wind surfen**/vind *soer*-fen

y/**und**/und

yacer, echarse, poner/**legen**/*le*-guen

zumo/**Saft**/m/saft

Apéndice C

Sobre las pistas de audio

A continuación incluimos la lista de las pistas de audio que puedes descargarte de `www.dummies.es` para oírlas en tu reproductor de mp3, teléfono o directamente en tu ordenador:

1. **Entra en nuestra website `www.dummies.es`.**
2. **Busca en la sección Para Dummies el libro *Alemán para Dummies.***
3. **Haz clic sobre la portada para que se abra la ficha del libro.**
4. **Encontrarás una lista de las pistas disponibles que puedes descargar o reproducir directamente desde la web.**

   Haz clic en la opción que prefieras.
5. **Si eliges la opción *Reproducir,* el sistema automáticamente abrirá el archivo.**

   Ten la precaución de encender antes los altavoces.
6. **Si eliges la opción *Descargar,* el sistema te preguntará en qué carpeta de tu ordenador quieres guardar el archivo.**

   Una vez finalizada la descarga, puedes transferirlo a cualquier otro dispositivo que utilices (mp3, iPod, iPhone o teléfono móvil, o incluso a un CD para reproducirlo en tu equipo de música).

Si tienes alguna duda o problema durante el proceso, no dudes en comunicarte con nosotros: `www.dummies.es`.

Pista 01. Capítulo 3: Guten Tag! Hallo! Saludos y presentaciones formales

Pista 02. Capítulo 3: Guten Tag! Hallo! Saludos y presentaciones informales

Pista 03. Capítulo 3: Guten Tag! Hallo! Saludos y presentaciones: conocerse por primera vez

Pista 04. Capítulo 3: Guten Tag! Hallo! Saludos y presentaciones: presentación formal

Pista 05. Capítulo 3: Guten Tag! Hallo! Saludos y presentaciones: presentación muy informal

Pista 06. Capítulo 4: Conversaciones triviales: hablar sobre el trabajo

Pista 07. Capítulo 4: Conocerse: conversaciones triviales: hablar sobre planes y sobre el tiempo

Pista 08. Capítulo 5: Cenar en un restaurante e ir al mercado: reservar una mesa por teléfono

Pista 09. Capítulo 5: Cenar en un restaurante e ir al mercado: ser acomodado

Pista 10. Capítulo 5: Cenar en un restaurante e ir al mercado: pedir

Pista 11. Capítulo 5: Cenar en un restaurante e ir al mercado: pedir la cuenta y dejar propina

Pista 12. Capítulo 5: Cenar en un restaurante e ir al mercado: comprar alimentos en un mercado al aire libre

Pista 13. Capítulo 6: Compras sin tropiezos: pedir ayuda a un vendedor

Pista 14. Capítulo 6: Compras sin tropiezos: probarse algo

Pista 15. Capítulo 7: Salir a divertirse: concertar una cita para ir al cine

Pista 16. Capítulo 7: Salir a divertirse: hablar sobre una obra de teatro

Pista 17. Capítulo 8: Ocio y actividades al aire libre: hablar sobre planes para las vacaciones

Pista 18. Capítulo 8: Ocio y actividades al aire libre: pedir información en la oficina de turismo

Pista 19. Capítulo 8: Ocio y actividades al aire libre: hablar sobre planes de viaje

Pista 20. Capítulo 9: Hablar por teléfono y enviar correo: dejar un mensaje

Pista 21. Capítulo 9: Hablar por teléfono y enviar correo: concertar una cita

Pista 22. Capítulo 10: En la oficina y en casa: llamar para preguntar por un departamento

Pista 23. Capítulo 10: En la oficina y en casa: preguntar por un piso

Pista 24. Capítulo 10: En la oficina y en casa: conversaciones de oficina

Pista 25. Capítulo 11: Todo sobre el dinero: conversación en el banco

Pista 26. Capítulo 12: Pedir indicaciones para llegar a un lugar: encontrar la parada de taxis más cercana

Pista 27. Capítulo 12: Pedir indicaciones para llegar a un lugar: preguntar dónde queda una dirección

Pista 28. Capítulo 13: Alojarse en un hotel: reservar una habitación

Pista 29. Capítulo 13: Alojarse en un hotel: registrarse

Pista 30. Capítulo 14: Viajar: aviones, trenes, taxis y autobuses: recoger un billete en el aeropuerto

Pista 31. Capítulo 14: Viajar: aviones, trenes, taxis y autobuses: preguntar qué autobús tomar

Pista 32. Capítulo 15: Planear un viaje: reservar un vuelo con un agente de viajes

Pista 33. Capítulo 16: Afrontar emergencias: hablar con el médico

Pista 34. Capítulo 16: Afrontar emergencias: empieza el examen médico

Apéndice D

Respuestas

En las siguientes páginas presentamos las respuestas de algunos de los acertijos del libro.

Capítulo 8: Ocio y actividades al aire libre

K	U	S	T	E							
	N						D			K	
	D	U				H	A	L	L	O	
		R					S			C	
		L		K	U	H				H	
	J	A		U				M	E	E	R
		U		R		D		Ü		N	
		B	A	S	T	E	L	N			
			N			R		Z			
	G	U	T				S	E	E		T
			I	C	H		I		S	K	I
			K			W	E	G			P

Capítulo 9: Hablar por teléfono y enviar correo

		P	O	S	T						
		O					P	A	K	E	T
F	I	R	M	A					A		E
		T				D	A	N	N		L
P	R	O	B	L	E	M			N		E
				E				I			F
	S	C	H	I	C	K	E	N			O
				T		Ö					N
	F	R	A	U		L					
	R			N		N	A	M	E		
	E			G				I			
H	I	E	R			B	I	T	T	E	

Índice analítico

A

E

F

G

H

I

J

K

L

M

N

O

P

T

U

V

W

Z